四川省"十四五"职业教育规划立项教材

酒店管理与数字化运营概论

刘诗妍 凌飞鸿 肖 昆◎主编

图书在版编目（CIP）数据

酒店管理与数字化运营概论 / 刘诗妍，凌飞鸿，肖昆主编. -- 成都：四川大学出版社，2024.6
ISBN 978-7-5690-6930-3

Ⅰ.①酒… Ⅱ.①刘… ②凌… ③肖… Ⅲ.①饭店－运营管理－高等职业教育－教材 Ⅳ.①F719.2

中国国家版本馆 CIP 数据核字（2024）第 112013 号

书　　名：	酒店管理与数字化运营概论
	Jiudian Guanli yu Shuzihua Yunying Gailun
主　　编：	刘诗妍　凌飞鸿　肖　昆
出 版 人：	侯宏虹
总 策 划：	张宏辉
选题策划：	刘　畅
责任编辑：	刘　畅　王小碧
责任校对：	敬铃凌
装帧设计：	墨创文化
责任印制：	王　炜
出版发行：	四川大学出版社有限责任公司
	地址：成都市一环路南一段 24 号（610065）
	电话：（028）85408311（发行部）、85400276（总编室）
	电子邮箱：scupress@vip.163.com
	网址：https://press.scu.edu.cn
印前制作：	成都墨之创文化传播有限公司
印刷装订：	四川省平轩印务有限公司
成品尺寸：	185 mm×260 mm
印　　张：	17.5
字　　数：	427 千字
版　　次：	2024 年 7 月 第 1 版
印　　次：	2024 年 7 月 第 1 次印刷
定　　价：	69.00 元

本社图书如有印装质量问题，请联系发行部调换

版权所有 ◆ 侵权必究

扫码获取数字资源

四川大学出版社
微信公众号

《酒店管理与数字化运营概论》编委会

主　编：刘诗妍　凌飞鸿　肖　昆
副主编：李　丹　宣雯娟　刘佑华　赵太萍　魏燕茹　王　雪
参　编：邹诗洁　刘红莲　李　征　李奥萌　王静思　樊　欣
　　　　谷　宇　程　涛

项目牵头院校：
乐山职业技术学院

项目牵头企业：
四川禅驿酒店管理有限公司

项目指导单位：
四川省商务酒店协会智慧酒店分会
乐山市旅游星级饭店评定委员会

项目负责人： 刘诗妍

教材编写组及参编人员：（按参编顺序排列）
乐山职业技术学院：刘诗妍　赵太萍　李　征　李奥萌
长沙职业技术学院：凌飞鸿　刘佑华
绵阳职业技术学院：肖　昆　王　雪
四川化工职业技术学院：宣雯娟
湖南艺术职业学院：李　丹
河南农业职业学院：魏燕茹
川北幼儿师范高等专科学校：邹诗洁
泸州职业技术学院：刘红莲
雅安职业技术学院：王静思
四川禅驿酒店集团品牌文化总监兼乐山禅驿酒店总经理：樊　欣
四川省商务酒店协会智慧酒店分会会长：谷　宇
乐山市旅游星级饭店评定委员会委员：程　涛

前　言

改革开放以来，随着社会经济的发展，国内外经济文化交流的增加，我国的酒店数量日益增长，酒店业发展态势喜人。特别是从 2010 年起，伴随着全球经济持续低迷与中国经济稳步增长，我国酒店业掀起了新一轮的投资热潮，其产业规模已经跃居全球首位。中国酒店业产业结构不断优化，区域分布更加合理，创新发展模式、增加体验服务、丰富产品结构、完善运营渠道、变革组织结构、升级供应链、满足健康消费需求、拓展新兴消费市场、提升资产管理能力等将成为中国酒店业进一步高质量发展的新方向。

中国酒店管理职业教育起步于 1979 年，新时代产业需求侧推动高职教育的供给侧改革。目前，中国酒店业包含许多业态，而掌握产业链各环节对各类人才数量与规格的需求，是破解人才供需矛盾的关键。自 20 世纪 90 年代末期开始，国际上几乎所有大学专业系或学院的名称均陆续采用"Hospitality"（接待业）代替"Hotel"（酒店），大学的酒店管理教育也由原来的以酒店（Hotel）部门管理为主的教学内容，转向涉及住宿业（包括酒店业、其他住宿业）、餐饮业、消遣娱乐业与会展及节事活动产业等更广泛的、综合性的个人消费服务产业的教学与研究。2021 年 3 月，教育部在《职业教育专业目录（2021 年）》中，将原来的"酒店管理专业"更名为"酒店管理与数字化运营专业"，在这一变革推动下，全国多所职业院校陆续将"酒店管理专业"更名为"酒店管理与数字化运营专业"。

作为高等院校旅游及酒店管理与数字化运营专业的核心课程，本教材依据职业教育新专业目录，借鉴吸收了酒店数字化运营的前沿研究成果与实际应用模式，以就业为导向，以相关岗位的工作内容为主线，适应行业发展的实际情况和人才培养的需要，使学生深入了解行业快速发展的全貌，帮助学生以全新的视野看待酒店业以及与之相关联的接待服务业。

本教材在逻辑框架、内容编排上做了全新的尝试。按照了解酒店基本概述、熟悉酒店主要对客部门、掌握酒店日常运营工作、提升酒店整体经济效益、探索主要接待服务业等对酒店业的认知过程来设置学习项目，使学生掌握各项基本理论和服务管理操作要点，熟悉数字化运营技术，加深对专业知识的理解和应用，培养学生的综合职业能力，满足学生职业生涯发展的需要。每个项目均设置了"项目导读""导图领航""学习目标"。在项目下面的任务点中，每个任务包括"育才剧场""任务引导""任务学习""任务测评"等教学环节及配套线上教学资源，符合学生的认知规律。同时，本教材自始至终强调酒店服务与管理过程中的人际交流能力、应变能力与抗压能力，完成岗位工作的合作能力以及礼貌礼节、服务意识、诚信精神、从事数字化运营时的责任感等，将职业核心能力和职业基本素质及社会主义核心价值观融入教学中，潜移默化地进行课程思政教育。

本教材坚持产教融合，校企双元开发。院校团队与四川禅驿酒店集团、城市名人酒店集团、万豪酒店集团、洲际酒店集团、希尔顿酒店集团等建立了长期的合作关系，引用了上述企业相关服务经营和管理理论的案例，紧跟产业发展趋势和行业人才需求，及时将产业发展的新技术纳入教学内容，反映典型岗位（群）职业能力要求。

本教材由刘诗妍担任第一主编，负责组建编写团队，负责教材与配套线上教学资源的整体设计，负责教材统稿和整体修改，编写前言部分及项目一中任务一、任务二和任务三；凌飞鸿编写项目三中任务二和任务六；肖昆编写项目一中任务五和项目五中任务一；李丹编写项目二中任务三和项目三中任务一；宣雯娟编写项目一中任务四和项目五中任务二；刘佑华编写项目三中任务三和任务四；赵太萍编写项目二中任务二和项目四中任务一；魏燕茹编写项目一中任务六和任务七；王雪编写项目五中任务三；邹诗洁编写项目四中任务二、任务三、任务四；刘红莲编写项目三中任务五；李征编写项目五中任务四；李奥萌编写项目二中任务一；王静思编写项目五中任务五。同时，还有三位企业管理人员参与编写提纲和审稿。

本教材除了可作为全国高等职业技术院校酒店管理与数字化运营专业的专业教材，也可以作为酒店行业的培训指导教材。由于编者水平有限，书中错漏之处在所难免，敬请读者赐教。

目 录

第一部分　酒店基础理论篇

项目一　了解酒店基本概述 ········ 3
　　任务一　酒店的定义、作用及特点 ········ 5
　　任务二　酒店的起源与发展 ········ 13
　　任务三　酒店业的类型与等级 ········ 21
　　任务四　酒店数字化运营概述 ········ 33
　　任务五　酒店电子商务数字化发展 ········ 43
　　任务六　酒店管理理论与方法 ········ 53
　　任务七　国内外酒店集团 ········ 65

第二部分　酒店职能与业务管理篇

项目二　熟悉酒店主要对客部门 ········ 77
　　任务一　前厅服务与数字化运营 ········ 79
　　任务二　餐饮服务与数字化运营 ········ 89
　　任务三　客房服务与数字化运营 ········ 101

项目三　掌握酒店日常运营工作 ········ 111
　　任务一　酒店组织与制度管理 ········ 113
　　任务二　酒店战略管理 ········ 125

任务三	酒店服务质量管理	133
任务四	酒店人力资源管理	141
任务五	酒店信息系统管理	151
任务六	酒店收益管理	159

项目四　提升酒店整体经济效益　169
任务一	酒店数字化营销管理	171
任务二	酒店品牌管理	185
任务三	酒店文化管理	193
任务四	酒店诊断与创新管理	201

第三部分　相关接待服务业拓展篇

项目五　探索主要接待服务业　213
任务一	接待服务业的发展、范围与特征	215
任务二	餐馆商业与社会餐饮业	227
任务三	旅游景区与休闲娱乐业	241
任务四	会展业	251
任务五	节事活动	259

附　录　269

参考文献　271

第一部分

酒店基础理论篇

项目一 了解酒店基本概述

项目导读

现代社会经济的发展，带来了世界旅游业的兴旺，酒店业也随之迅速发展起来。酒店业属于第三产业，随着一个国家、地区的经济发展、社会进步及现代化进程的提高，第三产业在国民经济中所占的比重将日益增加。本项目首先介绍了酒店的定义、作用及特点，酒店业的起源与发展，酒店的类型与等级；在此基础上介绍了酒店数字化运营和电子商务发展情况；讲述了酒店管理的一些理论基础与方法，以及国内外一些知名的酒店管理集团与酒店。

导图领航

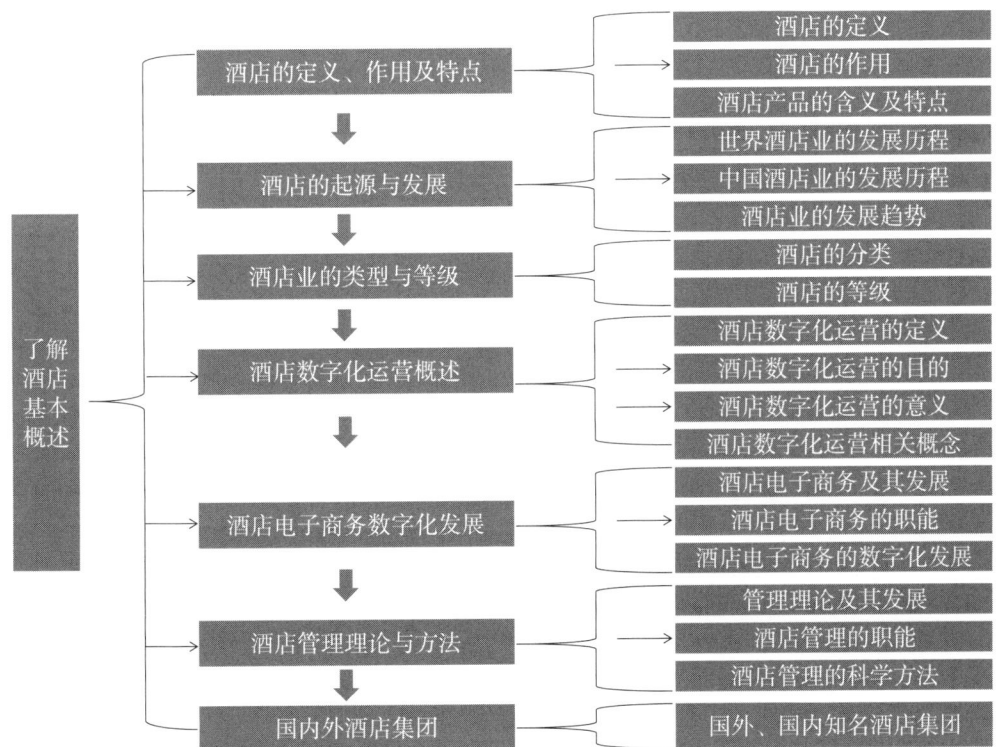

学习目标

▶ 知识教学目标

1. 掌握酒店定义和作用、酒店产品的特点;
2. 了解酒店业的发展历史、未来发展趋势;
3. 熟悉酒店的常见分类和等级;
4. 了解酒店数字化运营及相关概念;
5. 了解酒店电子商务及其数字化发展情况;
6. 掌握酒店管理的一些基本理论和基本方法;
7. 熟悉国内外的一些酒店集团及品牌。

▶ 技能培训目标

1. 能对酒店的种类和等级进行汇总;
2. 能正确认识数字化背景下酒店业的发展;
3. 能运用数字化观念分析酒店经营管理的问题;
4. 能使用酒店数字化工具;
5. 能运用酒店管理的一些基本理论分析实务中的现象与问题;
6. 能识别国内外的一些知名的酒店集团及其著名品牌。

▶ 综合素质目标

1. 培养学生认知能力和沟通协调能力;
2. 培养学生分析问题和解决问题能力;
3. 培养学生动手操作和团队合作能力;
4. 发展学生求实精神和创新意识;
5. 培养学生掌握酒店的新技术和新技能。

任务一　酒店的定义、作用及特点

育才剧场

"文化"赋能酒店开放式创新

在文旅融合大背景下，文化赋能是酒店开放式创新的重要来源。提升酒店住宿设施品质，增强文化内涵和文化内容的创新，从文化中汲取养分，实现跨界融合，是开放式创新的又一重要方面。

某电影主题酒店充分挖掘中国电影市场的全球影响力，提出了"酒店＋电影"概念，进行电影酒店的创新实践。在产品方面，该电影主题酒店注重电影文化场景营造，形成了故事性、情节性、戏剧性的空间氛围。独特的电影文化装修风格增加了顾客入住的趣味性：走廊采用"电影博物长廊"的形式，点缀电影经典道具，打造顾客沉浸式体验；客房大屏投影及立体环绕音响的影院级视觉享受引发顾客住宿兴趣。同时，该酒店针对观影需求设计和摆放观影家具，全部面向银幕；应用智能化设施可以切换多种观影的氛围灯光模式，如浪漫观影模式、惊悚观影模式等，确保观影体验最佳化。活动方面，该酒店着力满足顾客喜欢体验新鲜事物、追求个人品位和社交分享的多元化需求，将大堂设计为电影片场，顾客在此可以体验到电影发布会、观影派对、主题沙龙和看片会等娱乐活动，并增添社交功能，为顾客交流提供合适场所。

资料来源：学习强国，https://www.xuexi.cn/lgpage/detail/index.html?id=13242410688301151108，2022-04-07

分析

文化是赋能酒店实现开放式创新的重要方面之一。酒店的创新实践有的已经成为引领行业风向、并不断被模仿的创新典范，有的在探索中对问题不断修正，实现产品迭代。酒店行业需要以更开放的心态、更破釜沉舟的勇气和更有想象力的尝试，来找到行业发展的新方向、新路径。

任务引导

表 1-1-1　学生任务单

组号		完成时间	5～8 分钟
工具	便利贴、大白纸、马克笔		
目标	分小组，团队用头脑风暴的方法，写出对于"酒店"的理解。		
要求	1. 团队中每个人都在便利贴上写下对"酒店"的理解；		
	2. 使用关键词描述，1 张便利贴写 1 个关键词；		
	3. 写得越多越好；		
	4. 把团队所有人的便利贴粘贴在大白纸上；		
	5. 把相同的内容粘贴在一起，将不同的内容进行分类；		
	6. 请每个团队的代表上台分享；		
	7. 获得大家对于"酒店"的理解。		

表 1-1-2　学生任务分配表

班级		组号		指导老师	
组长（学号）					
组员	姓名（学号）		任务分工		

任务学习

酒店是旅游业的核心部门，与旅行社、旅游交通、旅游商品一起，构成现代旅游业的四大支柱。

在线微课

一、酒店的定义

酒店（Hotel）一词来源于法语，原指 18 世纪前后招待贵宾的法国乡间别墅。Hotel 真正成为现在酒店的指代词是在 18 世纪后期，后来欧美国家普遍用这一名称指称从事经营活动的住宿设施。在当代，酒店已经成为国际性的概念，其含义也发生了深刻的变化。国外的一些权威词典下过不同的定义。例如，被誉为"世界三大百科全书"中的 ABC 百科全书对酒店所下的定义分别为：

《美利坚百科全书》：酒店是装备完好的公共住宿设施，一般都提供膳食、酒类以及其他服务。

《大不列颠百科全书》：酒店是在商业性的基础上向公众提供住宿，也往往提供膳食服务的建筑物。

《科利尔百科全书》：一般说来，酒店是为公众提供住宿、膳食和服务的建筑与机构。

综合以上的定义，可以概括出酒店必须具备以下基本条件：

（1）它是一个或由一组经国家批准的建筑物组成的接待设施；

（2）它必须能够提供住宿设施，也往往提供餐饮和其他服务设施；

（3）它的服务对象是公众，既包括外来的旅行者，也包括当地的社会公众；

（4）它是商业性的，以营利为目的，所以使用者要支付一定的费用。

因此，可以将酒店定义为，以建筑物为基础，通过为客人提供住宿、餐饮及其他服务设施，从而获得经济利益的综合性服务企业。

▶ 知识延伸

我国住宿业分为两大类：酒店类住宿业（酒店业）和其他住宿业

根据国家有关规定，大型住宿业主要包含酒店类住宿业和其他住宿业。在国家旅游局的星级评定标准中，将纳入星级饭店评定体系的住宿设施最小客房数规定为15间，15间（含）以上规模的设施，称为酒店类住宿业；15间以下的，称为其他住宿业。

截至2023年12月31日，中国住宿业设施总数为611,540家，客房总规模18,049,137间。其中酒店业设施323,239家，客房总数16,498,010间，平均客房规模约51间，酒店业设施和客房数分别占我国住宿业的52.86%和91.41%。其它住宿业设施288,301家，客房总数1,551,127间，平均客房规模约为5间，其它住宿业设施和客房数分别占我国住宿业的47.14%和8.59%。

从中国酒店业档次分布的总体情况来看，经济型（二星级及以下）、中档（三星级）、高档（四星级）、豪华（五星级及以上）这四个档次的设施数分别是25.4万家、4.5万家、1.9万家和0.5万家，所占比重分别是78.51%、13.91%、6.02%和1.56%。

资料来源：《2024中国酒店业发展报告》，2024-04-24，经整理

二、酒店的作用

随着世界旅游业的发展和国际交往的增多，酒店业在国民经济中的地位日趋重要，是旅游供给的基本构成要素。酒店业对于国民经济发展的重要作用主要体现在以下几个方面。

1. 酒店的经济作用

酒店以一种特殊的商品形式，吸引着人们用较多的钱去享受在家庭和其他地方享受不到的东西；酒店以提供贸易场地、会议场所、住宿、餐饮、康乐及娱乐等优良服务来

获得盈利，直接助力了国家经济的发展。

2. 酒店的外汇作用

酒店作为旅游业的重要组成部分，通过提供多样化的高品质住宿服务吸引大量国外游客，进而增加了外汇收入。酒店为国外客户提供了各种商品和服务，如食品、酒水、设备等，这些商品和服务的交易过程中往往涉及不同国家的货币兑换，从而促进了国际贸易的发展。酒店业务中的支付和结算通常涉及国际支付系统，如信用卡支付、电子支付等。这些支付方式使得国际游客能够方便地在酒店进行消费，进一步支持了国际支付和结算的发展。因此，酒店的外汇作用主要体现在增加外汇收入、促进国际贸易、支持国际支付和结算等方面。

3. 酒店带动相关行业发展

酒店业是一个综合性的服务行业，它的大力发展必然会促进社会上其他行业的发展，如餐饮娱乐业、交通运输业、房地产业、家私业、装修业、纺织业、化工业等。这种相互促进的关系有助于形成更加繁荣的商业环境和社会经济环境。

4. 酒店的交流中心作用

酒店的客人来自世界各地，他们的到访可以促进文化艺术、科学技术的交流。同时，现代酒店中设施设备的引进、现代管理技术的运用，也可促使科学技术的交流。除此之外，酒店所提供娱乐场所促进社交活动的发展。

5. 酒店的社会就业作用

酒店业提供了大量的就业机会，包括接待员、服务员、厨师、清洁员等多种职位。这些职位不仅为具备相关经验和技能的人提供了就业机会，也为那些没有技能和经验的人提供了入门的机会。同时，酒店吸引了大量的游客和商务旅行者，带动了当地的旅游业、餐饮业、零售业和交通业的发展。这些相关产业的发展为当地居民提供了更多的就业机会，增加了他们的收入和消费能力。

6. 酒店促使消费方式改革

随着酒店业的发展，消费者的住宿体验也在不断提高，这种提升会促使消费者对于更高品质、更多元化的产品和服务产生需求，从而带动消费升级。酒店业的发展也推动了消费方式的创新。例如，智能酒店、无人酒店等新型酒店模式满足了消费者对于新颖、便捷的消费体验的需求。同时，酒店业的发展还推动了旅游、休闲、度假等消费的增长，进而优化消费结构。

三、酒店产品的含义及特点

（一）酒店产品的含义

酒店产品指能够满足客人物质需求的有形设施、实物产品等有形产品与能够满足客人心理需求的无形劳动服务产品的有机结合。具体的有形产品包括餐饮、酒吧、客房等，无形劳动服务产品包括接待、礼貌及气氛等。

酒店的产品是由若干个不同部门组成的总体。

简而言之，从顾客的角度讲，酒店产品是一段住宿经历。它既包括物质产品，也包括心理上的感受。从酒店的角度讲,酒店产品是酒店有形设施和无形服务的综合。

(二)酒店产品的特点

酒店产品具有以下特点。

(1)生产、销售和消费的同时性。

酒店服务的生产过程、销售过程、消费过程是同时或几乎同时进行的,即酒店当场生产与当场销售、客人当场消费。这是服务产品与有形产品最核心的区别。这种特殊性决定了酒店生产经营必然受到区域的限制,市场范围受到一定的局限。这一特点增加了酒店质量控制的难度。

(2)价值不能储存。

客房是只有 24 小时寿命的商品,因此又被喻为"易坏性最大的商品"。酒店里的客房一天不出租,就不能创造价值。作为酒店产品的组合部分它们不能像工业品那样储存起来,日后再卖。比如,一家酒店的一间标准客房每天可以售价 198 元,如果今天该客房没有销售出去,那么其今天的价值就损失掉了,不可能储存到明天去卖,因为明天还有明天的价值。客人在购买产品之后,只是买到了产品的时间性很强的使用权,若不及时消费,其价值也就立即消失,无法携带和储存。

(3)受人的因素影响很大。

这里的人指酒店服务人员和顾客两个方面。酒店的服务包括大量的人工劳动,缺少生产的统一标准和控制。由于服务人员的工作方式方法、工作态度、技能技巧各不相同,因此各酒店之间、同一家酒店不同的服务人员之间,甚至同一位服务员在不同的时间对待不同的客人都会有所差异,即服务人员的"服务差异性"。另外,不同国家或地区的顾客,在消费需要、购买习惯与购买行为等方面也存在差别。

(4)具有综合性和季节性。

酒店产品的存在形式很复杂,客人购买之后,同时享受酒店的有形产品和无形服务,享受酒店的外观、设施、气氛、服务等一套复合型的整体产品,从而满足需求。酒店产品是物质与精神的综合,软件与硬件的综合,享受、知识、艺术、信息、智能等多方面的综合。因旅游受季节、气候等自然条件和各国休假制度的影响,所以酒店产品的消费又具有明显的季节性。

任务测评

▶ 案例解析

坚持价值赋能，多维度实现投资价值最大化

按照传统酒店投资收益模型，客房是核心收益产品，但在丽枫酒店，客房只是核心收益产品之一。依托于"丽能量"，丽枫酒店深度洞察消费者需求，打造出了许多与品牌调性高度贴合的跨界爆品和IP原创衍生产品，创建丽享家平台模式，将"自然自在"的价值主张及其美好体验，从酒店住宿空间延伸到消费者日常的工作和生活中。其中，我们可以看到"自在拖""睡眠T""薰衣草促眠眼罩""胶囊香水""丽能量小黑伞""杜邦纸旅行收纳袋"等。截至2021年6月，丽享家销售额已达1.87亿元。这对于投资丽枫酒店的业主而言，有效帮助他们提升了投资收益。

从这些跨界产品、原创衍生品出发，丽枫酒店还在传统酒店客房产品上进行升级，推出了一系列主题客房。以针对中档酒店亲子产品空白市场推出的12星座丽小懒亲子主题房为例，其一经推出就备受市场欢迎，不但有效提升了入住率，还增加了客房的溢价空间。据测算，在寒暑假等需求旺季，12星座丽小懒亲子主题房是400元以上的房型中最具溢价能力的房型。而其他特色主题房——浪漫主题房（浪漫优享房、浪漫尊享房）和睡眠T主题房（男士枫度款、女士丽人款）也为投资人带来了可观的业绩提升。

在不断探索更多元化盈利模式的同时，丽枫酒店还借助科技创新赋能，打造智慧化酒店管理工具系统——天眼系统、丽小懒管家系统、酒店人才库和投资人满意度评价系统等，提升酒店的运营管理效率，更为重要的是节省了成本。比如通过丽小懒管家推出的电子早餐券，解决了门店纸张浪费问题，又避免客人遗失。分店还可以通过丽小懒管家的后台解决对账问题，监管非正常消耗，减少不必要的成本浪费。

开源节流双管齐下，丽枫酒店积极助力投资人实现投资价值最大化，实现双赢。据统计，2021年1–8月投资人的平均满意度达到了99.45%。在北京、广州、武汉等城市，丽枫酒店加盟商重复加盟率最高超过50%。

案例诊断：请从酒店产品打造的角度，分析丽枫酒店是怎样实现投资价值最大化的。

案例对管理者的启示：

▶ **实操训练**

表 1-1-3　学生任务单

组号		总分				
目标	团队通过查阅相关图书或网络资料，选择 1 个国内或国外的知名品牌酒店进行研究，了解其酒店的产品，包括提供给消费者利益的各种商品和服务。将结果做成 PPT，在课堂上分享交流，时间控制在 3 分钟内。					
考核标准	分数占比	小组自评（20%）	小组互评（20%）	教师评分（60%）	总分	
内容完整清晰，包括有形和无形产品	60%					
呈现效果美观，合理使用了文本、图片、图形、动画等表现工具	20%					
汇报展示技巧：能较好地运用姿态、动作、手势、表情，表达对主题的理解	10%					
综合印象：语言表达得体、流利，基本能脱稿	10%					

▶ **随堂测练**

课程名称	酒店管理与数字化运营概论	专业	
学习任务	项目一　了解酒店基本概述	班级	
学习内容	任务一　酒店的定义、作用及特点	姓名	

码上刷题

1. 简述酒店必须具备哪些基本条件。

2. 论述酒店业对于国民经济发展的重要作用。

3. 简述酒店产品的特点。

任务二　酒店的起源与发展

育才剧场

让酒店生活更有格调

也许旅游的真正乐趣是换一个时空，换一种活法，换一套思路。在物质匮乏的年代，人们追求的是物质体验；而今天，人们更多地追求内在体验。在旅游行业，我们经常用"吃住行游购娱"来说旅游的各个要素。由此，很多人把住的酒店当成旅行中的家。

过去的酒店，在满足基本需求上，提供了标准可靠的住宿产品；在高阶位上，提供一种高端的生活方式。未来的酒店应该是：既像家一样可靠、踏实，又有家里无法体验的生活方式。其中，让酒店成为接触当地传统细节的入口，营造适度的社交场景，进行有分寸的艺术呈现等，都是酒店的加分项。

一个好的酒店设计，本身就是一件艺术作品。艺术与酒店结合，可以很好地演绎、体现酒店的审美格调和价值取向。但是，艺术不能做成简单的堆砌——所谓的艺术酒店，那是本末倒置了。艺术作品应该和谐、自然地融合在酒店里，不张扬不抢风头。客人在前，艺术在后。

当然，昂贵的材料、铺张的空间已经不能彰显酒店为客人带来的生活方式，反而是精神层面的文化和艺术更能够体现一个酒店的审美和格调。比如，有些酒店前台改成像咖啡店、茶室一样的布局和氛围，就充分体现了设计者对客人的人文关怀。当前台大部分工作都可以在移动端完成，社交、审美、休闲等功能就会走上前台。酒店可以让酒吧、茶室等空间发挥大堂社交功能，在这样的空间里，客人可以和一起住店的朋友聊天、上网、喝咖啡，也可以自己一个人发呆。让雕塑、绿化、设计家具、创意软装在这些空间里扮演重要角色，使得整个公共区域漂亮、有格调，温馨但不夸张。

酒店行业一方面面临消费者的需求变化，另一方面面临人工成本的上升。机器人将来可以帮助酒店做得更好，它有大数据支撑，还能识别语音和人脸，因此可以改变整个酒店业的服务品质和方式。技术不仅可以不冰冷，还可以增加人情味。

未来我们想把"睡"这件事做得更精致。比如通过研究床、音乐、熏香、枕头、灯光以及空气的含氧量、湿度、温度等条件，通过虚拟现实等各种工具，让客人睡好，把酒店本质的东西做好。

资料来源：学习强国，https://www.xuexi.cn/lgpage/detail/index.html?id=7378118283703816999，2021-04-02

分析

随着社会的发展，酒店业本身、住客的人群与偏好都在不断变化。要用发展的眼光来看待这个行业，"以人为本"的用户思维、以用户为中心的酒店生活方式化正是未来酒店发展的方向。

任务引导

表 1-2-1　学生任务单

组号		完成时间	5～8 分钟
工具	大白纸（分为三等分）、马克笔、磁力扣		
目标	分小组讨论，写出对世界各国酒店"过去、现在、未来"情况的了解。		
要求	1. 每组在大白纸上写下对"酒店的过去、现在、未来"的了解； 2. 用关键词来描述酒店的情况； 3. 每个部分，至少写出 3～5 个关键词； 4. 把所有团队的大白纸粘贴在黑板上或墙壁上； 5. 请每个团队的代表上台分享； 6. 获得大家对于酒店的起源与发展情况的初步了解。		

表 1-2-2　学生任务分配表

班级		组号		指导老师	
组长（学号）					
组员	姓名（学号）		任务分工		

任务学习

酒店的产生和发展经历了一个漫长的过程，至今已有几千年的历史。

在线微课

一、世界酒店业的发展历程

从世界历史上看，酒店业的发展经历了以下四个阶段。

（一）小客栈时期（19 世纪中叶以前）

在古代，有许多人出于政治、经济、军事、宗教等目的而旅行，为了满足这些人的食宿需要，各国都出现了很多小客栈，遍布交通要道和大中城市。其特点是规模小、设施设备简陋、服务项目少，一般只提供简单的食宿服务。

（二）大酒店时期（19世纪50年代—20世纪初）

18世纪60年代，英国首先兴起了产业革命，并很快波及整个欧洲。产业革命后，上流社会的高雅奢侈生活方式从宫廷转移到社会，大酒店在这种背景下应运而生，其特点是豪华，主要接待对象是享有特权的上流社会人物。

（三）商业旅馆时期（20世纪初—20世纪50年代）

产业革命促进了经济的繁荣。进入20世纪以后，商业旅行数量急剧增加，对食宿要求也随之增加。无论是设施简陋的小客栈（过于简陋、不卫生、不舒适），还是豪华的大酒店（价格昂贵、高不可攀），都无法满足这种需求，于是商业旅馆应运而生。商业旅馆有如下特点：接待对象面向普通大众，主要是商务旅行者；经营方针上，注意削减投资额，节约管理费用，采用科学的管理思想和方法，实现低价格；把提供高质量服务作为追求的目标。

（四）现代酒店时期（20世纪50年代以后）

第二次世界大战后，随着世界范围内的经济复苏和繁荣，人口迅速增长，国际性的大众化旅游开始出现。科学技术的进步，使交通条件大为改善，为外出旅游创造了条件；劳动生产率的提高，人均可支配收入的增加，对外出旅游和享受酒店服务的需求迅速扩大，加快了旅游活动的普及化，世界各国政治、经济、文化等方面的交往日益频繁。这种社会需求的变化，促使酒店业由此进入现代酒店时期。其特点表现为：接待对象大众化，不再局限于商务旅行者，而观光旅游者成为一大客源市场；酒店除了基本的食宿功能，经营朝多功能化发展，如为客人提供问询服务、外币兑换服务、洗衣服务、电话服务、健身服务、交通服务、导游服务等；为满足不同客源市场，酒店业开始朝多元化发展，出现了不同类型的酒店，如会议酒店、度假酒店、长住式酒店、汽车旅馆等；酒店日益走上了联营化的道路，世界上大酒店大多被大酒店集团收至旗下。

▶ 知识延伸

饭店标准化之父——斯塔特勒

在商业旅馆时期，首先发现市场并着力开发的是美国的斯塔特勒（Statler，（1863—1928年）。他将"提供普通民众能付得起费用的世界第一流的服务"作为经营目标。

当今世界广泛流传于服务业乃至所有行业的名言"顾客永远是正确的"就是由斯塔特勒首先提出来的。

20世纪初，斯塔特勒在水牛城开始创业，建造以他的名字命名的第一家饭店。在饭店的设计过程中，斯塔特勒向负责设计的爱森威恩提出要让每个房间有"私人洗澡间"（在这之前，美国一般饭店都有公共浴室）。

斯塔特勒在饭店硬件上所下的功夫主要有两方面：一是不断创新，二是保持共同特色。两者在为客人创造安全、舒适、方便的环境上达到统一。实际上，正如《美国饭店业奇人斯塔特勒》一书的作者弗罗伊德·米勒在书中所说，"斯塔特勒的建筑创新完全出于这样的考虑：提高有效使用率和保证客人拥有一片属于自己的小天地"。供销售人员展出产品样品的展览室总是放在顶楼，跟其他客人分开。舞厅和小宴会厅总是放在大厅的上一层，使参加这类活动的客人有一片属于他们自己的小天地，不受大门出入口人来人往的影响。舞厅还有单独的出入口和电梯，跟一般客人使用的分开。

斯塔特勒饭店的厨房设计也与众不同。当时一般饭店考虑造价高，因此都把厨房放在地下建筑中。斯塔特勒却把厨房建在一楼，餐厅效率明显提高。他还把厨房建成三边形，餐厅环绕在其周围，这样，一个厨房可以同时为餐厅、咖啡厅同时服务。

饭店保持共同特色对于成功的经营管理十分重要。规模性采购可以降低成本、节省大量经费，各种设备、设施、物料均可互相替代，一旦发现问题，很短时间便可解决。斯塔特勒饭店联号的客房中，家具、床上用品、窗帘和地毯等的设计采购，都注意具有一定的多样性，又使其颜色相关，以方便替换。

有人批评斯塔特勒联号饭店千篇一律，说："看了一家饭店等于看了所有的饭店。"对此，斯塔特勒回答说："如果它们是最好的话，一样有什么不好？标准化有什么错？"

资料来源：刘伟，《酒店管理概论》，北京：高等教育出版社，2021，经整理；
游上，《酒店管理概论》，北京：高等教育出版社，2017，经整理

二、中国酒店业的发展历程

中国是文明古国，也是世界上最早出现酒店的国家之一。

（一）中国古代的酒店业（1840 年之前）

中国古代酒店设施主要有"驿站""迎宾馆"等。在长达 3000 余年的历史中，中国古代旅馆出现了"馆""驿""舍""店"四大类几十种称谓。

（二）中国近代的酒店业（1840 年—1949 年）

19 世纪下半叶，由于受到帝国主义国家铁蹄的践踏，中国沦为半殖民地半封建社会。而旅馆业的嬗变，也与交通工具的变化相伴相随。到晚清时期，随着轮船、火车的传入，中国旅馆业终于出现革命性的变化。当时的酒店业除有传统的旅馆之外，还出现了西式酒店和中西式酒店，如位于上海外滩的浦江饭店（老礼查饭店），是中国第一家近代意义上的旅馆。

（三）中国现代的酒店业（1949 年至今）

新中国成立后，我国各省的省会、直辖市以及各地风景区通过改建老酒店，建立了一批宾馆、招待所，其功能主要是用于干部休养、接待公事访问。营利并不是这些酒店的主要经营目的。自 1978 年我国开始实行对外开放政策以来，国家大力发展旅游业，这为我国现代酒店业的兴起和发展创造了前所未有的良好机遇。

（1）接待型经营、经验型管理阶段。

20世纪50年代至党的十一届三中全会召开（1978年）前的20多年间，我国的酒店作为对外交往的一条重要渠道，属于民间外交范畴，没有独立的经济地位。这个时期的酒店数量稀少、设施陈旧、功能单一、条件简陋，体制上为接待型经营、经验型管理，以完成各项接待任务为主，是政府的接待活动场所，是计划经济的产物。

（2）开放型经营、规范化管理阶段。

1978年实行改革开放后，我国的酒店业也因此经历了起步、发展到现代化管理的过程，一改过去的落后面貌，发展成为具有国际化先进水准的星级酒店行业。

（3）科学化经营、标准化管理阶段。

为使我国酒店业的管理与服务符合国际惯例和国际标准，考虑到发展的客观形势的需要，我国吸收了国际通行的做法，推进酒店星级评定制度，使我国酒店业由低级阶段向全方位和国际现代化方向发展，逐步走入正轨并趋向成熟。

（4）激烈竞争阶段。

进入21世纪后，尤其是近几年，酒店业有了较大的发展，不少国际知名的酒店品牌落户国内，我国酒店行业呈现国内市场国际化、国际市场国内化的态势。

三、酒店业的发展趋势

未来酒店的经营发展，有以下趋势。

（一）酒店组织架构重建

酒店组织架构开始向从信息化为中心的点、线、面—网的模式发展，人员越来越专业化、精简化，技术资本占比越来越重，开始由劳动密集型向技术密集型转变。未来的人力资本就是事业合伙制，内部的职能逐步走向市场化，内部的任务和作业单元逐步市场化。

（二）酒店发展集团化

集团化经营是未来世界酒店业的发展趋势。这是因为集团化经营对于酒店集团和加入集团的单体酒店都有好处，从而形成了酒店的集团化发展趋势。

（三）酒店市场细分化

21世纪，客人对酒店服务的要求将越来越高，这将迫使酒店市场进一步细分化，以最大限度地满足不同类型客人的不同需求。酒店市场将细分为商务酒店、旅游观光酒店、度假酒店、青年旅馆、特色酒店等多种类型。同时，同一家酒店还会被分为行政楼层、女性楼层等，客房分为儿童客房、长者客房等。不仅客房的硬件发生了变化，服务的内容和形式也会发生变化。

（四）酒店发展绿色化

近年来，酒店业的绿色管理已经风靡全球，国内外不少酒店纷纷实施绿色管理战略，成效显著。绿色酒店管理是酒店为了取得竞争优势、赢得顾客、占领市场所必须采取的一项管理战略。中国新版《旅游饭店星级的划分与评定》（GB/T 14308-2023）标准也特别强调酒店客房的绿色管理，倡导"绿色设计、清洁生产、节能减排、绿色消费"的理念。

（五）酒店营销立体化、酒店质量评价网络化

酒店的营销不再是单纯的OTA（Online Travel Agency，线上旅行代理），而是转变为多渠道、灵活的价格策略、注重口碑的点对点营销，通过大数据对客户的喜好实现更精准的服务，实现了线上、线下、工作、生活等360度的立体全方位营销。同时，新媒体（包括微博、微信、微电影等）营销将成为酒店营销的新趋势。

随着网上预订酒店逐渐成为潮流，越来越多的客人习惯参考网上的酒店点评信息来选择酒店。旅游网络在线平台日渐成熟，网评已经成为继价格、位置之后，当今人们选择酒店的又一重要参考因素。

（六）酒店经营特色化

特色化是未来酒店经营的重要发展趋势。特色，可以来自酒店的独特设计、来自酒店的服务方式，来自酒店独特的地理位置等。这些特色可以使酒店脱颖而出，迅速占领市场，给入住客人留下深刻印象。

（七）酒店收益管理普及化

收益管理能够使酒店的客房信息等资料得到最有效的利用，使酒店管理从经验管理上升为科学管理，从而较大限度地提高酒店的经济效益。因此，越来越多的酒店重视并实施收益管理。从发展的现状和趋势来看，收益管理已经从一种管理思想转化成一种先进的计算机管理系统，好的酒店计算机管理系统都会包括收益管理的内容。

（八）酒店环境"社交化"

适应体验式、社交化的消费趋势，未来酒店会发展成为人们的消费体验和社交场所，变得越来越"好玩"。

任务测评

▶ 案例解析

顾客永远是正确的

"顾客永远是正确的"这一口号,最早是1876年由美国饭店业鼻祖斯塔特勒提出的。当时他年仅13岁,在家乡附近一个小城镇上唯一的小饭店当服务员。一天,一位客人气冲冲地从餐厅来到总台,要工作人员在并不了解情况的前提下就他与一位餐厅服务员的争论说个谁是谁非。总台工作人员以为他喝醉了,神志不太清醒,于是说:"我对那人(指餐厅服务员)的了解超过对你的了解。要说谁是谁非,我想他是正确的。"客人听完这话,二话不说,回到房间,打包行李,办理手续,离开饭店。目睹这一切的斯塔特勒在他随身携带的笔记本上写了一句话。当饭店经理麦克勒赫先生走过来,问他写了什么时,他把笔记本举起,请他过目。上面写着的正是"顾客永远是正确的"这几个字。

经理当即问斯塔特勒:"你这不是太不公平了么?你连那餐厅服务员的意见都没有听。"斯塔特勒回答说:"我的意思是,服务人员在任何情况下都不应该跟客人争吵。"他后来又补充说:"不管怎么样,饭店失去了一名顾客总是事实。"

数天后,13岁的斯塔特勒被提拔为夜间值班,相当于一名主管。谁能想到,近150年后的今天,斯塔特勒当年提出的口号不仅在美国的饭店业,而且在其他所有服务行业,不仅在美国,而且在世界各国,都已经成为服务性行业工作人员身体力行的行动准则。"顾客永远是正确的"这一口号的含义究竟是什么?

案例诊断:谈谈你对"顾客永远是正确的"的理解。

案例对管理者的启示:

▶ 实操训练

表 1-2-3　学生任务单

组号			总分			
目标	\multicolumn{6}{l}{团队通过查阅相关图书或网络资料，对任务一选择出来的国内或国外的某知名品牌酒店进行研究，并讲出其发展历史、目前的经营发展状况。将结果做成PPT，在课堂上分享交流，时间控制在3分钟内。}					
考核标准	分数占比	小组自评（20%）	小组互评（20%）	教师评分（60%）	总分
内容完整清晰，包括有发展历史、目前的经营发展状况、特色优势	60%				
效果美观合理，合理使用文本、图片、图形、动画等表现工具	20%				
汇报展示技巧：能较好地运用姿态、动作、手势、表情，表达对主题的理解	10%				
综合印象：语言表达得体、流利，基本能脱稿	10%				

▶ 随堂测练

课程名称	酒店管理与数字化运营概论	专业	
学习任务	项目一　了解酒店基本概述	班级	
学习内容	任务二　酒店的起源与发展	姓名	

码上刷题

1. 简述世界酒店业发展的四个时期及呈现的特点。

2. 简述中国现代酒店业发展的阶段。

3. 简述未来酒店的经营发展有哪些趋势。

任务三　酒店业的类型与等级

育才剧场

打造特色民宿 助力乡村振兴

习近平总书记指出："依托丰富的红色文化资源和绿色生态资源发展乡村旅游，搞活了农村经济，是振兴乡村的好做法。"作为发展乡村旅游的有效切入点，乡村民宿大有可为。近年来，从北京怀柔颁布奖励办法、出台等级标准，使得各类乡村民宿快速涌现，到浙江瑞安强化政策激励、激活投资主体，推动民宿向产业集群发展，多地相继出台鼓励发展政策，促进乡村民宿健康有序发展。

作为一种非标准住宿业态，乡村民宿在设计、装修上注重个性，在服务、体验上强调人情味，让游客更容易感受到温馨、舒适与放松。近年来，国内周边游，尤其是乡村游，成为不少人出行休闲的首选。当乡村旅游逐渐成为新潮流，如何做好乡村民宿这一重要体验产品，激发乡村旅游市场更大发展动能，成为新的课题。

乡村民宿有别于传统酒店、宾馆，也不同于一般的农家乐。除了硬件设施、基本服务，乡村民宿本身所体现的文化特质、所蕴含的风土气息，是游客较为看重的。可以说，以科学规划、精心设计、合理建造展现乡村风貌，充分满足游客远观风景、近享闲适的诉求，是民宿融入乡村整体环境，实现与当地生态、文化协调发展的必然选择。

资料来源：学习强国，www.xuexi.cn/lgpage/detail/index.html?id=14398110627186548036，2021-09-06

分析

乡村民宿的发展，契合了现代人远离喧嚣、亲近自然、寻味乡愁的美好追求，具有撬动乡村旅游的支点作用。期待未来的乡村民宿产业，继续深挖当地生态、文化资源，更好满足广大游客个性化、多样化消费需求，让农民更多分享产业增值收益，为乡村振兴注入新的活力。

任务引导

表 1-3-1　学生任务单

组号		完成时间	8~12 分钟
工具	A4 纸、笔		
目标	分小组活动，来自同一个地区（市/州）的学生组为一个团队，用手机查询，列举出 3~5 个不同类型的酒店，并依次查明这些酒店的地理位置、规模大小、房价、酒店设施设备等基本信息。		
要求	1. 每组都在 A4 纸上列举出 3~5 个不同酒店的相关信息； 2. 根据团队的理解，把这些酒店进行分类，写出这几个酒店分别属于哪种类型； 3. 请每个团队代表发言讲解。		

表 1-3-2　学生任务分配表

班级		组号		指导老师	
组长（学号）					
组员	姓名（学号）		任务分工		

任务学习

随着国际旅游业的发展，酒店业得到了迅速发展。按照不同的划分标准，酒店的类型也有不同。

在线微课

一、酒店的分类

（一）根据客源市场和宾客特点分类

1. 商务型酒店

商务型酒店是以接待商务宾客为主的酒店。商务宾客指以从事商务或公务活动为目的而进行旅行的人士，以散客居多。商务酒店在地理位置、酒店设施、服务项目、价格等方面都以商务为出发点，多位于城市中心。这类酒店要求相关商务设施配备齐全，如宽带 WiFi、商务中心等。许多商务型酒店还设立了"行政楼层"，行政楼层通常设在酒店的顶层或专门的楼层，配有独立总台，直接为宾客快捷地办理入住及离店手续等专门的服务。

2. 会议型酒店

会议型酒店是以接待会议客人为主的酒店，承接各种会议，包括展览会、交流会、学术研讨会等。会议型酒店既可设在都市繁华地带，也可设在交通便利的游览胜地。要求酒店设置有足够数量和规格的会议厅或宴会厅，有的酒店还设有展览厅，还必须具有完备的会议设备，包括投影仪、录放像设备、扩音设备，以及先进的通信设备、视听设备、同声翻译装置等。

3. 度假型酒店

度假型酒店是以接待休闲、度假的宾客为主的酒店。此类酒店多位于海滨、山区、温泉、岛屿、湖泊、森林等旅游胜地，远离繁华的城市中心和大都市，但交通便利。酒店除提供一般酒店所应有的服务设施和项目外，还应尽可能地满足宾客休息、娱乐、健身、疗养等方面的需要，要有足够、多样的娱乐设施，如游泳池、台球、棋牌室等。有条件的酒店还会提供各种户外娱乐、体育项目，如网球、温泉、滑雪等活动来吸引宾客。值得一提的是，营业的季节性问题一直困扰着许多度假型酒店。由于气候和时间的影响，度假型酒店极易出现明显的淡旺季。还有一种度假会议酒店，增设了会议设施，将度假与会议相结合。

4. 旅游型酒店

旅游型酒店又称观光型酒店，以接待观光旅游者为主的酒店。多位于旅游点，其消费主体为团队旅游者。酒店档次通常不需要太高，客房多为标准间；餐饮以团体餐为主，可使用套菜菜单。酒店在建筑装潢、服务设计、菜点设计方面必须突出民族和地方特色。这类酒店是以当地旅游资源为吸引力的，故要做好地方旅游资源的宣传推广工作。

5. 公寓型酒店

公寓型酒店也称长住型酒店，为租住者提供较长时间的服务。此类酒店一般适合住宿期较长，在当地短期工作或度假的宾客或家庭居住。公寓型酒店一般只提供住宿服务，并根据宾客的需求提供餐饮及其他辅助性的服务。公寓型酒店的建筑布局与公寓相似，客房多采用家庭式布局，以套房为主，通常都有厨房设备供宾客自理饮食。它既提供一般酒店的服务，又提供一般家庭的服务。公寓型酒店的经营方式也被我国许多商务型酒店借鉴，他们部分楼层或部分房间长期出租给单位、公司或个人。

（二）根据酒店目标市场的精细化程度分类

1. 经济型酒店

经济型酒店也称快捷酒店，多为大众旅游者或出差者服务，客人来去匆匆，总体节奏较快。特点是功能简化，把服务功能集中在住宿上，而压缩、简化餐饮、娱乐休闲等功能，大幅降低运营成本。此类酒店不是一味从价格出发的廉价酒店，核心需求简单，一是卫生条件和睡眠质量要达到现代社会生活节奏的基本要求，二是其价格要比星级酒店低。

2. 旅游星级饭店

中国新版《旅游饭店星级的划分与评定》这样定义旅游饭店（Tourist Hotel）：以间

（套）夜为单位出租客房，以住宿服务为主，并提供餐饮、商务、会议、休闲、度假等相应服务的住宿设施。旅游星级饭店分为五个级别，由低到高为一星级、二星级、三星级、四星级、五星级。

3. 特色酒店

特色酒店指通过引入独特的自然、文化资源以及现代科技成果，赋予酒店外形、氛围、产品、服务或者运营模式与传统酒店相区别，能够给宾客带来独特感受的酒店，包括文化主题酒店、精品酒店、青年旅馆、汽车旅馆、乡村旅馆、家庭旅馆等。

▶ 知识延伸

旅游民宿

1. 旅游民宿

利用当地民居等相关闲置资源，经营用客房不超过4层、建筑面积不超过800 m^2，主人参与接待，为游客提供体验当地自然、文化与生产生活方式的小型住宿设施；根据所处地域的不同可分为城镇民宿和乡村民宿。

2. 民宿主人

民宿业主或经营管理者。

3. 等级和标志

旅游民宿等级分为3个级别，由低到高分别为三星级、四星级和五星级。星级旅游民宿标志由民居与五角星图案构成，用三颗五角星表示三星级，四颗五角星表示四星级，五颗五角星表示五星级。旅游民宿等级的标牌、证书由等级评定机构统一制作。

2019年7月19日，文化和旅游部官网发布公告，宣布新版《旅游民宿基本要求与评价》（LB/T 065—2019）已通过批准，并自发布之日起实施。据了解，新公布的《旅游民宿基本要求与评价》将替代2017年由原国家旅游局发布的《旅游民宿基本要求与评价》。在星级评定方面，新版标准指出：经评定合格可使用星级标志，有效期为三年，三年期满后应进行复核。同时还提出"旅游民宿评定实行退出机制，经营过程中出现以下情况的将取消星级"。其中包括：发生相关违法违规事件，出现卫生、安全、消防等责任事故，发生重大有效投诉，发生私自设置摄像头侵犯游客隐私等造成社会恶劣影响的其他事件，日常运营管理达不到或不符合相应星级标准要求。此外，新版标准还明确提出：取消星级后满三年，可重新申请星级评定。

资料来源：《旅游民宿基本要求与评价》，2019-07-19

（三）根据酒店的管理性质分类

1. 集团管理

酒店集团是由多个酒店组成，一般都拥有一个或多个品牌，同时采用不同的经营方式。其经营方式主要有：集团直接经营所有酒店、集团按委托合同管理其他个人或集团的酒店、集团授权特许经营的酒店。

2. 连锁经营

连锁酒店一般都具有全国统一的品牌形象识别系统、全国统一的会员体系和营销体系，价格相比较很有优势符合大众化消费。连锁经营包括直营连锁、自愿连锁、连锁加盟三种类型。连锁酒店可以说是经济型酒店中的精品，包括如家、莫泰等知名品牌。

3. 独立经营

独立经营也称自主经营，指由个人或企业、组织独立拥有并经营的单个酒店，又称单体酒店。由于独立经营酒店均为小型企业，比较传统的酒店企业形式，其特点是单独分散地存在于各个城市和地区，独立地进行营销活动和管理活动。独立经营酒店的市场辐射能力低、影响面窄，在扩大酒店知名度和美誉度上能力有限，较难在国际市场上形成品牌效应。

（四）根据计价方式分类

1. 百慕大计价酒店

百慕大计价酒店的房价包括房租及美式早餐（相对丰盛）的费用，是最受国际商务宾客喜爱的计价方式。

2. 中式计价酒店

中国的酒店一般采用类似百慕大计价法计价，房价通常包括房租及自助早餐的费用，其自助早餐的服务质量往往成为酒店服务水准的标志。

3. 欧陆式计价酒店

欧陆式计价酒店的房价包括房租及一份简单的欧陆式早餐（咖啡、面包和果汁），此类酒店一般不设餐厅。

4. 欧式计价酒店

欧式计价酒店的房价仅包括客房住宿费，不含餐食费用。国际上很多酒店采用这一形式。

5. 美式计价酒店

美式计价酒店的房价包括早、中、晚三餐费用，即"全包餐"形式，常见于一些地处僻远的度假型酒店。

6. 修正美式计价酒店

修正美式计价酒店的房价包括房租、早餐和一顿宾客自选的正餐（午餐或晚餐）费用，主要是为了让宾客有较大的空间安排自己白天的自由活动。

（五）根据其他标准分类

1. 根据地理位置分类

一般可分为城市酒店、乡村旅馆、机场酒店等。城市酒店多是商务酒店。乡村旅馆类型多样，除了农家旅馆，还有自助式村舍、度假村等。自助式村舍设施齐全、装饰精美，度假村则面向高端的乡村度假旅游者。机场酒店位于机场附近，宾客停留时间短，客流周转率高，酒店主要提供住宿、餐饮服务和商品售卖服务。

2. 根据酒店规模大小分类

按照目前国际通行的划分标准，酒店根据规模主要分为以下三种：小型酒店，客房数小于300间；中型酒店，客房数在300~600间；大型酒店，客房数在600间以上。

二、酒店的等级

（一）中国星级酒店等级

星级酒店是由国家（省级）旅游局评定的能够以夜为时间单位向旅游客人提供配有餐饮及相关服务的住宿设施，按不同习惯，也被称为宾馆、饭店、旅馆、旅社、宾舍、度假村、俱乐部、大厦、中心等。星级酒店须达到一定条件和规模，所取得的星级表明该饭店所有建筑物、设施设备及服务项目均处于同一水准。

中国新版《旅游饭店星级的划分与评定》（GB/T 14308-2023）标准中，将旅游饭店星级分为五个级别，由低到高为一星级、二星级、三星级、四星级、五星级。星级标志由长城与五角星图案构成。

1988年8月，《旅游涉外饭店星级标准》正式发布，但该版标准实际上仅是旅游饭店的行业标准。1993年，星级标准升级为"国标"，并经国家技术监督局首次修订为国家标准《旅游涉外饭店星级划分与评定》（GB/T 14308-1993）。其后又经历了几次修改，形成了1997年版、2003年版（去掉了"涉外"）、2010年版。自2024年3月1日起，《旅游饭店星级的划分与评定》（GB/T 14308-2023）国家标准正式实施，此标准为原国家标准GB/T 14308-2010的修订版本。新的国家标准正文共11个章节，包括前言、范围、规范性引用文件、术语和定义、星级和标志、基本要求、安全管理、服务质量管理、公共卫生管理、运营管理、星级的划分条件与评定办法及其他项目等。相比较于上一版本国家标准，本次修订的主要变化体现在以下五个方面：一是更加注重贯彻新发展理念，彰显标准的引领性；二是更加注重满足游客核心需求，彰显标准的实用性；三是更加注重减轻企业经营负担，彰显标准的时代性；四是更加注重优化评定办法，彰显标准的科学性；五是更加注重服务质量监管，彰显标准的约束性。

> **知识延伸**
>
> **旅游饭店星级的划分**
>
> ☆☆☆☆☆五星酒店
> 这是旅游酒店的最高等级。设备十分豪华，设施更加完善，房间设施豪华，服务设施齐全。有各种各样的餐厅，较大规模的宴会厅、会议厅、综合服务比较齐全，是社交、会议、娱乐、购物、消遣、保健等活动中心。
>
> ☆☆☆☆四星酒店
> 设备豪华，综合服务设施完善，服务项目多，服务质量优良，室内环境艺术，提供优质服务。客人不仅能够得到高级的物质享受，也能得到很好的精神享受。

☆☆☆三星酒店

设备齐全,不仅提供食宿,还有会议室、游艺厅、酒吧间、咖啡厅、美容室等综合服务设施。这种属于中等水平的饭店在国际上最受欢迎,数量较多。

☆☆二星酒店

设备一般,除具备客房、餐厅等基本设备外,还有卖品部、邮电、理发等综合服务设施,服务质量较好,属于一般旅行等级。

☆一星酒店

设备简单,具备食宿两个最基本功能,能满足客人最简单的旅行需要。

资料来源:《旅游饭店星级的划分与评定》(GB/T 14308—2010),2018-12-25

(二)其他国家或地区酒店等级

酒店等级的确定主要是根据酒店的位置、环境的优雅程度、设施的齐备情况、服务水准的高低。目前国际上在划分酒店等级方面还没有统一的规定,但有些标准是公认的,如清洁程度、设施水平、家具品质及维修保养、服务与豪华程度。各国和地区在划分酒店等级上都有自己的标准。

欧洲普遍采用 Michelin 星级标准对酒店的硬件和软件(服务)进行客观评价,评定出等级。酒店有四个等级。一星级酒店没有餐厅及酒吧,但有欧陆式早餐(面包、咖啡和果汁)供应;二星级酒店大多没有餐厅及酒吧;三星级酒店可能有餐厅及酒吧;四星级酒店通常有餐厅及酒吧。

美国汽车协会采用五颗钻石等级制度。一颗钻以经济为本,提供基本的舒适和接待服务;二颗钻经济实惠,适度增加设备、装饰和设施;三颗钻包含了卓越的、多层面的物理特性设施,确保客人舒适;四颗钻象征精致、时尚、高档,注重服务和细节;五颗钻代表极致的豪华、非凡的舒适,按照无可挑剔的卓越标准提供细致的个性化服务。

任务测评

案例解析

四川禅驿·锦城院子 | 高质量发展案例

"因禅设驿、以驿点题",禅驿是一家以禅文化为主题,倡导"回归质朴、安心自在"的现代禅意生活方式酒店。酒店立足四川,面向全国打造的"禅驿"品牌连锁酒店。禅驿酒店以"小型、精品、度假、文化"为品牌定位,以"院子、度假、苔舍"三个子品牌细分市场,为现代优秀人群营造了一个"轻松、愉悦、雅趣、健康"的酒店消费新场景,实现酒店就是旅游目的地和人民对美好生活的向往。

禅驿酒店从创建到现在,一直坚持以"文化为收益赋能"的指导思想,从酒店建筑设计、产品开发、服务流程等维度都将酒店倡导的禅文化融入进去,让在大众心目中高深玄奥的佛禅文化走下神坛、走出宗教、走进酒店客人的生活,实现禅宗六祖慧能大师所言"佛法在世间,不离世间觉"的祖训,让客人在酒店生活中感受禅文化的熏陶,享受"生活禅"带来的愉悦与智慧。通过几年运营下来,禅驿酒店获得了市场的认可和各界人士一致好评,并取得了中国饭店协会评定的五叶级文化主题饭店和四川省政府对文旅行业颁发的最高奖项"金熊猫奖"称号,成为全球文化主题酒店行业中的领导企业,为践行中国服务竖起了标杆。

酒店产品彰显禅文化主题属性

(一)"生活禅"是禅驿酒店文化的核心

禅驿酒店通过对佛教与禅文化的研究,将禅的概念、禅的场景、禅的运用巧妙地解析出了禅的三个意境,即从宗教仪轨中来的"寺庙禅-肃境",从景观设计中来的"自然禅-悠境"、从人们起居中来的"生活禅-趣境"。禅驿酒店将"寺庙禅"的仪式感、"自然禅"的美学感、"生活禅"的体验感"三感"集中在酒店场景中,让入住酒店的客人通过"六根体验"即视觉、听觉、嗅觉、味觉、触觉、意识六个维度来感知禅文化和体验禅文化带来的愉悦与智慧。禅驿的本身是酒店,酒店有自身商业逻辑,要面向市场化竞争的产品,文化必须为收益赋能,为此,禅驿酒店更多考虑到客人的感受和认同,在禅的三个意境层面更趋向具有"趣境"化的"生活禅"营造,以"生活禅"为禅驿酒店文化主题的核心。

(二)特色文创产品成为禅文化的载体和增收点

围绕禅驿酒店的文化主题核心"生活禅"概念,禅驿酒店开发了多种具有禅文化特色的文创产品,产品的呈现既传递了文化属性,又给客人带来可观赏、可把玩、可品味、可参与、可购买的多重消费体验。

1.六度盒

"六度"一词属于佛教专用术语,是佛教中"自度度他、福慧双修、三学具足"的修行法门。通俗讲,就是让人摆脱烦恼到达觉悟境界的六种方法。禅驿酒店在充分借助禅文化的同时,也考虑到产品的可操作性和趣味性。将六度盒内放上一个小礼品,当客人按照佛教"六度"次第翻动六度盒,能顺利打开六度盒,看到酒店预先准备的小礼品。

2. 十八籽

十八籽是由佛珠手串演变而来，属佛珠的一种。十八籽寓意了佛教的十八界。十八籽将这些要素串在一起，象征着修行者通过正念和冥想，超越感官和思维的界限，达到更高层次的觉悟。同时用佛教的十八界，寓意佛光保护，祈福纳祥，去除烦恼，身体健康，平安顺，招财祈福，保佑家人平安等多种美好的寓意。禅驿酒店的客人可以到酒店的文化空间如：茶室、禅修室、文创展示区等地的十八籽体验区静下心去选择自己喜欢的珠子，逐一穿成串，最后成为一串手串即可。

（三）禅驿"欢喜十二禅"特有的国潮文化产品，给客人一种全新的生活方式

将文化融入客人住店期间的生活，真正意义上实现我们提出的"生活禅"概念："禅不远人，就在身边。"为此，禅驿酒店为客人提供了禅驿生活方式特有的文化产品"欢喜十二禅"，由十二种文化体验活动组成，每项活动定价不等，客人可以根据自己时间安排选择体验。

案例诊断：分析禅驿酒店作为全国文化主题酒店行业中的领军企业，是如何打造禅文化的。

案例对管理者的启示：

▶ 实操训练

表 1-3-3　学生任务单

组号		总分			
目标	团队通过查询网络资料或实地走访，了解学校附近酒店，并根据客源市场和宾客特点对这些酒店进行分类，说明分类的依据。要求：至少调查 5 个酒店。				
考核标准	分数占比	小组自评（20%）	小组互评（20%）	教师评分（60%）	总分
内容完整清晰，包括 5 个酒店的基本信息以及分类依据	60%				
材料典型、数据准确，语言简洁流畅，叙述清楚明了、有逻辑	20%				
合理使用图片、表格等表现工具	20%				

▶ 随堂测练

课程名称	酒店管理与数字化运营概论	专业	
学习任务	项目一　了解酒店基本概述	班级	
学习内容	任务三　酒店业的类型与等级	姓名	

码上刷题

1. 根据客源市场和宾客特点，酒店可以分为哪几类？

2. 简述中国旅游饭店星级的划分。

任务四　酒店数字化运营概述

育才剧场

锦江 WeHotel 技术赋能　推动锦江全产业链协同发展

锦江 WeHotel 是锦江国际集团旗下全球酒店互联网平台，公司充分发挥技术赋能作用，自主研发面向用户及赋能会员数字营销的会员管理系统、面向各产业板块的系统解决方案、面向集团的"云、数、网、安"数字底座等全链路技术产品矩阵，推进传统业务创新转型升级。

举例而言，由锦江 WeHotel 自主研发的中央预订系统（CRS），实现了预订全流程的高度中央化；基于云端的入住通系统（PMS），其功能覆盖酒店全业务流程，为酒店提供强有力的技术支持；结算通系统则统一对账结算流程，缩短结算周期，提升管理能效。此外，锦江 WeHotel 推出的企业大客户管理系统，实现了企业客户的全生命周期管理。

未来，锦江 WeHotel 将立足于会员赋能和技术赋能的战略定位，有效推动数字技术与业务场景的深度融合，积极培育互联网经济与实体经济融合发展的新动能，全力构筑旅行全产业链发展新高地，为锦江国际集团的高质量发展注入更加强劲的源动力。

资料来源：凤凰网，https://i.ifeng.com/c/8SVkmWtfB16，2023-08-24，经整理

分析

数字化正在重塑各个行业，酒店行业也不例外。行业整体复苏正在进行，但跑出怎样的速度，则需要酒店从业者共勉。当前国内本土市场，数字化趋势已是必然，从业者应抓住数字化和科技机遇，进一步提升服务客户、扩大盈利的能力。数字化发展是创新发展的一种方式，只有不断创新，小到企业，大到国家，甚至是人类社会才能不断进步和发展。

任务引导

表 1-4-1 学生任务单

组号		完成时间	5~8分钟内
工具	便利贴、大白纸、马克笔		
目标	分小组,团队用头脑风暴的方法,列举酒店数字化应用的实例。		
要求	1. 团队中每个人都在便利贴上写下酒店数字化应用的实例; 2. 可以用关键词来描述,每张便利贴写1个关键词; 3. 写得越多越好; 4. 把团队所有人的便利贴粘贴在大白纸上; 5. 请每个团队的代表上台分享; 6. 获得大家对于酒店数字化应用的认识。		

表 1-4-2 学生任务分配表

班级		组号		指导老师	
组长(学号)					
组员	姓名(学号)		任务分工		

任务学习

数字化,是以现代科学技术为手段,将错综复杂的信息转换成可用的计量单位,即数字、数据、数码、数值等,然后利用这些单位建立便于操控的数字化模型,并把它们转变为一系列二进制代码引入计算机内部,实现计算、存储、传输、交互等功能。随着计算机技术、网络技术的进一步发展,数字化运营成为当今时代发展的重要趋势。

在线微课

一、酒店数字化运营的定义

酒店数字化运营是在酒店的资产、计划、组织、人事、经营、预算与财务等管理中,转变传统的运营模式,利用各种数据、智能工具进行现代化管理,以数据为中心制定内容，通过数据分析总结，明确酒店的发展方向。通过数据技术和数据能力提升酒店运营效率，在减少人力、降低成本、提高运营效率的同时，运用新技术帮助酒店做出正确决策，使酒店管理更加切合实际，为用户提供稳定、高质量的服务，及时满足用户需求并为其解决相关问题。

▶ 知识延伸

酒店数字化转型须面对三大挑战

根据中国旅游饭店业协会与石基信息发布的《2022年中国酒店业数字化转型趋势报告》，酒店业在进行数字化转型过程中，面临主要三大挑战：过时的系统架构、缺乏专门的数字化人才、缺乏足够的预算。

洲际酒店集团大中华区酒店及业主信息技术解决方案副总裁认为，在数字化转型的过程中，酒店/酒店管理集团需要在业主、客人以及企业自身发展及员工等各个利益相关方层面上做好平衡，以此为中心，找到着力点。而数字化转型，归根结底是一场酒店思维模式的变革、酒店角色和相关方利益的再分配，甚至是商业模式的再造。

同样地，广东旅控集团副总经理表示，数字化转型在本质上其实是一场思维革命，不是换一个系统或者接一个系统那么简单，而是通过搭建一体化的数据平台，让运营更有效率、营销更加精准。面向数字化的改造，也不是短期内就能彻底完成的，而是基于酒店的需求、定位及发展战略，不断进行调整和优化的过程。而在这条转型的道路上，酒店将长期处在机遇与挑战并存的状态。

报告显示，46.2%的受访者认为"过时的系统架构"为"头号难题"。宾客日益提升的对数字化体验的要求和系统封闭性所带来的集成难、成本高、维护难的问题，两者之间的矛盾变得越加凸显，束缚了酒店展开创新的手脚，也限制了酒店管理集团规模化和标准化管理的能力。

45.9%的受访者认为"缺乏专门的数字化人才"是阻碍其数字化战略落地的第二大重要因素。73.4%的受访者对于"拥有充分的人才储备确保达成2022年数字化转型目标"没有足够的信心。从目前来看，酒店数字化人才的缺口主要是数字化营销和运营岗位。对于这些人才的素质要求，主要有两个方面：一是酒店业数字化意识和认知的培养，二是构建数据能力的培养。

金陵饭店集团数字科技中心总经理强调，围绕人展开的各项机制要到位，充分发挥积极性，不敢说要做体制上的突破，但机制一定要活。无论是企业文化、专业人才培养，还是以考核为导向的激励政策，其实都是机制问题。特别是对于国营企业而言，体制不调整，数字化就是伪命题。

此外，43.0%的受访者认为"缺乏足够的预算"为酒店数字化转型第三大挑战，其他需要面对的挑战还包括：新技术的适用性和规模化使用、无法直接衡量投资回报率、内部对数字化意见不统一、IT与业务部门之间的关联性差、保持与时俱进和技术创新、业主方等合作伙伴不愿意进行新技术投资、不清楚国内数字化转型进程、无法清晰对标自身现状等。

资料来源：《旅业报》，2022-03-09，经整理

二、酒店数字化运营的目的

（一）适应客户需求的变化

随着互联网的普及和移动设备的普及，客户的消费习惯和偏好也发生了巨大的变化。客户更加注重个性化、便捷化、智能化和安全化的服务体验，对酒店的品质和价值有更高的要求。如果酒店不能及时跟上客户需求的变化，就会失去竞争力和市场份额。

（二）提升运营效率和管理质量

传统的酒店运营和管理依赖于大量的人力资源和经验积累，存在着低效、高成本、难监控等问题。通过数字化转型，酒店可以利用数据、连接和智能等技术手段，实现对客房设备、服务流程、员工行为等方面的可视化管理和智能优化，降低运营成本，提高服务质量，提升管理水平。

（三）创造更多价值和竞争优势

通过数字化转型，酒店可以打造更多差异化和创新性的产品和服务，满足客户多元化和个性化的需求，提升客户满意度和忠诚度。同时，酒店也可以利用数据分析和智能决策，发现市场机会和潜在风险，制定更合理和有效的战略规划，提升酒店的竞争力和盈利能力。

三、酒店数字化运营的意义

酒店行业是一个传统的服务业，长期以来依靠人力和经验来提供客户满意的服务。然而，在互联网、人工智能、5G 等新技术的推动下，酒店行业也面临着数字化转型的必然趋势和挑战。数字化转型不仅是酒店应对市场竞争和客户需求的有效手段，也是酒店提升自身效率和价值的重要途径。目前我国正处于消费能力快速提升阶段，产业结构全面升级、人民消费行为也发生较大变化。随着大数据分析对消费群体不断细分，以移动化、品质化和个性化等特征为标志的新一轮消费升级，为市场带来大量全新的需求增长点，催生了广阔的发展机遇。数字化转型是酒店产业深化供给侧结构性改革、提升产业发展效率的着力点。

（一）信息数字化

酒店信息数字化指通过精细化运营，提升用户访问率，增强用户对产品的价值认同与服务依赖。信息数字化是酒店实现现代化运营的基本保障，如目前行业内广泛使用的各种 PMS 系统、Opera、西软、绿云等，能够将用户从预订到结账过程中发生的各项事件以数据的形式录入信息系统中。信息数字化涉及的范围越来越广泛，从最初的前厅客房餐饮领域，逐渐深入市场营销领域、人力资源领域和工程领域，这些系统所收集的数据为酒店决策及运营提供了便利。

（二）业务数字化

业务数字化实质上就是数据业务化，通过整合数据资源，升级业务信息量，强化业务板块，并依靠数字优势按产品的需要开展商业推广。运营过程中运用数据智能、数据创新。前者利用大数据技术提升用户体验，如满意度采集、信用评级等；后者根据数据导向拓展业务，通过建立用户分层体系细分用户需求，了解用户业务偏好与消费习惯，对业务流程进行诊断，有效转化各业务环节，提升用户价值。同时，通过整体性的用户需求和产品价值与需求度满足评估定位业务运营方向，指导业务创新，如借助 PMS 收集的数据实现个性化服务，进而提高单客收益，利用销售数据做好收益管理，提升利润，通过工程领域的数据来降低酒店能耗成本。

（三）管理数字化

先进的管理方法不仅能提升酒店的竞争力，还能促进酒店长远发展。行业管理到达一定阶段时，必将出现运营管理模式的转型变革。这一变革在金融、电子商务、物流等领域都已经发生，这些领域中的相关企业的组织架构与运营模式在最近十几年间都发生了巨变，而绝大部分酒店的组织架构和管理模式，从改革开放到现在基本没有发生重大调整。在管理数字化的过程中，酒店过往的业务管理模型会被数字创新重构，一个适合数字时代的运营模式将会产生。同时，酒店对市场的研判、房价的制定、客户资料管理、服务质量管理、人力资源、能耗控制等，都会在管理数字化环境中得到更新提升。

四、酒店数字化运营相关概念

（一）酒店信息化

酒店信息化指酒店企业在产品的设计、开发、生产、管理、经营等多个环节中广泛利用信息技术，大力培养信息人才，完善信息服务，开发利用酒店内外部的信息资源，促进酒店员工、管理层与客人之间的信息交流与知识共享，扩充酒店服务产品的类型，提升服务质量，优化酒店资源配置与管理效率，满足客人的需求，实现酒店经济与社会效益的最大化。

酒店管理的目的是成本控制、运营控制，其最终结果表现为效率和效益。要达到这一目的，管理数据的及时性、准确性、完整性、有效性是至关重要的，这些特性恰恰是酒店信息化的特点。酒店信息化也是应用信息技术和产品融合的过程，可推动酒店实现由局部向全局、战术向战略应用信息技术的动态转变。

酒店信息化是运用信息技术手段对数据、信息进行有效采集、传播与储存，从而实现酒店业务流程的再造与优化管理。酒店信息化是实现酒店经营与管理模式创新的手段，通过酒店信息化可以实现酒店内外部信息的有效共享与合理利用，完成酒店经营活动中各种知识的挖掘、积累与传承，提高酒店的经济效益和社会效益。酒店信息化需要酒店服务与管理流程的创新优化，还需要员工服务与管理理念的创新，以及管理团队的重组与管理策略的创新。

（二）酒店智能化

酒店智能化指整合现代计算机技术、通信技术、控制技术等进行数字化运营，提供优质服务体验、降低人力与能耗成本，通过智能化设施，提高信息化体验，营造人本化环境，形成投资合理、安全节能、高效舒适的新一代酒店发展模式。

酒店智能化是以计算机智能化信息处理、宽带交互式多媒体网络技术为核心的信息网络时代技术。在此技术支持下，酒店将更加强调对客人的个性化服务、信息化服务。网络技术的飞速发展，为中高档星级酒店在信息时代重新打造自我形象带来新的亮点，装备先进的网络设施已经成为酒店服务水平的标志，也为信息化建设在酒店业的发展和服务带来前所未有的机遇和挑战。此外，智能化技术还会给酒店的经营管理方式带来巨大变革，如采用网络营销与连锁经营、采用智能采购与管理系统等。

1. 酒店智能化的应用

酒店智能化主要体现在以下三大应用领域。

（1）直接面对顾客提供优质服务的智能化技术，如在酒店引入 iPad 智能控制系统，采用创新型模块化设计，通过 iPad 实现灯光、场景、空调等设备的自由控制，实现对客服务智能化互动，使顾客获得更舒适、更高端的体验。

（2）面对酒店管理者提供高质量经营管理手段的智能化技术，如酒店智能预订及连锁经营网络系统、后台计算机管理系统、办公自动化 OA 系统等，目的是使酒店经营及管理高效、先进、科学。酒店可以通过电子商务平台，让旅行社团队、会议团队、散客都可以利用计算机直接访问全球酒店分房系统，以获得酒店的详细资料，包括酒店的出租状况，并能立即进行预订和确认。酒店也可以更多地从网上信息平台获取客人的兴趣与偏好，针对客人的个性需求重新整合酒店产品，全面优化对客服务和酒店管理，不断提升客人对酒店服务的满意度。

（3）面对酒店经营成本提供高质量管理手段的智能化技术，如智能楼宇控制技术、智能采购网络、智能人员管理、智能物耗管理等，目的是使酒店物耗、能耗、人员成本等降到最低，创造效益。在日常维护方面，酒店经营采购量大，成本难以控制。通过互联网电子订货系统，酒店可以将发生的数据输入计算机，即刻通过网络连接将资料传送至经销商处，及时控制成本，提高效率。

2. 酒店智能化的发展

（1）酒店智能化的发展阶段。

酒店智能化进程始终随着互联网技术的发展而发展，在互联网发展的不同时期呈现出智能化运用的不同特征，大致经历了以下阶段。

①酒店管理软件初始阶段（1995—2004 年）。

这一阶段我国互联网处于窄带时期，以新浪、搜狐、网易等门户网站为代表，以搜索为主要功能。在这一阶段，国人初识计算机与互联网，与酒店智能化应用相关的软件技术逐渐得到行业认可，管理软件、电子门卡等相关技术进入酒店行业。

②酒店管理模块运用阶段（2005—2010 年）。

这一阶段我国互联网发展进入宽带时期，ADSL 宽带入户直接促进了互联网的繁荣。腾讯、百度、阿里三大公司崛起，通信、搜索、游戏、社交、电商、视频等应用暴发。在此阶段，酒店智能化管理模块的开发和覆盖面逐步拓宽，行业运用也更为平常化。

③酒店管理系统升级发展阶段（2011—2014年）。

这一阶段互联网进入移动互联网时代，苹果模式、4G等带动移动互联网发展用户和互联网公司加速向移动端转移，互联网使用频率和时间再次提升。酒店业的智能化技术运用步伐随之加快，并且不仅用在前台的经营业务，更逐渐向后勤保障系统和楼宇自动化系统发展，同时开始将酒店内部网络和互联网连接，尝试管理的智能化升级。

④酒店智能化形成热点阶段（2015年至今）。

"互联网＋"概念的提出，带来了智能终端、企业经营、生活服务和人际关系的变化，逐渐开始影响人们的生活。由于在这一阶段，酒店行业面临前所未有的经营困难和转型升级的巨大压力，因而对"互联网＋"的兴趣越来越大。将智能化当作降低成本、摆脱经营困境、缓解人力资源压力的一种途径，酒店智能化技术开始集中在对客服务环节发力，产生了微信入住、机器人迎宾、机器人送餐等新的服务方式。这一阶段，在智能酒店、智慧酒店等旗帜下，智能化技术、机器人运用等成为酒店行业的热潮。

（2）酒店智能化的发展趋势。

酒店与智能的结合，改变酒店行业现有的运营管理模式，让每一次的住宿经历变得更愉悦便捷、个性独特、智慧有趣。未来酒店的竞争，已不再是酒店设施、装潢等之间的区别，更多的是智慧酒店智能化系统的完善与发展程度，是否拥有一个完善的智能化系统，将成为酒店极具吸引力的最大卖点之一。

智能化颠覆了传统酒店的运营模式，将物联网、语音交互、人脸识别、软硬件芯片开发等与酒店息息相关的领域结合，为每位客人提供个性化的服务。客人可直接在线选房、订房、退房，并通过智能终端控制客房内的空调、灯光、音乐、电视等设备，随意切换睡眠、阅读、浪漫等情景模式。

酒店服务正逐渐从标准化向个性化、人性化转变，智慧酒店系统也在逐步替代酒店传统、单一的设备，同时实现酒店设备的智能互联，让客人在酒店体验到更舒适、更便捷、更个性化的服务。在互联网、大数据、人工智能的发展下，酒店的智能化发展是未来酒店发展的必然趋势。

未来智能化酒店的发展主要突出表现在智能化、场景化、信息化、个性化四个方面。

①智能化。

智能化酒店的先决要素主要是智能化，智能化主要通过人工智能技术为基础，在尽可能地满足客户的生活服务需求的情况下，为酒店降低运营成本，提高收入。目前，酒店智能化是通过智能音箱作为智能酒店的语音入口，通过语音交互等方式控制客房内的电器，让客户完全解放双手，方便生活，体验智能化给生活带来的便利感。

②场景化。

场景化是针对客户在客房的场景，充分体验用户住店的感觉，从各方面为客户提供最佳的服务。场景联动，为客户提供入住模式、睡眠模式、阅读模式、观影模式、起床模式，通过控制设备来为客户营造一个良好的环境，让客户体验更佳。

③信息化。

酒店信息化对推动智能化酒店的发展起到了非常重要的作用，能很好地融合互联网线上资源和传统线下资源。酒店在线上宣传智能化酒店的全新理念，在线下推动智能化酒店布局，让更多消费者体验到智能化酒店所带来的价值，同时对这种美好的体验留下深刻的印象。

④个性化。

酒店的产品同质化是酒店行业存在的最大弊端之一，个性化智能服务才是最能体现酒店竞争力的指标。智能服务是针对解决酒店产品同质化的问题，为酒店客人提供定制化、个性化的体验。酒店通过定制专属语音库进行个性化服务，内容包括酒店介绍、酒店信息讲解、酒店促销宣传推广介绍，以及对接酒店后台管理，包括为客户叫车、分配打扫工作、叫餐、送物、退房、续房等。例如，2018年，阿里巴巴集团在杭州推出智能酒店——菲住布渴酒店。客人可以在手机上提前预订房间，直接在手机上或者酒店终端刷脸进入，智慧电梯、无触门控将自动进行人脸识别，智能点亮入住楼层，自动开启房间门。一旦进入房间，天猫精灵智能管家可直接对室内温度、灯光、窗帘、电视等进行语音控制，还有机器人送物、送餐服务，满足了一部分消费者对科技化、体验化、个性化酒店产品的需求。

任务测评

案例解析

老牌酒店如何收获"数字红利"？

服务始终是酒店品质的重要一环，落足于"人"的服务，正与回归于"人"的数字化殊途同归。合理利用数字化，酒店能够更有效地围绕顾客展开价值活动。

通过对数字化工具的应用，苏州南园宾馆的服务已不再仅局限于浅层的"客户提出需求，酒店及时响应"，而是能够持续进行自发的服务体系升级，走在客人前面，去重点解决客人舒适度等深层次的问题。

一方面，南园宾馆引进了数字化客户体验管理系统，提供【住前＋住中＋住后】全流程品控运营管理，一站式渠道点评管理，通过精准定位，实时预警，减少客诉问题，做到及时服务，并根据客人反馈，对酒店传统服务内容进行更新。

另一方面，在数字化的助力下，使酒店服务体系臻于完善。今年，南园宾馆打造了"3in服务体系"，围绕有容（involve）、有感（inspire）、有趣（interesting），集合了近40个新老服务。服务体系的打造只是第一步，了解这些服务的客户反馈，才能让服务真正有效落地。因此，南园宾馆在客人的整个住宿过程中，设置了20个接触点，通过关键词的抓取，了解客户对于服务的反馈，进而对服务体系进行升级。

酒店数字化的主要作用除了用户体验还有降本增效。近年来，酒店对于数字化实现降本增效的重视程度明显增加。

南园宾馆的餐饮板块，在过去仅有50%出头的毛利率，但在采用了智能化餐饮管理系统后，实现前端到后台每一个环节的透明化、数据化，浪费问题得以控制，保证消费者端体验的同时，餐饮的毛利也提升了10%。

南园宾馆在收益管理上，引入了一系列数字化工具，并加以合理化应用，如通过IDeaS系统采集酒店各类数据，分析客房预测和定价，通过蓝豆云系统实时掌握房间状态，提升运营效率等。

在此基础上，酒店能够根据准确的市场数据做出积极的定价决策，最大限度发掘收益和利润潜力，为自身的客房和辅助设施确定了最优定价。2023年上半年，南园宾馆的每间可卖房收入与2020年之前的水平相比，增加了30%以上。

案例诊断：苏州南园宾馆是如何收获"数字红利"的？

案例对管理者的启示：

▶ 实操训练

表 1-4-3　学生任务单

组号		总分	
目标	团队通过查阅相关图书或网络资料，选择1个国内或国外的知名酒店进行研究，了解其数字化运营的方式方法。将成果做成PPT，在课堂上分享交流，时间控制在3分钟内。		

考核标准	分数占比	小组自评（20%）	小组互评（20%）	教师评分（60%）	总分
内容完整清晰，包括有形和无形产品	60%				
呈现效果美观，合理使用文本、图片、图形、动画等表现工具	20%				
汇报展示技巧：能较好地运用姿态、动作、手势、表情，表达对主题的理解	10%				
综合印象：语言表达得体、流利，基本能脱稿	10%				

▶ 随堂测练

课程名称	酒店管理与数字化运营概论	专业	
学习任务	项目一　了解酒店基本概述	班级	
学习内容	任务四　酒店数字化运营概述	姓名	

码上刷题

1. 简述酒店数字化运营的概念。

2. 论述酒店数字化运营的意义。

3. 分析并阐述未来智慧化酒店的发展趋势。

任务五　酒店电子商务数字化发展

育才剧场

构建良性产业生态系统　促进在线旅游高质量发展

构建良性的产业生态系统是在线旅游市场高质量发展的关键。在线旅游高质量发展，一方面依赖于在线旅游服务平台的赋能，另一方面则依赖于平台上经营商家的服务和产品质量。

随着消费需求升级，叠加行业政策支持和技术革新赋能，在线旅游市场发展质量和效能日益提升。然而，在向高质量发展目标迈进的过程中，虚假宣传、"不合理低价游"、大数据"杀熟"和产品安全保障等问题时有发生，引发各方关注。

为进一步加强在线旅游市场管理，保障游客合法权益，推动旅游业高质量发展，文化和旅游部印发了《文化和旅游部关于推动在线旅游市场高质量发展的意见》（以下简称《意见》）。《意见》对于营造良好的市场环境，提振旅游市场消费活力，促进在线旅游平台健康、高质量发展具有重要意义。

构建良性的产业生态系统是在线旅游市场高质量发展的关键。在线旅游高质量发展，一方面依赖于在线旅游服务平台的赋能，另一方面则依赖于平台上经营商家的服务和产品质量。互联网时代，没有强大的在线旅游服务平台，市场上经营主体提供的旅游产品就难以与旅游消费主体有更高效的"见面"，也就不可能建立更高效的旅游供求匹配机制，"买的买不到，卖的卖不掉"，旅游经济运行就没法顺畅起来，自然也就难以有效地激活需求、扩大消费。

为营造更好的在线旅游高质量发展产业生态系统，《意见》还在平台自身技术赋能基础上高度重视金融赋能，提出"推进银行等金融机构与在线旅游平台经营者合作，综合考虑在线旅游平台的数字管控能力以及平台内小微经营者的经营和信用等情况，为平台内小微经营者提供综合授信、业务贷款、装备赊销、信用贷款、融资租赁和保理等产业链金融服务"，从而更好地扶持和推动平台内小微经营者的高质量发展。这部分小微经营者既是最需要在线旅游平台和金融服务机构支持的市场主体，也是极具创新意识的个性化、特色化旅游产品的供给主体，对于提升在线旅游平台的吸引力、号召力具有重要的"反向赋能"作用。

在线旅游良性生态系统的构建过程中，还有至关重要的一环就是消费者。随着在线旅游在旅游消费中的渗透率和占有率不断上升，在线旅游平台在经营过程中出现的大数据杀熟、利用虚假宣传诱导游客购买产品等行为，不仅降低了游客的体验质量、侵害了旅游者权益，也破坏了市场秩序，污染了行业风气，影响了在线旅游发展的市场环境。

"纾困在线"和"安全在线"是构建良好的在线旅游发展产业生态的重要前提。当前,在线旅游市场融资难问题比较突出,平台内的中小企业融资问题更不容乐观。作为连接企业供给端和游客需求端的枢纽,在线旅游平台恢复发展尤为重要。

资料来源:《中国旅游报》,2023-04-13

分析

信息安全、内容安全、生产安全始终是在线旅游乃至整个旅游业发展的"生命线"。《意见》将加强内容安全审核、筑牢生产安全底线置于突出重要地位,体现了"没有安全在线就没有在线旅游市场发展在线"的理念。在文旅深度融合发展的背景下,有效保障平台上销售旅游产品"内容安全、文化安全、意识形态安全",显得尤为重要。

任务引导

表1-5-1 学生任务单

学号		完成时间	5~10分钟
工具	作业本、笔		
目标	酒店经营取得的数据可以从哪些方面指导酒店的工作?		
要求	1.每个人都在作业本上写下关键词; 2.写得越多越好; 3.在班上用接龙的形式开展任务; 4.获得大家对于问题的认识。		

表1-5-2 学生任务分配表

班级		组号		指导老师	
组长(学号)					
组员	姓名(学号)		任务分工		

任务学习

进入21世纪,生产力发展带来的全球经济一体化,让酒店业进入了快速发展的时代。客源市场的飞速变化,带来酒店行业需求的多元化。在不断变化的市场环境和激烈的市场竞争中,面对客户需求的不断变化,让酒店行业不断提升内部管理能力、改进服务质量、提升销售能力。依赖于现代信息装备、技术的发展,酒店电子商务蓬勃发展并成为促进酒店产业发展的核心动力。

在线微课

一、酒店电子商务及其发展

规模化、精细化、快速化的酒店经营模式,客房、餐厅、娱乐于一体的综合消费模式,让酒店的经营显现出庞大的信息流量。从最开始的内部管理到后来的酒店电子商务,再到现在庞大的数字流量系统管理,酒店数字化成为酒店最重要的管理工具和手段。

(一)内部管理阶段

早期的酒店业以独立的酒店系统软件接入开展信息化应用代替员工手工操作,利用其来处理简单、琐碎、重复性的工作,如财务管理、购销管理等。通过软件的使用,解决收银、会计、出纳、银行对账以及低值易耗品的进出管理等。在具体的应用方面还可以进行简单的客房状态查询、客房统计报表等工作,包括进行酒店入住登记、查询、结算、报表功能。

在这一阶段,简单的软件应用让酒店实现局部科学管理、提高工作效率、改善服务质量、节约办公成本等功效。信息化应用并没有改变传统的酒店管理流程,而是通过功能软件简单地优化了流程,满足了解放劳动力的要求。

(二)信息自动化阶段

计算机自动化与酒店楼宇、设施设备管理的应用普及,以及设备自身运行管理的自动化普及逐步向高层次信息化应用普及,比如系统化的酒店供配电与照明系统、烟控与火灾报警系统、出入管理门禁系统等。简单的系统进行了集成化的应用,实现了酒店管理的初步自动化管理。

(三)网络化阶段

进入21世纪,软硬件的快速发展,互联网经济带来了国民经济体系的再次发展和变革。设备的小型化和网速的飞速发展,让酒店业的网络建设和应用成为酒店建设的重要组成部分。高交互的网络系统和数据核心,让酒店业快速进入网络化阶段。

21世纪的酒店不仅需要提供客人高速网络应用和需求,还要将酒店的管理系统进行完全的网络化适配。客户在酒店可以高速接入网络,进行互动式的查询和自助服务。同时酒店可以在线提供客房预订、单项服务预订等功能,并突破简单的酒店自动化服务,实现以网络为载体的酒店管理功能。

在网络化阶段的应用体现在酒店实现在线营销和销售功能，酒店在线宣传形象和服务，并在 OTA 网络经营。通过问答、在线答疑等有效互动形式，让客人充分了解酒店的设施、设备、地理位置等，开展远程和定期预订服务。而互动式的在线服务，让客人在全球任意地点都能进行预订。

（四）酒店电子商务的数字化阶段

信息化社会的实现，数据开始改变行业的运营规则和运行流程，同时也让酒店的电子商务进入数字化阶段。数字化酒店再造了酒店的管理流程和任务执行过程，通过对数据的采集、整理和处理，让酒店打通了内部管理和外部营销，并共同服务于酒店经营。

以数据采集和运用为基础，酒店通过中心数据平台，将酒店客房数据、餐厅数据、员工数据、供应商数据和客户数据融合在一起，实现酒店大数据融合。对内，通过数据分析达到精细化管理、对外通过一对一的精准客户画像，数据沉积实现客户需求的提前预判和信息连通，实现了跨地区、跨时间的无缝交换的业务协同，面对客户提供优质的、个性化的服务。

在酒店电子商务的数字化阶段，酒店对内实现了精细化的内控管理，对外实现了有效的精准客户画像，并确保营销和销售信息能直接抵达目标客户群体。通过业务流程的梳理，再造酒店的采购流程和组织结构，提升了酒店管理水平；通过对供应链的优化，实现了企业和社会资源配置的优化，控制了企业的采购和人力成本，保障了供应质量。从用户角度，通过数据的沉积，对用户进行画像，确保酒店实现最大化的客户需求，保持酒店的竞争优势。

二、酒店电子商务的职能

结合企业发展的目标和阶段，酒店电子商务的发展体现为对营销和销售的影响。通过对客户数据，客户对酒店设施、设备和入住体验的评价内容，以及入住淡旺季的时间节点的分析和整理，酒店电子商务在数字化阶段实现了更多的管理职能。

（一）与 OTA 的合作

OTA（Online Travel Agency）是线上旅行代理的简称。从市场上看，以携程、去哪儿、飞猪等为代表的 OTA 已经取代传统的酒店销售部门和网络，成为占有率最高的酒店预订渠道。在这一过程中，传统的预订渠道和预订平台已经被 OTA 取代。与其开展合作，获得平台优质的推广资源和推广渠道成为酒店企业重要的销售平台。从市场情况看，即使企业自己建设了订房的网络和 APP，大部分的客户也愿意通过 OTA 平台进行网络预订。与 OTA 良好的合作关系可让酒店的经营更上一层楼。

（二）营销职能

大数据时代，移动互联的全民普及是客户群体获取信息、消费、分享、交流和交易的重要渠道和工具。在行业、产业急剧变化，面对消费者群体需求水平、能力的提升以及需求的多样化，酒店的市场营销包括品牌传播面临新的机遇和挑战。微博、微信、短视频等社交媒体让传播变得更加快速、直接和精准，在降低企业营销成本的同时，也给企业经营带来不可控的风险。酒店电子商务通过有效的品牌宣传、网站推广、信息发布、公共关系维护、网络调研等方式，实现了售前、售中、售后各环节跟踪服务，实现了对顾客的全过程跟踪，并寻找新客户、服务老客户，满足客户的个性化需求，达到市场维护和增加盈利的营销目标。

（三）促销职能

与传统的促销相比，酒店电子商务的促销更具时效性。酒店电子商务利用无界限的网络空间向广大的市场传递商品信息，刺激消费需求的产生，唤起客户的购买欲望，促进客户的购买行为。以网络进行的促销，首先解决了时空的有限性，实现了全天候、无缝链接；解决了客户连接的有效性，无论客户在哪里都可以进行有效沟通，同时让客户的购买行为更加具备可预测性。

▶ **知识延伸**

酒店电子商务促销的形式

1. 互联网广告

互联网广告是最常见的电子商务促销形式，包括在门户网站、电子邮件、公告栏等投放的广告内容。通过门户网站投放的广告，依靠网站庞大的流量，让广告信息更多的展示给客户群体，实现了传统媒体不能实现的功能。

2. 站点推广

电子商务站点推广是利用网络进行促销达到推广站点的目的，吸引客户访问网站，进而达到宣传和推广酒店以及酒店产品的效果。站点推广方法包括：一是通过改进网站内容和服务体验，吸引客户进行访问；二是通过网络广告宣传推广站点。

3. 销售促进

传统的促销方式在网上进行呈现，比如价格折扣、数量折扣、有奖销售、竞价拍卖等方式，对站点、酒店和产品进行有效推广。

资料来源：栗书河、李东杭，《酒店电子商务运营管理》，北京：中国轻工业出版社，2021年

（四）社交职能

酒店电子商务的社交职能在网站的交互平台体现得淋漓尽致。在传统酒店销售的过程中，客户群体可以通过留言板等方式对酒店的经营提出意见和建议。在酒店电子商务的销售模式中，以互动评价为主的新的反馈模式不仅成为客户和企业沟通的桥梁，更是成为客户表达诉求、评价酒店服务的更有效方式和手段，同时也成为酒店对客户真实需求的有效的调研方法。

三、酒店电子商务的数字化发展

酒店电子商务的数字化发展，是酒店电子商务发展到新的阶段呈现出来的新的发展模式。酒店电子商务在数字化发展阶段，不仅仅成为酒店开源节流的手段和方式，更是通过数据的沉积、分析、共享，成为酒店最重要的管理方式和管理手段。通过对来客数据的分析，酒店可以了解到客户是如何知晓酒店的，哪个OTA平台是客户最愿

的预订渠道；通过对顾客消费行为的数据分析，酒店可以精准定价其商品和服务；通过对餐厅菜品的销量数据分析，酒店可以指导厨房对菜品的提前预测，指导采购部门对食材的采购。电子商务的数字化发展正成为改变酒店经营的最重要的工具。

（一）有效的用户管理

从最简单的客户信息采集开始，到建立数字化客户档案模型，对用户进行消费画像，直达客户消费痛点。从客户的个人信息、工作信息、联系信息到客户最简单的消费喜好、客房房型需求；客户的购买记录，消费趋势，有效的数据积累，可以让客户抵达酒店开始，就提供精准的客户服务。当客户光临酒店的时候，迎接他的是上一次他离店时的酒店管家，并直接入住他上一次离店时最心仪的房间；管家利用随身电脑方便快捷地为客户办理入住手续；当客户打开电视的时候，发现刚好是上次离开时观看的电视频道，客户怎能不感受到酒店的宾至如归。

（二）精准的市场推广

精准的用户画像以实现对客户的个性化酒店推荐，通过数据分析，对目标受众进行准确的分析和评估，建立全面而精确的用户画像。基于具体的用户需求和消费习惯，个性化推送相关商品或服务，提高用户体验和转化率。通过数据分析，不断进行营销效果评估和优化，精准把握用户需求和行为变化，以提高营销效果。结合多个营销渠道，形成营销协同效应，提高曝光率和转化率。

基于数字化的市场推广具有多方面的优势和潜力，不仅能够提高工作效率，还能够优化用户体验，增强用户黏性。

（三）全新的公共关系

酒店电子商务的数字化时代，智能设备、云计算和分布在各处的强大的运算能力，让酒店的经营数据持续积累。伴随着数字化进程的加速，公共关系和市场传播领域也发生了翻天覆地的变化。在这样的环境里，人人皆公关，事事可发声，广告、传播、公关的界限不断模糊。那么在此环境下，酒店可以通过种种渠道、方式、手段去塑造自己的品牌形象，并进行有效的社会传播。

（四）精准的内部管理

内部管理的目标是保证酒店经营管理活动合法合规、资产安全、财务报告及相关信息真实完整，提高经营效率，促进酒店实现战略发展。为实现上述目标，内部控制活动的重点……环境的变化、业务形式的改变而随之动态调整并加以优化，只……动以适应时代要求，才能更好地为企业发展保驾护航。酒店数……动态的、及时更新的数据模型，通过对数据的分析、处理进而

任务测评

▶ 案例解析

让数字技术"飞入乡村百姓家"2024年乡村旅游数字提升行动启动实施

为贯彻落实习近平总书记对旅游工作的重要指示和全国旅游发展大会精神,文化和旅游部资源开发司指导抖音、飞猪旅行、小红书等互联网平台,推出行动方案,启动实施2024年乡村旅游数字提升行动。

乡村旅游数字提升行动,是文化和旅游部促进数字经济与旅游业深度融合发展的一项重要举措,旨在通过乡村旅游数字提升,将新兴技术与在地资源相结合,推动产业转型升级、培育壮大新型消费,同时吸引更多有志于乡村振兴的平台机构、社会力量和达人创客投身乡村旅游发展,助力乡村全面振兴、促进文旅深度融合、推动城乡共同富裕。2023年以来,乡村旅游数字提升行动通过开展立体展示、专题推广、培训扶持等系列活动,惠及全国31个省份1138个县域超2万个乡村旅游经营主体,直接带来乡村游客近2000万人次,探索出"乡村旅游+数字经济"发展路径,成为各地推动乡村旅游提质升级、放大乡村旅游带动效益的重要抓手,为消费增长和创新发展注入澎湃动能。

2024年乡村旅游数字提升行动在总结以往实践经验基础上,进一步拓展行动范围、集合优质资源,指导更多互联网平台助力乡村文旅拥抱数字时代。抖音、飞猪旅行、阿里公益和小红书等平台将发挥各自优势,从个体能力建设到文旅产品和活动培育,从矩阵式传播到精准市场转化,各显其能开展系列专项行动,拓展乡村旅游数字提升行动格局。

抖音生活服务、抖音公益"山里DOU是好风光"将继续开展"美好乡村等你来"乡村旅游数字提升行动,以特色文旅活动、全国乡村旅游重点村镇、乡村文旅创作者为重点对象,通过乡村内容传播、促进供需对接、提升经营主体和乡村创作者数字能力等方式,重点开展三大专项行动。

"县域特色文旅活动助力专项行动"将面向乡村旅游集聚县域政府或文旅部门,为有创意、有特色、有群众基础的县域文旅活动提供专项资源扶持,通过特色文旅活动提升当地知名度和美誉度,带动乡村旅游发展,增强文化自信。

"乡村旅游重点村镇帮扶专项行动"将面向1597个全国乡村旅游重点村镇及各省乡村旅游重点村镇,分批次为重点村镇建设抖音站内面向公众的公域POI页面(Point of interests,兴趣点),形成公域POI攻略,辅助游客出行决策,增强重点村镇传播力和吸引力。抖音将对接重点省份,分区域、分批次面向乡村文旅从业者、经营主体开展线上和线下的免费数字能力培训。遴选5000个有发展潜力的中小乡村文旅经营主体开展定向流量扶持和营销辅导,实现经营能力和经营业绩双跃迁。

"乡村文旅创作者扶持专项行动"将面向乡村文旅能人、乡村艺术家、设计师、探店达人、地方文旅新媒体账号负责人等各类关心支持乡村发展的创作主体，围绕"美好乡村等你来""山里DOU是好风光""乡村四时好风光"等话题，支持其创作乡村文化、乡村旅游、乡村正能量、乡村新面貌等优质内容。对符合社会主义核心价值观、体现乡村文旅融合导向的，有代表性、创造性、群众性的各类乡村文旅抖音账号提供流量资源扶持。

案例诊断：抖音、飞猪旅行、阿里公益和小红书等平台将发挥各自优势，从个体能力建设到文旅产品和活动培育，从矩阵式传播到精准市场转化，各显其能开展系列专项行动，拓展乡村旅游数字提升行动格局。

请结合案例分析：

1. 除了传统旅行网站携程、飞猪等，小红书、抖音等社交平台都加入文旅传播矩阵，这对传统文旅行业意味着什么？

2. 传统的文旅产业实体如何应对这种情况？

案例对文旅从业者的启示：

▶ 实操训练

表1-5-3 学生任务单

组号		总分			
目标	打开携程（去哪儿、飞猪），找到你喜欢或者你关注的酒店（品牌连锁），了解其在网页上呈现的具体内容。搜集其在网络评价中的好评、差评、中评，并分析酒店对不同评价的留言情况。找出其中值得注意和借鉴的地方。在课堂上分享交流，时间控制在3分钟内。				
考核标准	分数占比	小组自评（20%）	小组互评（20%）	教师评分（60%）	总分
对客户的评价进行客观、合理分析，能准确地指出酒店在经营中存在的问题	80%				
汇报展示技巧：能较好地运用姿态、动作、手势、表情，表达对内容的理解	10%				
综合印象：语言表达得体、流利，基本能脱稿	10%				

▶ 随堂测练

课程名称	酒店管理与数字化运营概论	专业	
学习任务	项目一 了解酒店基本概述	班级	
学习内容	任务五 酒店电子商务数字化发展	姓名	

码上刷题

1. 简述酒店电子商务的特点。

2. 酒店电子商务职能主要体现在哪些方面？

3. 如何更加有效科学地利用酒店经营带来的数据沉积？

任务六　酒店管理理论与方法

育才剧场

酒店加强日常运营管理迫在眉睫

近日，国家卫健委通报了住宿场所卫生专项整治情况，并公布了49家专项整治期间查处的有多项违法情形的住宿场所经营单位名单和45家2018年3月至2019年3月多次违法受到查处的住宿场所经营单位名单。名单中不仅涉及汉庭、格林豪泰等知名经济型酒店品牌旗下的酒店，也包括北京新世界酒店、三亚海宇旅业投资有限公司地中海俱乐部度假村等国际知名管理公司管理的高端酒店。

记者在梳理被通报的名单中发现，49家专项整治期间查处出多项违法情形的住宿场所中，有8家酒店属于高端酒店，其中，至少4家酒店被知名酒店集团管理。三亚海宇旅业投资有限公司地中海俱乐部度假村未依法取得公共场所卫生许可证擅自营业；北京新世界酒店和北京市西苑饭店未按照规定进行公共场所卫生检测、未按照规定对顾客用品用具进行清洗、消毒、保洁；北京国际艺苑皇冠假日酒店重复使用一次性用品用具。此外，其他4家高端酒店还存在安排未获得有效健康合格证明的从业人员从事直接为顾客服务工作；消毒设施设备挪作他用，公共场所集中空调通风系统未经卫生检测或者评价不合格而投入使用；未按照规定索取公共卫生用品检验合格证明和其他相关资料等问题。这些酒店的平日间夜价格少则500元以上，多则2000元以上，不少消费者表示，如此高端的酒店还会出现这样的情形令人匪夷所思。

国家卫健委要求，各地对专项整治期间查处的有多项违法情形的住宿场所，跟踪整改落实情况，对逾期拒不整改或整改后仍不符合规定的，坚决依法从重处罚，严厉打击违法违规行为。

资料来源：《中国旅游报》，2019-06-20

分析

从消费者的利益出发，酒店的卫生安全无小事。"无论是什么档次的酒店，日常的经营管理是必须要坚守的。"政府相关部门在对酒店实施更为严格的审批制度和监管办法的同时，酒店也应该回归到酒店日常的经营管理上来，保持应有的专业态度。

任务引导

表 1-6-1　学生任务单

学号		完成时间	5～10 分钟
工具	A4 纸、笔		
目标	接龙：作为一个酒店管理者，你认为最重要的是什么？		
要求	1. 每个人都在笔记本上写下关键词； 2. 写得越多越好； 3. 在班上用接龙的形式开展任务； 4. 获得大家对于问题的认识。		

表 1-6-2　学生任务分配表

班级		组号		指导老师	
组长（学号）					
组员	姓名（学号）		任务分工		

任务学习

从人类社会产生到 18 世纪，人类为了谋求生存自觉不自觉地进行着管理活动和管理的实践，其范围是极其广泛的，但是人们仅凭经验去管理，尚未对经验进行科学的抽象和概括，没有形成科学的管理理论。

在线微课

一、管理理论及其发展

18 世纪到 19 世纪的工业革命使以机器为主的现代意义上的工厂成为现实，工厂以及公司的管理越来越突出，管理方面的问题越来越多地被涉及，管理学开始逐步形成。伴随着西方企业管理发展的不同阶段，出现了许多不同的管理理论及学派。

（一）科学管理理论

科学管理阶段大体上是从 19 世纪末至 20 世纪 40 年代，历时约半个世纪。这一时期的主要代表人物有泰罗、法约尔等人。

1. 泰罗的科学管理

从 1880 年开始，泰罗对工人的操作方法及劳动时间进行了一系列的长期研究和试验，逐渐形成了"泰罗制"。"泰罗制"主要包括以下几方面内容。

（1）定量作业和标准化管理，即通过改进操作技术和方法，进行动作研究和时间测定，制定作业定额，规定工人的作业量，并通过劳动工具和劳动环境的标准化来提高劳动生产率。

（2）在工资制定制度上实行差别计件制。按照作业标准和时间定额，设定不同的工资率。

（3）对工人进行科学的选择、培训和提升。

（4）制定科学的工业规程，并用文件形式固定下来以利推广。

（5）使管理和劳动分离，将管理工作定义为计划职能，将工人的劳动定义为执行职能。

泰罗对企业管理的最大贡献，是他主张一切管理问题都应当而且尽可能用科学的方法加以研究和解决，推动各方面工作的标准化，不要单纯凭经验办事。正是泰罗第一次使以前众多的零散的管理思想形成一个比较系统的科学体系，因此人们称他为"科学管理之父"。

2. 法约尔的一般管理理论

法约尔对科学管理理论的主要贡献是他首先提出了管理活动的五项要素，即计划、组织、指挥、协调和控制。这五项要素实际是管理的五种职能，形成了一个完整的管理过程。

此外，法约尔还提出了著名的"十四项管理原则"，即劳动分工原则、权力与责任原则、纪律原则、统一指挥原则、统一领导原则、个人利益服从整体利益的原则、人员报酬原则、集中原则、等级制度原则、秩序原则、公平原则、人员的稳定原则、创新精神原则和团队精神原则。

上述十四条原则在当时很新鲜而又具有启发性，对以后的管理实践和管理思想具有重要的影响。特别是其中不少内容是涉及组织职能的，对加强企业组织建设具有重要借鉴价值。

（二）行为科学理论

行为科学理论是 20 世纪 30 年代开始形成的一门研究人类行为的新学科，是管理学中的一个重要分支，它通过对人的心理活动的研究，掌握人们行为的规律，从中寻找对待员工的新方法和提高劳动效率的途径。这一时期的主要代表人物有梅奥和亚当斯等人。

1. 梅奥的人际关系理论

梅奥是美国哈佛大学教授，他和他的学生罗特列斯伯格在芝加哥西方电气公司霍桑工厂进行了长达九年的著名的人际关系实验，即"霍桑实验"。其主要代表著作有《组织中的人》《管理和士气》。梅奥提出了人际关系理论。

（1）人是"社会人"，不是单纯的"经济人"，除了物质因素，还有社会和心理的因素影响人的生产积极性。

（2）生产效率与工作条件相关，但主要取决于职工的积极性和人际关系。

（3）企业中除了正式组织，在职工中还存在着小团体性质的非正式组织。这种非正式组织影响着小团体成员的感情和行为。

（4）领导力的新体现在于提高工人的满意度。在决定劳动生产率的诸因素中，置于首位的因素是工人的满意度，而生产条件、工资报酬只是第二位的。高满意度来源于工人个人需求的有效满足，不仅包括物质需求，还包括精神需求。

以上四个方面的观点构成了人际关系学说的主要内容。这些观点虽然受到一些人的批评，但是他把社会学、心理学等引进企业管理理论，为创立一个新的管理学说奠定了基础，促进了对组织中人的行为的一系列研究。

2. 亚当斯的公平理论

公平理论是由美国的斯达西·亚当斯于1965年提出的。公平理论认为，人能否受到激励，不但取决于他们得到了什么，还要取决于他们所得与别人所得相比是否公平。他们指出，一个人不仅关心自己所得所失本身，还关心与别人所得所失的关系。他们是以相对付出和相对报酬全面衡量自己的得失。如果得失比例和他人相比大致相当时，就会心里平静，认为公平，心情舒畅。当人们感到不公平待遇时，在心里会产生苦恼，呈现紧张不安，导致行为动机下降，工作效率下降，甚至出现逆反行为。

根据公平理论，在管理中必须充分注意不公平因素对人心理状态及行为动机的消极影响，在工作任务、工资、奖励的分配，以及对工作成绩的评价中，应力求公平合理，努力消除不公平、不合理的现象，才能有效地调动职工的积极性。

3. 马斯洛的需要层次理论

美国著名学者马斯洛认为对人的激励可以通过满足需要的方法来达到。他把人的需要分为五种：生理的需要、安全的需要、社交的需要、尊重的需要和自我实现的需要。上述这五种需要是分层次的，对一般人来说，在较低层次需要未得到满足以前，较低层次的需要就是支配他们行为的主要激励因素，一旦较低层次的需要得到了满足，较高层次的需要就成为他们新的主要的激励因素了。根据这种理论，管理者应当了解下属人员的主要激励因素（即未满足的需要）是什么，并设法把实现企业的目标和满足职工个人的需要结合起来，以激发职工完成企业目标的积极性。

4. 麦格雷戈的 X 理论和 Y 理论

麦格雷戈认为，管理者在如何管理下属的问题上基本上有两种做法：一种是专制的办法，另一种是民主的办法。他认为这两种不同的做法是建立在对人的两种不同的假设基础上的。前者假设人先天是懒惰的，他们生来就不喜欢工作，必须用强迫的办法才能驱使他们工作。后者假设人的本性是愿意把工作做好的，是愿意负责的，问题在于管理者怎样创造必要的环境和条件，使工人的积极性能真正发挥出来。麦格雷戈把前一种假设叫作 X 理论，把后一种假设叫作 Y 理论。

（三）现代管理理论

现代管理理论是继科学管理理论、行为科学理论之后，西方管理理论和思想发展的第三阶段，特指第二次世界大战以后出现的一系列学派。

1. 系统管理理论

系统管理理论运用"系统"的观念从全局上和整体上来研究企业的管理问题。该理论认为企业是一个极其复杂的系统。

系统管理理论认为，企业是由人、物资、机器和其他资源在一定的目标下组成的一体化系统，它的成长和发展同时受到这些组成要素的影响，在这些要素的相互关系中，人是主体，其他要素则是被动的。管理人员需力求保持各部分之间的动态平衡、相对稳定、一定的连续性，以便适应情况的变化，实现预期目标。同时，企业还是社会这个大系统中的一个子系统，企业预定目标的实现，不仅取决于内部条件，还取决于企业外部条件，如资源、市场、社会技术水平、法律制度等，在与外部条件的相互影响中达到动态平衡。

运用系统观点来考察管理的基本职能，可以提高组织的整体效率，使管理人员不至于只重视某些与自己有关的特殊职能而忽视了大目标，也不至于忽视自己在组织中的地位与作用。

2. 权变理论

权变理论是20世纪70年代在美国形成的一个管理理论。"权变"简单地说就是权宜应变。权变理论强调应变，强调根据企业所处的不同内外环境采取不同的、能适应企业发展的管理。所以在企业管理中，没有什么一成不变的、普遍适用的"最好的管理理论和方法"。成功的管理无定式，一定要因地、因时、因人而异，避免采用千篇一律的通用管理模式。

3. 管理科学学派

管理科学是用定量化方法为管理决策提供科学依据的一门新兴科学，它把有关人类活动的管理系统首先归结成数学模型，然后运用数学方法进行定量分析和比较，从而求得系统最优运行的方案，给管理者提供科学依据，供管理者在决策时参考。管理科学有时也叫运筹学。

（四）现代管理理论的新发展

20世纪70年代以来，由于世界经济、政治、文化都发生了巨大的变化，创新也成为管理的主旋律。对东西方管理实践与管理理论的研究成果进行综合、创新、提高是实现管理飞跃发展的必由之路。学习型组织、战略管理、公司文化、企业再造等理论正是顺应这一变化的产物，它们最能代表现代管理理论的新发展。

1. 学习型组织理论

学习型组织理论是美国麻省理工学院教授彼得·圣吉在其著作《第五项修炼》中提出来的。所谓学习型组织，指通过培养弥漫于整个组织的学习气氛，充分发挥员工的创造性思维能力而建立起来的一种有机的、高度柔性的、扁平的、符合人性的、能够持续发展的组织。通过培育学习型组织的工作氛围和企业文化，引领人们不断学习、不断进步、不断更新观念，从而使组织更具有长盛不衰的生命力。

2. 战略管理理论

如果说在20世纪50年代以前企业管理的重心是生产，60年代的重心是市场，70

年代的重心是财务，那么自80年代起重心转移至战略管理。这是现代社会生产力发展水平和社会经济发展的必然结果。企业依靠过去那种传统的计划方法来制订未来的计划已经显得不合时宜，而应该高瞻远瞩，审时度势，对外部环境的可能变化做出预测和判断，并在此基础上制订出企业的战略计划，谋求长远的生存和发展。

3. 公司文化理论

通常认为，"企业文化热"的直接动因是美国企业全球统治地位在受到日本企业威胁的情况下人们对管理的一种反思。企业文化的研究主要集中在把企业看作一种特殊的社会组织，并承认文化现象普遍存在于不同组织之中，这些文化代表着组织成员所共同拥有的信仰、期待、思想、价值观、态度和行为等，它是企业最稳定的核心部分，体现了企业的行为方式和经营风格。

4. 企业再造理论

企业再造指为了在衡量绩效的关键指标上取得显著改善，从根本上重新思考、彻底改造业务流程。其中，衡量绩效的关键指标包括产品质量和服务质量、顾客满意度、成本、员工工作效率等。

以上对管理学的主要理论作了概括介绍。酒店运用这些原理时应避免生搬硬套，而要根据酒店的实际情况灵活运用，在实践中不断发展和创新管理学的理论。

二、酒店管理的职能

要使酒店按自身的规律存在和发展，使酒店的业务活动按预定的目标进行，需要管理者按酒店业务规律合理地组织酒店的接待能力和接待业务，维护和改善既定的生产关系。酒店管理基本职能是通过计划、组织、指挥、协调、控制等职能来发挥作用的。

（一）计划职能

管理应该预见到未来，计划是对未来发展的一种预见、安排与决策。所以计划职能是酒店管理的首要职能，也是基本职能。计划职能是通过调查研究来确定经营的目标和方针，制定和选择实现计划任务的最优方案。管理人员在制定目标时可以做长远计划、短期安排，具体落实，逐步实现。

（二）组织职能

组织职能就是把管理要素按目标的要求进行整合，组织职能包括两方面含义：一是确定酒店的组织结构和管理体制，确定各个职能机构的作用、权限和责任，建立起一个统一、有效的管理系统；二是根据酒店各个时期的任务目标，合理组织和调配人力、物力、财力，形成一定的接待能力，开展酒店业务。

（三）指挥职能

酒店管理的指挥职能是由管理者执行的。指挥职能的有效性主要取决于两个因素：一个是酒店的决策计划，另一个是管理者个人素质。各级管理者所处的职位和环境不同，指挥也会有各种状态的形式。

▶ 知识延伸

酒店管理的指挥职能主要有以下几种类型

1. 酒店决策指挥

酒店最高指挥便是酒店的决策指挥。这种指挥是从酒店的长远目标出发,以整个酒店为对象进行的全局性指挥,通常由酒店最高指挥机关执行。酒店各类计划的制订和执行,对人、财、物的总体调配,都属于这一类。

2. 部门决策指挥

这是局部的某一部门的指挥。为了实现酒店决策目标,在酒店决策的指导下针对各部门的实际情况实施指挥职能。

3. 业务指挥

各部门各班组在日常的接待中,管理人员都要进行现场指挥,这就是具体业务指挥。具体的业务指挥要求管理人员具有全面的业务知识和熟练的指挥技巧,同时要有敏锐的反应能力和较强的判断能力,对业务要快速反应,正确判断,能较快地把判断和决定变为信息输送给指挥对象,以执行指挥功能。

资料来源:刘伟,《酒店管理概论》,北京:高等教育出版社,2021年

(四)协调职能

酒店在执行计划的过程中,会发生一些事先无法预见到的矛盾和问题,这就需要根据影响的因素进行协调。协调职能是管理人员通过对不同业务之间的调整联络等活动,使各部门活动互相衔接、和谐一致的过程。

(五)控制职能

控制职能指针对计划执行情况进行监督和检查,及时发现问题,采取干预措施,纠正偏差,以确保原定目标顺利实现的过程。

三、酒店管理的科学方法

酒店管理方法是酒店管理者执行管理职能的重要手段,也是协调各种经营活动的具体措施和方法。科学管理方法按其普遍性程度不同,一般可分为专门管理方法与通用管理方法。前者是对某个资源要素、某一局部或在某一时期实施特有的专门管理方法,如激励方法是以人力资源为管理对象的具体方法;后者是以不同领域的管理活动都存在某些共同的属性为依据而总结出的管理方法,是人们对不同领域、不同部门、不同条件下管理实践的理论概括和总结。通用管理方法主要有以下几种。

(一)效益管理方法

效益的基本含义是以最低的资源(包括自然资源和人力资源)消耗取得较大的效果。实施管理的根本目的就是获取效益。从微观方面看,管理就是要合理地组织人、财、物等生产要素,使其得到最充分合理的使用,发挥最大的效用;从宏观方面看,任何一个系统的管理就是要使该系统内的所有资源得到最优的配置,切实做到物尽其用,

以生产出尽可能多地满足社会需要的产品。管理效益是评价、考核酒店管理效率与管理水平的重要标志。

（二）任务管理方法

任务管理法的基本内容，可以概括为通过对时间、动作的研究确定标准作业任务，并将任务落实到工人，即员工的作业在于完成管理人员规定的任务，而这种任务又是管理人员经过仔细推敲后设计出来的。员工按职责要求完成了任务，则企业付给一定的报酬。但该方法只是从生产技术过程的角度研究作业管理的具体方法，而很少从企业管理人员的角度去研究企业经营的全局问题。

（三）系统管理方法

在企业管理中，系统理论学派亦称系统学派，指将企业作为一个有机整体，把各项管理业务看成相互联系的网络的一种管理学派。该学派重视对组织结构和模式的分析，应用系统理论的范畴、原理，全面分析和研究企业和其他组织的管理活动和管理过程，并建立起系统模型以便于分析。这一理论是弗理蒙特·卡斯特、罗森茨威克和约翰逊等美国管理学家在一般系统论的基础上建立起来的。

（四）人本管理方法

人是组织中最重要的资源。怎样创造良好的环境、氛围、岗位、工作任务来激发员工的潜在能力，为酒店的生存和发展服务？最根本的是要求酒店经营者重视以人为本的管理，包括树立人力资本观念、尊重人的本性、注重人际关系等。

（五）目标管理方法

目标管理是美国著名管理学家德鲁克首创的。目标管理的基本内容是动员全体员工参加制定目标并保证目标实现，即由组织中的上级与下级一起商定组织的共同目标，并把其具体化展开至组织各个部门、各个层次、各个成员。与组织内每个单位、部门、层次和成员的责任和成果相互密切联系，在目标执行过程中要根据目标决定上下级责任范围，上级权限下放，下级自我管理。在成果评定过程中，严格以这些目标作为评价和奖励标准，同时实行自我评定和上级评定相结合的方式。以此最终组织形成一个全方位的、全过程的、多层次的目标管理体系，提高上级领导能力，激发下级积极性，保证目标实现。

任务测评

▶ 案例解析

对主管的处分

这是一家正式开业已近10年的"老牌"三星级酒店。酒店盛总多次到境外考察国外一流酒店，搬回了许多"洋"经验。他结合本店的市场环境、客源结构和员工特点等具体情况，把"洋"经验融合到本店的经营管理中去，使酒店在全市同行业中一直居于龙头地位。

盛总从国外带来的诸多经验中，最显成效的当推各种管理表格。酒店内人员大多从原来的国营招待所调来，开业初他们不熟悉涉外酒店的管理模式，随着一批批外国宾客的下榻，许多原先料想不到的问题一个接一个地出现。酒店最高领导逐渐意识到管理与国际水平接轨的紧迫性。

大量表格的运用，使原先无序的管理慢慢走上科学管理的规范化轨道。酒店刚开业不久，客房部有个素质挺不错的服务员，由于批评领班小李检查工作随心所欲，没有质量标准，凭情绪或个人好恶妄加评语而遭到报复，一气之下离开酒店。这个小伙子走时给盛总留了一封信。在信的末尾，他写道："我爱我们的酒店，我衷心希望他能迅速赶上北京、上海等大城市同星级酒店的管理水平，但我只是名普通员工，我无力做到这一点。我想酒店的领导一定能做到。"

这封信对盛总的触动很大，正是受到了这样的鞭策，他才带领酒店几名主要骨干走南闯北，虚心请教国内同行，并走出国门学习国际酒店先进的管理方法。自从大量标准化、制度化管理的表格被引进酒店用于日常管理工作之中以后，酒店的面貌改观较快，特别是无序管理无度考核的现象很快被程序化、制度化、科学化的规范管理取代。

年后，小李已经升为主管，但他的管理却没有及时更新，因此在日常工作中仍不时暴露出违背科学管理的作风和习惯。

某天下午，客房部华经理按制度抽查房间，先来到3楼的一间套房，进门便看到电话线呈卷曲状。他抽出那张该由主管在中午抽查后填写的表格，上有"一切正常"的结论，还有小李的亲笔签字；在同一间套房里还发现窗帘掉了一个帘扣。华经理神色严肃地走到5楼朝南的一个标准房，那也是主管今天抽查的8个房间中的一个。这儿的问题更大：茶几上的火柴盒店标朝下；桌上的《服务指南》没有合上；一张床没有摆正，一边歪了2厘米左右；最严重的是少放了一条浴巾。而抽查表上又赫然写着"一切正常"，也有小李主管的签名。华经理一气之下，把那8个房间都检查了一遍，结果每个房里都发现了一些问题。

华经理召开紧急部门会议，通报了客房检查情况，并做出决定：对该主管扣罚当月奖金，口头严重警告，责令其认真做书面检查，并在店内通报，一个月内如再犯同类错误，将撤销其主管职务。

案例诊断：酒店的管理，主要是通过各种制度与规范将各项工作科学地组织起来，有秩序、高效率地搞好对客服务，完成预定的目标。因此酒店在日常工作中要及时掌握情况，制订、检查和调整各种计划和管理措施。所有这些都离不开表格管理。管理人员和服务人员的每一项工作，都必须填制必要的表格，并通过表格管理系统督促各个部门及所有人员按服务标准和服务程序办事，检验其管理水平和服务质量。本案例的客房部管理中存在诸多问题，正是通过引进表格管理系统而逐渐暴露出来的。请结合案例分析该酒店的管理工作中曾经存在的严重问题。

案例对管理者的启示：

实操训练

表 1-6-3　学生任务单

组号				总分		
目标	根据任务一选择出来的国内或国外的某知名品牌酒店，进行深入研究，简析马斯洛的需要层次论在该酒店管理中的应用，并在课堂上分享交流，时间控制在3分钟内。					
考核标准		分数占比	小组自评（20%）	小组互评（20%）	教师评分（60%）	总分
内容是否完整清晰，包括马斯洛的5个需要层次论、分析深入到位		80%				
汇报展示技巧：能较好地运用姿态、动作、手势、表情，表达对内容的理解		10%				
综合印象：语言表达得体、流利，基本能脱稿		10%				

随堂测练

课程名称	酒店管理与数字化运营概论	专业	
学习任务	项目一　了解酒店基本概述	班级	
学习内容	任务六　酒店管理理论与方法	姓名	

码上刷题

1. 简述马斯洛的需要层次理论。

2. 酒店经营管理的职能主要体现在哪些方面？

3. 现代酒店经营管理的科学方法有哪些？

任务七　国内外酒店集团

育才剧场

喜来登酒店和亨德森的"十诫"

喜来登的创建人是欧内斯特·亨德森，他生于离美国波士顿不远的粟树山镇。喜来登是喜来登旅馆公司最初的两家饭店中一个名字。亨德森先生1933年开始进入饭店业，在1937年他成立喜来登旅馆公司。该公司1939年开始启用"喜来登"这个统一的名称，直到1957年，即喜来登公司成立20年时才真正建造了自己的第一座饭店。

亨德森的"十诫"是：

1. 不要滥用权势与要求特殊待遇，对此不加抵制就是放纵。
2. 不要收取那些有求于你的人的礼物。
3. 一切装点喜来登饭店的事要听玛丽·肯尼迪的。玛丽·肯尼迪是从8名装潢大师中经过一次装潢比赛竞选脱颖而出的。此后她一直被喜来登旅馆公司聘为饭店客房、餐厅与大堂装潢的总主持人。
4. 不能取消已经确定了的客房预定。
5. 在没有让下属完全弄清确切目的之前不得向下属下达命令。
6. 经营小旅店的长处，也许是管理大饭店的忌讳。
7. 不得为做成交易，榨尽对方"最后一滴血"。
8. 放凉了的菜不得上桌。
9. 决策要靠事实、计算与知识。
10. 对下属的差错，不要急于指责。

资料来源：品牌世家网，http://mp.ppsj.com.cn/brand/Sheraton.html，2021-05-30，经整理

分析

喜来登"十诫"，看似浅显易懂，实则奥妙无穷。它向我们传授了如何谋人、谋事、谋物、谋财等方法，也包含识人、用人、做人、做事的道理。它也使得喜来登酒店品牌享誉世界，也是它在众多酒店品牌中脱颖而出的制胜法宝。如今，喜来登酒店为休闲度假旅游者提供着宾至如归（home-away-from-home）的服务。喜来登400余家酒店遍布全球70多个国家和地区，让客人无论到哪里都有一种"回家"的归属感。

任务引导

表 1-7-1 学生任务单

组号		完成时间	3～5 分钟
工具	大白纸、马克笔、磁力扣		
目标	分小组讨论,写出所知道的国内外"酒店集团以及旗下的品牌"。		
要求	1. 每组都在大白纸上写下"酒店集团或品牌"的名称; 2. 写得越多越好; 3. 把所有团队的大白纸粘贴在黑板上或墙壁上; 4. 学生与教师一起把出现频率较高的集团或品牌名称圈出来; 5. 获得大家对酒店品牌的初步认识。		

表 1-7-2 学生任务分配表

班级		组号		指导老师	
组长(学号)					
组员	姓名(学号)		任务分工		

任务学习

20 世纪 50 年代,经济逐渐繁荣,交通便利,设在城市中心和旅游胜地等处的现代新型酒店大批出现,它们的服务向综合性发展,服务力求尽善尽美。这些酒店集团占据着越来越大的市场。

在线微课

一、洲际酒店集团

洲际酒店集团(InterContinental Hotels Group,IHG),是目前全球最大及网络分布最广的专业酒店管理集团,有超过 60 年国际酒店管理经验,同时也是世界上客房拥有量较多、跨国经营范围广、分布国家多,并且在中国接管酒店数量较大的酒店集团。洲际酒店集团旗下的酒店品牌有洲际酒店及度假村(InterContinental Hotels & Resorts)、假日酒店及假日度假酒店(Holiday Inn)、皇冠假日酒店(Crowne Plaza Hotels)、智选假日酒店(Holiday Inn Express)、英迪格酒店(Indigo)。

1777 年,英国巴斯(BASS)集团成立,是英国第一家独立注册商标的集团。成立之初，巴斯集团主要以饮料和啤酒的生产和销售为主。1946年，泛美航空公司创立洲际酒店集团；1952年，美国人凯蒙斯·威尔逊（Kemmons Wilson）创设假日酒店集团。20世纪90年代英国巴斯集团全盘接收假日酒店，1998年巴斯集团收购了洲际酒店集团。2001年7月，巴斯酒店集团更名为六洲酒店集团（Six Continents），2003年4月，正式更名为洲际酒店集团。"做对的事，体现关爱，追求卓越，求同存异，协作共赢"，是洲际酒店集团每位员工的工作准则。优质舒适完善的服务是集团的王牌。

二、希尔顿酒店集团

希尔顿酒店集团（Hilton Hotels Corporation）总部位于英国，在全球共有数千家酒店，遍布多个国家和地区，其中包括华尔道夫、希尔顿、康莱德等十多品牌，并于1988年进入中国，希尔顿无论在口碑、规模、营业额方面都位于酒店集团前茅。

美国希尔顿酒店创立于1919年，在不到90年的时间里，从1家酒店扩展到100多家，遍布世界五大洲的各大城市，成为全球最大规模的酒店集团之一。100多年来，希尔顿酒店生意如此之好财富增长如此之快，其成功的秘诀在于牢牢确立自己的企业理念并把这个理念贯彻到每一个员工的思想和行为之中，酒店创造"宾至如归"的文化氛围，注重企业员工礼仪的培养，并通过服务人员的"微笑服务"体现出来。

三、万豪酒店集团

总部位于美国的万豪集团（Marriott International），全球共有数千家酒店，遍及世界100多个国家与地区，包括丽思卡尔顿、万豪等30多个品牌。酒店于1997年进入中国。该酒店的SPG制度可以让其会员尊享万豪旗下所有酒店的优质服务，以及专属福利。万豪在2016年收购喜达屋后，旗下品牌规模空前庞大，达30个之多。万豪酒店集团把自己的酒店品牌分为五类：奢华、高级、精选、长住与臻选典藏。其中奢华酒店有丽思卡尔顿酒店、瑞吉酒店及度假村、JW万豪酒店及度假村等，高级酒店有万豪、喜来登、威斯汀、万丽、盖洛德酒店等，精选酒店有万怡酒店、福朋酒店、普罗提亚酒店、万枫酒店、雅乐轩酒店等，长住酒店有万豪行政公寓、源宿酒店等，臻选典藏酒店有傲途格精选酒店、臻品之选酒店等。

万豪酒店管理集团最基本的理念是"人服务于人"，这有两方面的含义：公平对待每一位员工，同时重视员工的感受，让他们体会到"家"的感觉。万豪近50%的管理人员是从公司内部提拔的，公司的职位空缺要优先考虑内部员工，只有内部没有合适的人选，才从社会上招聘。而向外招聘时，提供的薪资水平一般高出行业平均水平的50%至75%；这不仅考虑了市场的可接受度，而且也考虑了员工的可接受度。酒店是典型的服务业，万豪认为，只有公司对员工好，员工才会对客人好。

四、凯悦酒店集团

凯悦酒店集团（Hyatt Hotels Corporation）成立于1957年，总部位于美国芝加哥，集团旗下3个各具特色的经典品牌是凯悦、君悦和柏悦，其中，凯悦是五星级，君悦和柏悦是超五星级。集团目前在世界各地管理、特许经营、拥有和开发凯悦品牌酒店、度假村、住宅和度假性产业。

  凯悦秉承着——在任何时候、任何地方，只要公司能够做到，公司就会通过各种方法回报当地居民和环境的经营理念。每一个凯悦饭店及其附属机构为了这个目标都会通过公司的"FORCE 计划"，即为富有责任心和爱心的雇员家庭（Family of Responsible and Caring Employees）提供志愿服务。今天凯悦主要在豪华酒店上向商务旅客提供设施齐全的会议及特别服务，在全球的大中城市、飞机场和度假胜地开设运营酒店。凯悦不仅给当地带来生机和活力，同时，也刺激了当地的商务往来和人口增长。

五、雅高酒店集团

  雅高酒店集团（Accorhotels）成立于1967年，总部设在巴黎。集团凭借覆盖从奢华、高端，到中端及经济型等各具特色的品牌，通过位于全球100多个国家的数千多家酒店、度假酒店以及住宅，为客户提供全方位服务。除酒店住宿之外，雅高通过旗下餐饮、夜生活娱乐、康体以及共享办公品牌提供生活、工作以及娱乐的新方式。雅高还通过数字化的解决方案，提高分销效率，优化酒店运营并增强客户体验。集团下面拥有的品牌有莱佛士（Raffles）、费尔蒙（Fairmont）、索菲特（Sofitel）、铂尔曼（Pullman）、诗铂（Sebel）、诺富特（Novotel）、宜必思（Ibis）等。

  雅高酒店集团的口号——"Feel Welcome"浓缩了雅高慷慨大方、好客的企业文化。按照董事长兼首席执行官塞巴斯蒂安·巴赞（Sébastien Bazin）的说法，"该口号是一个承诺，无论是对客人、员工还是合作伙伴，雅高都能让他们感受到关切、独特和尊贵的体验享受。"万达索菲特的总经理齐默先生提出"雅高精神"一词。他说，雅高精神是一门综合艺术，它融合历史的传统与现代的创新，包含着宽容、纪律、想象和热情，从而使工作达到一种高超的水准。"对公司来说，雅高精神是取得成功的精神力量。雅高所有的成员都继承了一个独一无二的文化传统，即热情待客的素质，真正细致地为客人着想，满足客人的需求。"

六、香格里拉酒店集团

  总部设在香港的香格里拉酒店集团（Shangri La Hotels）是亚洲最大的豪华酒店集团，且被视为世界最佳酒店管理公司之一。香格里拉这个名字源自英国作家詹姆斯·希尔顿1933年发表的传奇小说《消失的地平线》，它所寓意的恬静、祥和、殷勤的服务，完美地诠释了闻名遐迩的香格里拉酒店集团的精髓。

  香格里拉酒店集团旗下有四个不同品牌。香格里拉品牌主要为五星级豪华城市酒店和度假酒店，多数城市酒店的客房量都超过500间，而度假酒店的规模则相对略小。1989年设立的盛贸饭店为四星级的品牌，价格定位适中。嘉里酒店提出体验都市生活方式，酒店与社区无缝衔接，为当地居民与游客提供舒适生活空间，打造充满活力的中心。JEN酒店的口号是融入新亚洲的脉搏，酒店专为渴望探索亚洲先锋潮流的先行者而设计，精心策划了真实的体验，体现该地区的能量、活力和创新。

  "卓越的酒店源自卓越的员工，而非绚丽的水晶吊灯或昂贵的地毯。"香格里拉酒店集团坚决秉承这一理念，并将之诠释为对员工发展所做出的坚定承诺。所有的员工在入职半年内都要接受"香格里拉热情好客"的培训。该培训计划旨在以香格里拉的特色服务，为宾客提供尊贵的住店体验，进而建立品牌忠诚度。尊重备至、温良谦恭、彬彬有礼、乐于助人和真诚质朴是该培训的价值核心。集团通过创造良好的工作氛围，使员工能够实现他们的个人和职业目标，从而留住人才；香格里拉在业内一直保持了相对低的员工流失率。

七、凯宾斯基国际酒店集团

凯宾斯基酒店（Kempinski Hotel）是世界上历史悠久的豪华酒店集团，创立于1897年的德国柏林。1992年，凯宾斯基酒店管理集团正式进入中国市场，成立了北京燕莎中心凯宾斯基饭店，成为首家进驻中国的国际奢华酒店品牌。

凯宾斯基酒店在全球几十多个国家经营着几十家酒店，遍布欧洲、中东、非洲、中国区及东南亚。每家酒店均秉承传统，延续凯宾斯基品牌的优势和成功。无论是历史悠久的地标性项目、屡获殊荣的城市生活酒店、杰出的度假村，还是声名显赫的私家官邸，每家凯宾斯基酒店都在让客人充分感受当地文化传统的同时，满足其对于品质的期待。

八、温德姆酒店集团

温德姆酒店集团（Wyndham Hotels）的特点：规模大、业务多元化，总部设于美国新泽西州帕西帕尼，在六大洲多个国家经营着多个品牌，如华美达酒店、豪生酒店、戴斯酒店、速8酒店、爵怡温德姆酒店。温德姆酒店集团也是温德姆环球公司旗下三大子公司之一。温德姆环球公司依靠经营酒店、分时度假、成立度假出租物业及分时度假交换等形式，成为全球较有特色的加盟酒店公司之一。

温德姆酒店集团经营模式分自主管理和特许经营两种，其中特许经营模式在温德姆酒店集团全球扩张中发挥着巨大作用，其通过利用集团本身的专有技术和多元化的品牌选择，与酒店业主的资本相结合，在短时间内实现快速市场占领，但"快"并非温德姆酒店集团的制胜法宝，独有的酒店管理方式、坚持全球统一的服务标准，同时也尊重国际标准下的本土化差异，才是温德姆酒店集团的成功之道。

九、卡尔森酒店集团

卡尔森环球酒店集团（Carlson Hospitality Worldwide）创立于1945年，总部设在美国明尼苏达州的明尼阿波利斯市，因其卓越的预订和业务交付系统而享誉酒店业界，以向顾客提供真诚的接待和个性化的服务而闻名。

卡尔森环球酒店集团在几十个国家拥有逾千家酒店、度假村、餐厅及游轮业务。该公司麾下拥有丽晶（Regent）和丽柏（ParkInn）等多个品牌。丽晶是其顶级品牌。

十、锦江国际集团

锦江国际（集团）有限公司是上海市国资委控股的中国规模最大的综合性酒店旅游企业集团之一，注册资本20亿元，拥有酒店、旅游、客运三大核心主业和地产、实业、金融等相关产业及基础产业，控股（或间接控股）"锦江资本""锦江酒店""锦江在线"和"锦江旅游"四家上市公司。"锦江"是具有80多年历史的中国民族品牌，中国驰名商标、上海市著名商标，获中国商标金奖。

集团先后收购法国卢浮酒店集团、铂涛集团、维也纳酒店集团并战略投资法国雅高酒店集团，2018年集团又成功收购丽笙酒店管理集团。截至2023年12月，集团投资和管理的酒店已超过10000家，拥有逾百万间客房。集团旗下品牌包括"J""岩花园""锦江""昆仑""丽笙（Radisson）""郁锦香（Golden Tulip）""锦江都城""康铂（Campanile）""麗枫""维也纳"等40余个高、中端及经济型品牌，分布在中国31个省（直辖市、自治区）和世界60多个国家，会员过亿，集团跻身全球酒店集团300强前列。

十一、华住酒店集团

华住酒店集团创立于2005年，是中国多品牌酒店集团，2022年位列全球酒店集团第六位。以"成为世界级的伟大企业"为愿景的华住集团，在创始人季琦的带领下，成为中国快速发展的酒店集团之一。旗下汉庭品牌连续五年荣登BrandZ最具价值中国品牌100强。2014年，华住与雅高签署长期战略同盟协议，成为雅高在中国、蒙古的独家总加盟商，负责雅高旗下美爵、诺富特、美居、宜必思尚品和宜必思的经营与开发。

截至2023年12月底，华住集团在18个国家经营近万家酒店，员工超过17万名。华住运营的酒店品牌已经覆盖多元市场，包括高端市场的美爵、禧玥、花间堂，中端市场的诺富特、美居、桔子水晶、桔子精选、宜必思尚品，以及平价市场的宜必思、汉庭、怡莱、海友等酒店品牌，满足从商务到休闲的个性化需求。

十二、首旅如家酒店集团

首旅如家酒店集团是中国知名的酒店集团，是首旅集团旗下的从事酒店投资与运营管理及景区经营的上市公司，是由原首旅酒店集团与如家酒店集团合并后成立的二级集团企业。截至2023年12月底，集团在国内600余个城市运营6000余家酒店，注册会员超过1亿人，覆盖高端、中高端、商旅型、休闲度假、长租公寓、联盟酒店全系列的酒店业务，拥有以住宿为核心的20多个品牌系列、近40个产品。

集团旗下酒店品牌丰富，高端品牌包括建国饭店、建国铂萃酒店、首旅南苑、京伦饭店等，中高端品牌包括和颐酒店、如家精选、璞隐、扉缦、云上四季等，商旅型酒店包括如家、莫泰、雅客e家、驿居等，覆盖了从中高端酒店到经济型品牌，涵盖了酒店和公寓、标准及非标住宿等，以满足消费者在个人商务和旅游休闲中对良好住宿环境的需求。

> 知识延伸

酒店集团经营模式分析

酒店集团在不同的发展阶段其经营模式有不同的特点，联系的纽带也是不断变化，归纳起来包括以下经营模式：全资酒店、特许经营、管理合同、租赁经营、战略联盟等。

1. 全资酒店

全资酒店指酒店集团通过独资或者收购途径来拥有和经营数家酒店，各酒店所有权都属于同一个酒店集团，同属于一个企业法人。这种形式的长处在于公司拥有全部产权和对子公司的控制权，各种酒店资源可以共享，有利于形成酒店的成本优势和独特的管理风格。

2. 特许经营

特许经营指的是以特定的方式将酒店集团所拥有的具体知识产权性的名称、注册商标、成熟定型技术、客源开发预定系统和物资供应系统等无形资产的使用权，向有需要的其他酒店出售、转让本集团的特许经营权，以此获取经济效益。在这种经营模式中酒店集团有责任对成员酒店，在可行性研究、酒店或餐馆地址选择、资金筹措、建设设计、人员培训、广告宣传、原材料采购、客房预订、管理方法、操作规程和服务质量等方面给予指导和帮助。

3. 管理合同

管理合同又称经营合同，指一个酒店企业由于缺乏专门技术人才与管理经验，以合同形式交由酒店管理公司经营管理。其本质是酒店管理公司与酒店所有者之间通过法律约束的手段，明确双方的义务、权利及责任。酒店管理公司一般可分为两种形式：一种是隶属于酒店集团的酒店管理公司，另一种是独立酒店管理公司。

4. 租赁经营

租赁经营是酒店集团通过签订租约，长期租赁业主的酒店、土地、建筑物及设备等，然后由集团作为法人直接经营。由于酒店集团对其拥有经营权，因而该酒店便成为酒店集团一员，使酒店集团连锁规模不断扩大。

5. 战略联盟

战略联盟是一些独立经营酒店为了达到某种战略目的而自愿地联合起来，采用同一预订系统，进行统一的广告宣传，执行统一的质量标准，相互合作，风险共担，利益共享的联合行动，从而与那些庞大的酒店集团相抗衡。这种联盟是一种动态的、开放式体系，成员之间签订的是一种非约束性协议，目标的实现完全依靠相互之间的协商。

资料来源：马勇，《酒店管理概论》，重庆：重庆大学出版社，2021年

任务测评

▶ 案例解析

凯悦酒店的前世今生

杰伊·普利兹克的祖父尼古拉斯（Nicholas）在1881年与父母从乌克兰基辅附近的贫民窟移民到了芝加哥。年仅10岁的尼古拉斯当时身无分文，又不谙英语，只能靠卖报纸和做裁缝的学徒维生；他没有机会上学读书，唯有自学，他通过翻译《芝加哥论坛报》学习英文，先用英德字典将英文译成德文，再用德俄字典将德文译成母语俄文。通过努力，尼古拉斯成为一名药剂师，随后又在DePaul大学的夜校部获得了法律学位。1902年，他创办了自己的法律公司Pritzker & Pritzker（P&P）。

尼古拉斯的三个儿子跟随父亲的脚步纷纷获得法律学位，加入家族公司，杰伊的父亲亚伯拉姆·尼古拉斯（Abram Nicholas，人称A.N.）同样从哈佛法学院获取了学位。到了19世纪20年代，P&P已经成为当地知名的公司。A.N.对三个儿子充满期望，他经常带着他们去办公室，并在晚饭时问他们数学和财务的问题。在这种熏陶下，杰伊14岁便完成了高中学业，入读西北大学攻读会计学。第二次世界大战期间，杰伊在海军服役，在从西北大学获得法律学位之后，加入了家族公司。1953年，依靠一笔95000美元的贷款，杰伊完成了生平的第一笔并购生意，成功收购了Colson公司。

1957年的一天，杰伊在洛杉矶机场附近的一间酒店喝咖啡时，发现这家酒店居然没有空房，他由此发现，临近机场的酒店对经常穿梭往来各地的企业高层是非常便利的选择。杰伊当即出资220万美元收购了这间酒店及其品牌，这笔交易在当天下午就完成了。此后十年，杰伊和他的兄弟在美国西岸陆续兴建多家凯悦酒店。早年的凯悦酒店并不为人注意，直至1967年才打响名声，当时一座21层高的凯悦酒店新落成，设计堂皇，成为一时佳话。此后，凯悦循着五星级酒店的路线发展，1969年冲出美洲，在香港尖沙咀建成第一间海外酒店——香港凯悦酒店。如今，凯悦集团的酒店已经遍布全球44个国家和地区，包括735家（超过13.6万间客房）酒店及度假村。

案例诊断：每一家知名国际酒店集团的发展壮大都离不开管理者对商机的敏锐嗅觉、对产品的准确定位，以及独到的经营理念。请搜集相关资料，了解本节所讲知名酒店的发展历史与其各自的经营理念。

案例对管理者的启示：

▶ 实操训练

表 1-7-3　学生任务单

组号		总分				
目标	团队选择 1 个你喜欢的酒店集团或旗下的某一个名牌，调查了解一下他们如何开展经营？并在课堂上分享交流，时间控制在 3 分钟内。					
考核标准		分数占比	小组自评（20%）	小组互评（20%）	教师评分（60%）	总分
内容实事求是、完整清晰，包括应对措施和经营状况		80%				
汇报展示技巧：能较好地运用姿态、动作、手势、表情，表达对内容的理解		10%				
综合印象：语言表达得体、流利，基本能脱稿		10%				

▶ 随堂测练

课程名称	酒店管理与数字化运营概论	专业	
学习任务	项目一　了解酒店基本概述	班级	
学习内容	任务七　国内外酒店集团	姓名	

码上刷题

通过网络调查，了解一下贝斯特韦斯特（Best Western，原最佳西方）国际酒店集团。

第二部分
酒店职能与业务管理篇

项目二

熟悉酒店主要对客部门

项目导读

前厅部、餐饮部和客房部是酒店的主要接待部门,为宾客提供面对面服务,这便要求这些部门的酒店员工具备较高的服务和基础管理能力。本项目主要阐述了这三个接待部门的地位和工作内容等。

导图领航

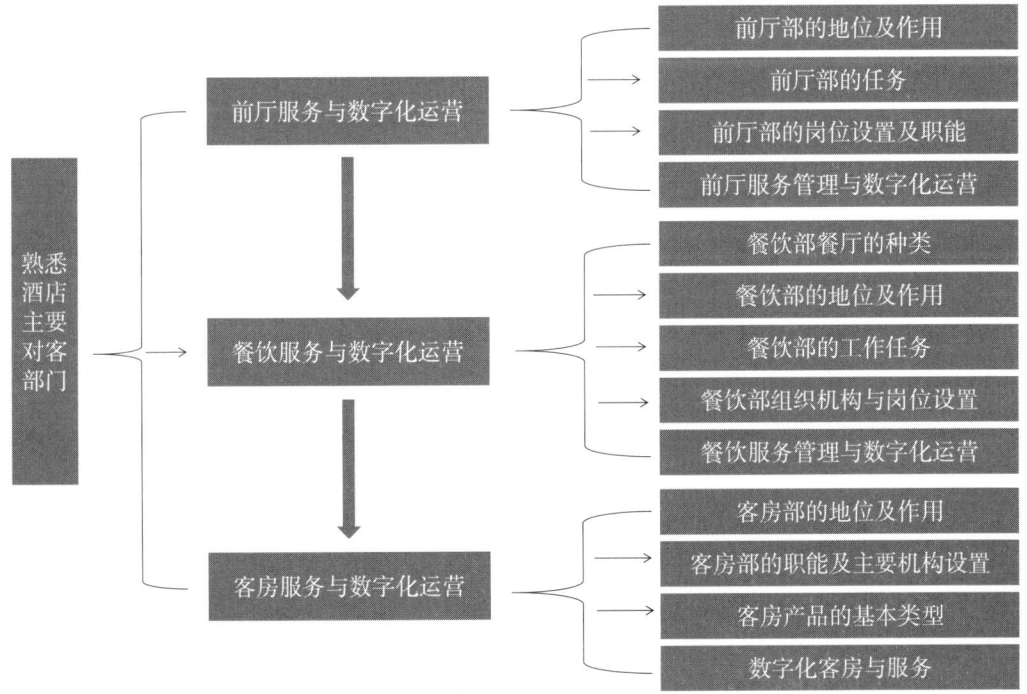

学习目标

▶ 知识教学目标
1. 掌握前厅部、餐饮部、客房部分别在酒店的地位和作用；
2. 了解前厅部、餐饮部、客房部的工作内容及岗位结构；
3. 理解前厅部、餐饮部、客房部的数字化运营趋势。

▶ 技能培训目标
能描述前厅部、餐饮部、客房部的主要工作内容。

▶ 综合素质目标
1. 培养学生服务意识和团队协作意识；
2. 培养学生接待能力、沟通能力、解决问题和应急处理能力；
3. 培养学生质量意识和环保意识；
4. 培养学生安全意识和创新意识；
5. 培养学生敬业爱岗的职业态度和提升学生对行业的信心。

任务一　前厅服务与数字化运营

育才剧场

用奋斗谱写无悔青春

——记全国青年岗位能手、北京友谊宾馆前厅部主管白芸

2020年8月，共青团中央、人力资源和社会保障部联合表彰了一批"政治坚定、品行过硬、能力突出、实绩优异"的全国青年岗位能手，北京友谊宾馆前厅部主管、礼仪队领队白芸名列其中。

作为旅游行业的一分子，自2006年入职以来，白芸脚踏实地、精研业务，带领宾馆礼仪队出色完成了第二届"一带一路"国际高峰论坛中俄两国领导人会晤等国事活动及全国两会期间政协大会、政协常委会会议等重要会议的相关礼仪服务任务，以良好的专业素养获得了服务对象的高度认可。

"每天都面临新的挑战"

前厅部的主要职责是给客人办理开房、退房，提供咨询、指引等服务。每天重复着同样的流程、说着同样的话，但白芸并不觉得枯燥，因为"这份工作每天都会遇到新的客人、面临新的挑战，对此，我心存期待。"

有一天，一位老先生拿着一张写有房间号的纸条，请白芸帮忙查找住在这个房间的客人。然而查看后，白芸发现这并不是本宾馆的房间号。看着老先生着急的样子，她核查了20多家带有"友谊"字样的宾馆，最后终于找到了。几个月后，白芸收到了一封从台湾寄来的感谢信，原来那天她帮老先生找到的是他失散多年的兄弟。

"每一次能帮助到客人，我都非常开心。这和助人为乐还不一样，这是这个职业的使命。"白芸说，这个岗位让她快乐，更让她成长。

"制服是我战斗的铠甲"

客人入住酒店，遇到问题时第一个想到的总是前台。"在入住、退房高峰时，我们经常会遇到一边客人'扎堆儿'办理入住、退房；另一边服务电话响个不停，接起时客人提出的要求又是五花八门。此时，前台工作人员不能慌乱，要头脑清晰、反应迅速，借助便签纸按照轻重缓急逐一处理。不慌乱的前提就是要有扎实的业务功底和标准规范的工作流程。否则就有可能收错钱、算错账，给客人开错发票、拿错房卡。"白芸说。

白芸经常挂在嘴边的一句话是，前厅是宾馆的门面，更是宾馆的名片。前厅部每一位工作人员的精神面貌、举手投足，都代表着高星级饭店的服务水准。她要求自己和下属，只要在岗，就一定要精神饱满，以最佳的状态面客。"这身漂亮的制服就是我战斗的铠甲，不管多么疲累，只要穿上它就会顿时精神抖擞！"

> **"唯有用心努力,才能成才成长"**
>
> 很多住过北京友谊宾馆的客人都能叫出白芸的名字,对她亲切的微笑和无微不至的服务印象深刻。采访中,白芸多次提到"用心"二字:"对客服务要善于观察、用心揣摩,才能使标准化的服务不冰冷、不生硬。"
>
> 客人走进大堂,她会观察客人的步速,如果步速比较均匀,说明客人的目的明确;如果步速放慢或是停顿,说明客人有些茫然,她会马上上前询问其是否需要帮助。
>
> 2020年3月15日,习近平总书记在给北京大学援鄂医疗队全体"90后"党员的回信中指出:"青年一代有理想、有本领、有担当,国家就有前途,民族就有希望。"白芸说,我们要认真学习并牢记习总书记的重要讲话精神,不忘初心、牢记使命,树立远大的理想,立足本职岗位砥砺奋进,做一个有理想、有本领、有担当的新时代中国青年,用奋斗谱写不悔的青春。
>
> 资料来源:《中国旅游报》,2020-08-06,经整理
>
> **分析**
>
> 立足本职工作,爱岗敬业是一种承诺、义务,是一种态度,更是一种精神。要做到爱岗敬业,就要熟练掌握岗位业务技能,不断学习业务知识和管理知识,提高自己的综合素质,把自己锻炼成能胜任这个岗位的复合人才,以此来实现人生价值,在平凡的岗位上发光发热。在酒店行业,对客服务的用心、细心、耐心是岗位基本要求。有正确的思想素质、业务素质、心理素质是形成主动服务意识、爱岗敬业的前提。

任务引导

表2-1-1 学生任务单

组号		完成时间	5~8分钟
工具	便利贴、大白纸、马克笔		
目标	分小组,团队用头脑风暴的方法,写出对于"酒店前厅部"的了解。		
要求	1.团队中每个人都在便利贴上写下对"酒店前厅部"的认识;		
	2.用关键词来描述,1张便利贴写1个关键词;		
	3.写得越多越好;		
	4.把团队所有人的便利贴粘贴在大白纸上;		
	5.把相同的内容粘贴在一起,不同的内容进行分类;		
	6.请每个团队的代表上台分享;		
	7.获得大家对于"酒店前厅部"的理解。		

表 2-1-2　学生任务分配表

班级		组号		指导老师	
组长（学号）					
组员	姓名（学号）		任务分工		

任务学习

酒店前厅部是负责宾客接待、销售客房及餐饮娱乐等服务产品、联络与协调酒店各部门、为宾客提供各种综合服务的部门，起着计划、组织、指挥、协调的作用。在酒店管理中，前厅管理具有全面性、综合性和协调性，前厅是酒店的神经中枢。

在线微课

一、前厅部的地位及作用

（一）前厅部是酒店的营业窗口，是酒店的形象代表

前厅部处于酒店接待工作的最前沿，是宾客对酒店的第一接触点，是使宾客对酒店产生第一印象和留下最后印象的重要环节。因此，前厅部在酒店的总体形象中起着重要作用。

宾客抵店时，前厅的环境氛围、装饰布置、设施设备及前厅服务人员的仪容仪表、言行举止、服务态度直接影响宾客对酒店的第一印象。

宾客在酒店居住期间，前厅部会提供一系列相关服务，确保宾客的需求得到及时满足，为宾客带来宾至如归的入住体验。

宾客离店时，最后接触的也是前厅部。前厅部服务人员在办理结账、送别宾客时给宾客留下的是最终印象。此时优质的服务能够让宾客产生物有所值、期待再次入住的想法。

（二）前厅部是酒店的经营活动中心及信息中心

前厅部服务项目多、服务时间长，是综合性部门，也是协调部门。从宾客抵店前的预订、入住、建立客史档案到离店结账，前厅部的服务贯穿于宾客在酒店内活动的全过程，是宾客抵店、离店的必经场所，其部门服务人员与宾客有最广泛的接触。因此无论酒店规模大小，前厅部都是联系酒店与宾客的枢纽，是酒店的经营活动中心。

为了给宾客提供全面、完善、高效的服务，前厅部需要及时地将客源、客情、宾客需求及投诉等大量信息通报其他部门，共同协调对客服务工作，以确保服务工作的效率和质量。因此前厅部还是酒店的信息中心。前厅部每天都需要接触市场及大量客户，因此能够收集到有关市场需求、宾客意见、营业收入等各方面的数据信息。前厅部需要及时对这些信息进行加工分析，向酒店管理机构汇报反馈，为制定改进措施、调整经营策略提供第一手资料和参考依据。例如，酒店管理者可根据前厅部提供的某时间段内客户的预订信息调整未来一段时间内的房价及促销策略。

（三）前厅部是为酒店创造经济效益的重要部门

酒店的基本功能是为宾客提供食宿，在酒店的营业收入中，客房收入通常占有很大比重。据统计，目前国际上酒店中的客房收入一般占酒店总收入的60%到80%。前厅部还可以通过对客房的销售来带动酒店其他各部门的经营活动，例如，向宾客推销酒店的餐饮、酒吧、商场、康乐等部门的产品和服务，其销售工作的好坏会直接影响到入住宾客的数量。因此，前厅部服务人员的高效工作是提高客房入住率、增加酒店经济收益的关键。

二、前厅部的任务

（一）销售客房

销售客房是前厅部的首要任务。客房是酒店的主要商品，能否高效地推销客房会直接影响酒店的经济效益。前厅部需要参与酒店的市场调研及预测，在制订好的房价和促销计划的基础上，配合销售部完成宣传及销售活动，开展客房预订业务，主动向已预订宾客介绍酒店其他服务项目，同时积极向未预订抵店客户销售客房及相关商品。前厅部服务人员良好的服务意识及优秀的推销能力能够有效提高酒店的综合效益。

（二）提供各类综合服务

前厅部除了开展客房预订、销售客房产品、协调对客服务，其服务范围还包括接送站服务、行李服务、各类委托代办服务、留言问讯服务、总机服务、商务中心服务、结账收银服务等，前厅部需要全方位满足宾客的各类需求，做到让宾客"身在酒店晓天下，足不出户百事达"，真正体会到宾至如归的服务。

（三）协调对客服务

现代酒店是分工明确、互有联系的有机整体。协调对客服务既包括前厅部内部的协调，也包括前厅部与其他各部门间的配合。

前厅部不仅需要根据宾客的预订信息及要求完成本部门所负责的工作，还要根据宾客需要，主动与酒店其他部门保持有效联系，及时传递相关信息，使各部门都能有计划地安排好各自的工作，并且充分发挥作用，共同完成对客服务。例如，宾客联系前台提出清洁房间的需求时，前厅部要及时将宾客的需求通知客房部，由客房部及时安排清洁人员前去打扫。

（四）管理客账

前厅部是酒店运营过程中的财务处理中心，宾客账单是处理宾客账务的基本依据。宾客账单管理又称客账管理，包括建立客账、实时监督、记录宾客在酒店的消费情况等。做好客账管理能使宾客离店时结账更加方便、快捷，同时也能够保障酒店获取相应的经济效益。

（五）建立客史档案

前厅部是酒店对客服务的档案中心，酒店为住店宾客，尤其是常客建立客史档案，记录宾客在店逗留期的主要情况，前厅部在此基础上整理、统计获得客源市场、产品销售、营业收入、宾客需求及反馈意见等信息，这些资料是酒店向宾客提供更加周到、细致、个性化服务的依据，也是酒店加强对客源的了解、增加市场渗透力、提高酒店客房销售能力的重要信息来源，同时需要做好对客史档案的保密工作，提高安全保障。

三、前厅部的岗位设置及职能

前厅部的工作繁多且复杂，因此需要在内部设立多个机构分工协作，共同完成对客服务。虽然不同的酒店其规模、档次不同，机构组成也有不同，但主要包括以下机构：预订处、接待处、礼宾部、问讯处、收银处、总机处、商务中心、大堂副理/客户关系部等。

另外，通常在前厅还设有其他非酒店所属的服务部门，如银行驻店机构、邮政部门驻店机构、旅行社分社驻店机构、民航以及其他交通部门驻店机构等，以作为满足酒店不同服务功能需求、完善服务的必要补充。

大、中、小型酒店的前厅部岗位结构可参考图2-1-1至图2-1-3。

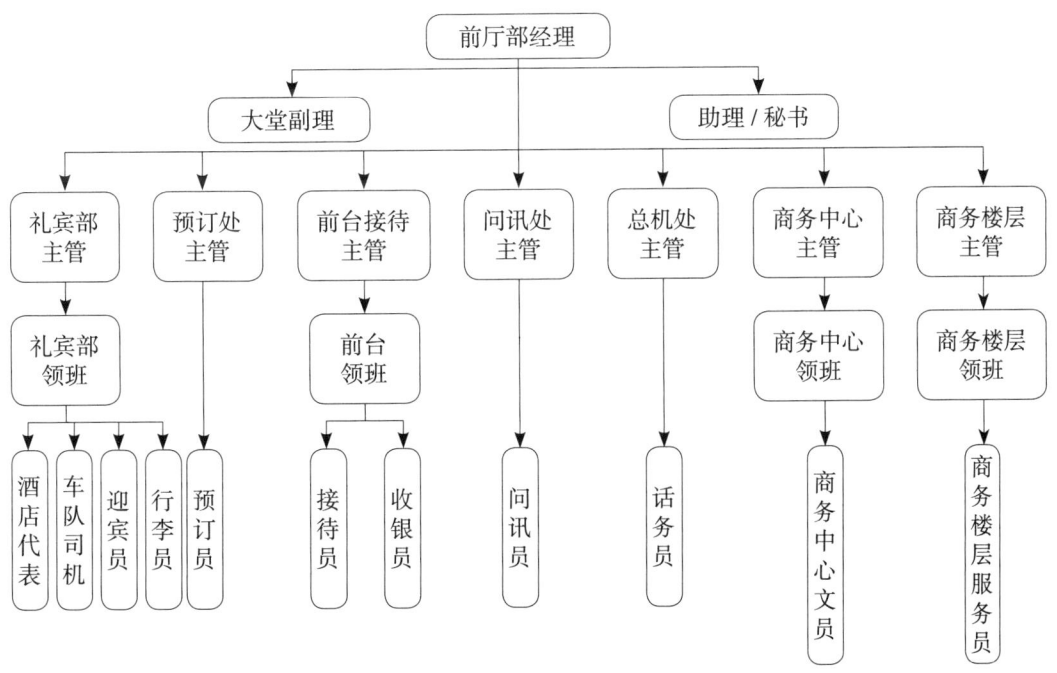

图 2-1-1　大型酒店岗位结构图

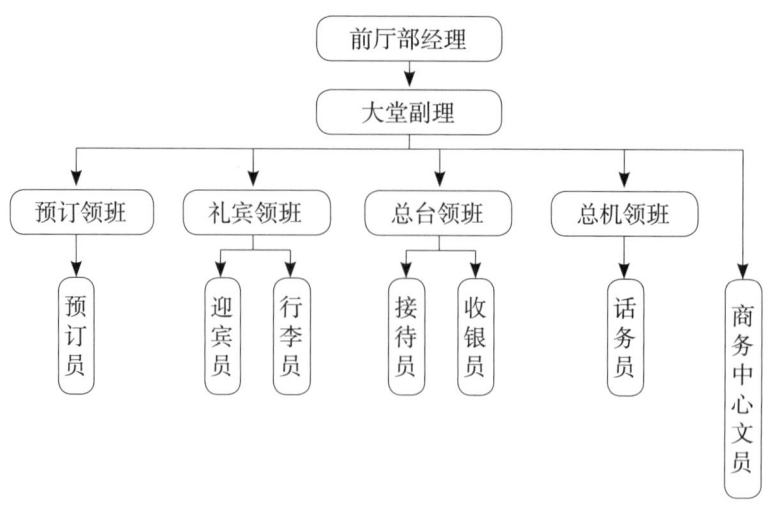

图 2-1-2　中型酒店岗位结构图

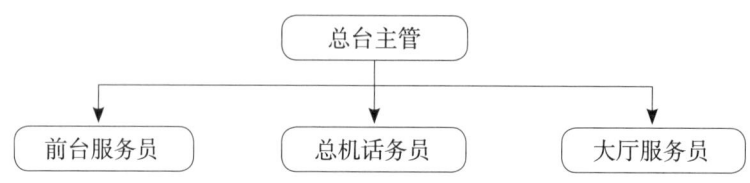

图 2-1-3　小型酒店岗位结构图

四、前厅服务管理与数字化运营

随着物联网、移动互联网、5G、大数据等应用技术的发展，数字化也在通过更深度的连接助推酒店企业的管理效能和宾客体验感的提升。

中信建投发布的研报指出，酒店的数字化和科技化转型分为两个方面："第一，基于酒店层面的软硬件的科技化，例如软件端的酒店 PMS（Property Management System）系统、酒店 CRS（Central ReservationSystem）系统等酒店管理系统，以及智能客房、智能入住系统、智能设备等科技化硬件；第二，基于酒店产业链上下游的软硬件数字化、云化趋势，包括酒店管理系统的上云，上游采购、中游财务、下游会员渠道的数字化和大数据趋势。"

在酒店前台的管理工作中，酒店管理系统是一种可以提高酒店管理效率的软件或平台，一般包含前台接待、前台收银、客房管家、销售 POS、餐饮管理、娱乐管理、公关销售、财务查询、电话计费、系统维护、经理查询、工程维修等功能模块。管理层可以通过酒店管理系统采集各类原始数据，并且对数据进行分类、汇总、分析处理，形成数据报表，为后续管理工作、销售活动、决策方案提供科学依据。

随着消费者对安全、卫生要求的提高，酒店大力提倡无接触式的服务，为此各大酒店品牌相继推出、更新了智能机器人产品，增加了智能化服务，比如自助办理入住和退房、自助存包、客房智能语音、送物机器人等。例如，汉庭在新产品中应用了华住集团的"无接触服务"设施——前台华掌柜可实现 30 秒入住、0 秒退房的高效服务，升级后的汉庭新品在床头设置了触屏应用，用户可通过语音直接致电前台，同时，触屏应用还可以通过语音识别住客需求，将住客所需物品通过机器人"华小二"直接送到房间门口，不仅减少接触带来的风险，也提高了酒店的服务速度。

▶ 知识延伸

前厅管理的发展趋势

精简机构：为了节约成本、费用，前厅部将采取各种措施，提高服务和管理的效率，节流挖潜。前厅部的组织机构将化繁为简，人力上尽可能精而少，不会雇用一个多余的人；同时，对员工进行一职多能的培训，让他们掌握更全面的业务技能，为客人提供全方位的服务。

服务优化、细化：前厅部任何一位员工都必须为有需求的客人提供服务及帮助，不会因隶属不同的部门（岗位）而怠慢客人；越来越多的酒店为客人提供一条龙服务，从接站到入店，再到办理手续等，整个过程一气呵成。

酒店的定价策略将更加灵活：前台接待员将得到更大的授权，可根据客人及酒店的实际情况灵活定价。越来越多的酒店将没有固定的房价，而是根据当天的开房率来定价，以创造最大的利润。

入住登记和选房自动化：随着电子信息技术的发展，未来客人可能不再需要在总台排队等候办理入住登记手续，取而代之的是自助式服务或者直通式入住模式；越来越多的酒店将开发和使用新的技术，允许客人通过在线平台选择客房，有效提升顾客满意度。

资料来源：刘伟，《酒店管理概论》，北京：高等教育出版社，2021年，经整理

任务测评

▶ 案例解析

转怒为喜的客人

正值秋日旅游旺季，有两位外籍专家出现在上海某酒店的总台。当总台服务员小刘（一位新手）查阅了订房登记簿之后，简单地向客人说："客房已订了708号房间，你们只住一天就走吧？"客人们听了以后就很不高兴地说："接待我们的工厂有关人员答应为我们联系预订客房时，曾问过我们住几天，我们说打算住三天，怎么会变成一天了呢？"小刘机械呆板地说："我们这里没有登记错，你们有意见可以向厂方人员沟通。"客人此时更加火了："我们要解决住宿问题，我们根本没有兴趣也没有必要去追究预订客房的差错问题。"正当形成僵局之际，前厅值班经理闻声而来，首先向客人表明他是代表酒店总经理来听取客人意见的，他先让客人慢慢地把意见说完，然后以抱歉的口吻说："您所提的意见是对的，眼下追究接待单位的责任看来不是主要的。这几天正当旅游旺季，双人间客房连日客满，我想为你们安排一处套房，请你们明天、后天继续在我们酒店入住，房价虽然要高一些，但设备条件还是不错的，我们可以给您九折优惠，您看可以吗？"客人们觉得值班经理还是诚恳、符合实际的，于是应允照办了。

案例诊断：酒店是中外宾客之家，使人满意而归是酒店应尽的义务。此案例中前台接待人员出了什么问题？值班经理在处理问题时体现了什么样的对客要求？

案例对管理者的启示：

实操训练

表2-1-3　学生任务单

组号		总分	
目标	选择一个校企合作的酒店，由教师带领参观酒店前厅部，酒店员工进行现场讲解，从感官上加强对酒店前厅部的认识，在课堂上分享交流，时间控制在3分钟内。分享内容可以包括前厅的布局、机构及岗位设置、与前厅部工作人员进行访谈的内容。		

考核标准	分数占比	小组自评（20%）	小组互评（20%）	教师评分（60%）	总分
内容完整清晰，包括前厅的布局、机构及岗位设置	60%				
数据准确，语言简洁流畅，叙述清楚明了、有逻辑，有自己的感受和体会	30%				
合理使用图片、表格等表现工具	10%				

随堂测练

课程名称	酒店管理与数字化运营概论	专业	
学习任务	项目二　熟悉酒店主要对客部门	班级	
学习内容	任务一　前厅服务与数字化运营	姓名	

码上刷题

1.简述前厅部在酒店的地位。

2.列举前厅部的主要任务。

3.酒店前厅部数字化发展体现在哪些方面？

任务二　餐饮服务与数字化运营

育才剧场

京西宾馆里的"光盘行动"

民以食为天，食以俭养德。10月26日至29日，党的十九届五中全会在北京召开。与会同志积极落实习近平总书记关于坚决制止餐饮浪费行为的重要指示精神，厉行节约、反对餐饮浪费，彰显了中国共产党人持之以恒推进作风建设的政治自觉。

会议期间，新华社记者走进会议举办地京西宾馆，近距离感受全会简朴务实的风气。从餐厅到厨房，从与会同志到保障服务人员，节俭之风处处可见，"光盘行动"人人践行，总书记重要指示精神转化为清新会风、严明会纪的生动实践。

住地：营造"节约为荣、浪费为耻"的浓厚氛围

10月25日下午，吉林省长春市团山街道长山花园社区党委书记吴亚琴一走进住地房间，就在书桌上看到一页粉红色的"党的十九届五中全会服务工作指南"。服务工作指南清晰写道："请与会人员自觉贯彻落实总书记关于制止餐饮浪费行为重要指示精神，倡导'光盘行动'，做到厉行节约。"

作为一名来自基层的社区工作者，吴亚琴第一次受邀列席党的中央全会，深感激动和兴奋。大会倡导厉行节约的浓厚氛围也给她留下深刻印象——

"在每一个餐厅的门口，都可以看到'厉行节约、反对浪费'提示牌。走进餐厅，取餐台上、餐桌上都摆放或张贴着'粒粒不易、不倒不弃''不剩饭、不剩菜'等提示标识。调味桌上，还摆放着象征'光盘行动'的简朴手工艺品。"

厉行节约、反对浪费，是中央会议一贯倡导和执行的优良传统。党的十八大以来，随着中央八项规定精神深入贯彻落实，这一优良传统得到进一步弘扬。

会务组：精准精细遏制"舌尖上的浪费"

"计口下粮"——这是京西宾馆餐饮部门负责人常挂在嘴边的原则。

10月25日中午，上午报到的与会同志和大会服务保障工作人员在同一餐厅用餐。

"会议开始前和闭幕后两个时间段，因为与会同志陆续报到、陆续离开，就餐人数不固定。为此，我们专门设置了餐饮联络员，精准统计具体有多少人员用餐，然后根据就餐人数来准备食材。如果人数不是很多，我们就只开一个餐厅，请与会同志和工作人员一块用餐。"餐饮部门负责人说。

只有精准精细，才能有效遏制"舌尖上的浪费"。

——食材采购算"细账"。

记者在餐厅里看到，一日三餐都是些家常菜，菜品既简单常见，又能符合不同口味。

采购部门负责人介绍，菜品采购上都尽量选择本地应季食材，不采购高档食材。

"我们一天采购2次，早上一次，下午补采一次，进行精准动态管理。比如说一天要采购100斤西红柿，早上就先采购80斤，根据中午的消耗量来确定下午是否需要补采、补采多少。"

——菜品制作有"细活"。

后厨墙上，"分档取料、物尽其用"八个大字格外醒目。

厨师宋晓南如数家珍："白菜可以三吃，白菜叶做汤爆白菜头，白菜帮子做醋溜白菜，白菜根做咸菜；还有萝卜皮、芹菜根，都能用来做咸菜，既节约又可口，大家十分欢迎。"

——管理服务见"细节"。

就餐期间，餐厅安排专人"盯台"，实时观察不同菜品消耗情况，"哪道菜快吃完了，我们才通知后厨及时添加"。

通过加强餐厅前台与后厨的紧密协调配合，坚持少炒勤炒，确保了尽量少剩菜。

"剩下的少量饭菜，服务员会统一送到后厨。在确保食品安全情况下，我们会进行食材的二次利用，比如剩下的馒头可以炸馒头片，剩下的米饭做蛋炒饭。"宋晓南说。

资料来源：新华社百家号，https://baijiahao.baidu.com/s?id=1681900317548962300，2020-10-29，经整理

分析

"谁知盘中餐，粒粒皆辛苦"是我们自小就熟知的道理。近年来，在党和国家的号召下，餐饮业"光盘行动""$n-1$"点菜法等厉行节约的措施成为新的潮流。作为小餐桌上的大文明，在餐饮部倡导厉行节约的行为，是对"尊重劳动、珍惜粮食"的良好社会风尚的自觉践行，同时也是酒店对"构建节约型社会，倡导绿色低碳生活"的切实响应。

任务引导

表 2-2-1 学生任务单

组号		完成时间	5～8分钟
工具	便利贴、大白纸、马克笔		
目标	分小组，团队用头脑风暴的方法，写出对于"酒店餐饮部"的了解。		
要求	1. 团队中每个人都在便利贴上写下对"酒店餐饮部"的认识；		
	2. 用关键词来描述，每张便利贴写1个关键词；		
	3. 写得越多越好；		
	4. 把团队所有人的便利贴粘贴在大白纸上；		
	5. 把相同的内容粘贴在一起，将不同的内容进行分类。		
	6. 请每个团队的代表上台分享；		
	7. 获得大家对于"酒店餐饮部"的理解。		

表 2-2-2 学生任务分配表

班级		组号		指导老师	
组长（学号）					
组员	姓名（学号）		任务分工		

任务学习

酒店餐饮部（Food & Beverage Department）是酒店生产和销售饮食产品、为宾客提供相应服务的业务部门，主要负责酒店各类餐厅的经营管理。

在线微课

一、餐饮部餐厅的种类

为满足不同消费者多样化的就餐需求，不同规模的酒店根据食物种类、烹饪方式、服务流程、就餐形式等的不同，设置了各类餐厅。酒店餐厅的类型大致包含以下几类。

（一）中餐厅

中餐厅提供中式菜肴，装饰主题突出中式风格，使用中式家具和餐具，遵循中式礼仪和服务流程，让客人在充满中国文化底蕴的氛围中用餐。各类酒店一般都设置有相应接待规格的中餐厅。

（二）西餐厅

西餐厅的定义是西式装潢、供应西方国家餐饮产品并以西式服务为主的餐厅。涉外三星级以上酒店必须设有西餐厅，平常以供应正式的西餐为主，也可把西餐作为自助餐。大部分的西餐厅都供应套餐，即西式正餐，顺序大致是汤、沙拉、主菜、甜点及最后的饮料。

（三）咖啡厅

咖啡厅分不同时间段提供早餐、早午餐、午餐、下午茶、晚餐和宵夜。也有酒店的咖啡厅在三餐高峰期提供自助餐服务。二星级及以上星级的酒店，必须配备咖啡厅，能提供西式早餐，并且营业时间不少于12小时。其中二星、三星、四星级酒店可将咖啡厅作为简易西餐厅使用。

（四）各类酒吧

酒店酒吧依托先天优势，大多建在酒店的高层，由于大多数高星级酒店建筑本身就具有相当的高度，客人在酒店酒吧消费时可获得十分开阔的视野，能够俯瞰酒店四周甚至全城美景，特别是以景观见长的"空中酒吧"尤为显眼。如成都华尔道夫的麒麟·Sip吧，上海金茂大厦87层的九重天酒吧，香格里拉的翡翠36酒吧，皇家艾美位于65、66层风格迥异的789酒吧。这些酒吧的共同点就是能以鸟瞰的姿态把城市的璀璨夜景尽收眼底。

（五）特色餐厅

特色餐厅是高星级酒店为了让客人就餐有较大的选择余地，满足人们追求个性化生活、品味异域文化和满足好奇心等的需求，开设的主题鲜明、各具特色的餐厅。

（六）大中小型多功能厅

大型多功能厅是餐饮（宴会）部面积最大的活动场所，功能齐全，既可以举办大型中餐宴会、西餐宴会、冷餐酒会、鸡尾酒会，还可以根据需要举办记者招待会、新闻发布会、时装展示会、学术会议等。多功能厅可以用活动墙板调节并分隔，以便同时举行不同的活动。

（七）自助餐厅

自助餐厅以灵活的价格快速供应营养丰富、菜式多样的饮食。自助餐已成为全世界流行的一种用餐方式。自助餐可以分为两种形式。一种是客人自行至餐台取菜，而后以所取样数付账，英文称为cafetering；另一种也是客人自行取菜，但是一次付费任客人吃到饱，英文称为buffet。两种方式都是自助型或半自助型。自助餐厅多用于早餐、会议接待等情况，可经营中餐、西餐、特色餐饮等各类餐饮产品。相对零点餐厅与宴会厅而言，自助餐厅的服务人员需求量相对较少，服务内容和要求相对简化，经营内容和经营方式较为灵活。

各个酒店体量规模不同，可根据自身的实力和规模要求，合理设置餐厅类型，提供相应品类的餐饮服务，增加酒店的综合收益。

二、餐饮部的地位及作用

餐饮部是现代旅游酒店的重要组成部分，它不仅满足了客人对餐饮产品和餐饮服务的需求，而且作为酒店对客服务的窗口，为树立酒店良好的社会形象发挥着积极的作用，并为酒店创造较好的经济效益。

（一）餐饮部是现代旅游酒店的重要业务部门

食宿是酒店对宾客提供的主要产品和服务，其中"食"的生产经营任务由酒店餐饮部承担。餐饮部所管辖的范围包括各类餐厅、酒吧、咖啡厅、宴会厅等经营场所，客人经常光顾这些餐饮经营场所和服务设施，可以说餐饮部是客人在酒店的重要活动中心。因此，餐饮部是现代酒店满足顾客需求的重要业务部门之一。

(二)餐饮部的收入是酒店营业收入的主要来源之一

餐饮部是酒店获得经济收益的重要部门之一,与客房收入并称为酒店收入的两大支柱。餐饮部的收入在酒店总收入中所占的比重因酒店状况而异,受到酒店本身主、客观条件的影响,目前国内酒店餐饮部的营业收入约占酒店营业收入的三分之一。

(三)餐饮部是酒店在市场营销中的重要组成部分

在日趋激烈的酒店市场竞争中,餐饮部占有极其重要的地位,一直充当酒店营销的先锋。同类酒店客房产品标准相对接近,竞争空间有限,而酒店餐饮则相对灵活,为酒店提供了更大的竞争优势空间。因此餐饮部的经营水平逐渐成为星级酒店档次和服务水平的象征,餐饮生产与服务水平的提升、餐饮部的营销工作对于酒店整体营销具有重要意义。

(四)餐饮部是平衡酒店经营中季节性差异的重要手段之一

旅游酒店在经营中,往往带有一定的季节性特点。旅游旺季时,酒店超负荷运转;而在淡季,设施设备、人员等闲置较多,而餐饮业务的季节性变化相对没有这样明显,可以调节平衡酒店经营中的季节性差异。

(五)餐饮服务直接影响到酒店的声誉,餐饮部是树立酒店高品质形象的重要组成部分

餐饮部的服务场所是社交集会的理想场合,酒店宾客使用餐饮设施与服务较为频繁。许多宾客常常以点看面,把对餐厅、酒吧等餐饮服务场所的印象作为对整个酒店的印象。餐饮部门经营管理的好坏、服务质量的优劣,往往关系到酒店的声誉和形象,进而影响酒店客源和经济效益。

三、餐饮部的工作任务

(一)掌握市场需求、合理制定菜单

要满足客人对餐饮的需求,必须首先了解目标客户群体的消费特点与餐饮要求,掌握不同年龄、不同性别、不同职业、不同民族和宗教信仰的客人的餐饮习惯和需求,并在此基础上制定出能够迎合客人需求的菜单。

(二)广泛组织客源、扩大产品销售

客源是酒店生存与发展的基础与前提,只有广泛组织客源,才能扩大酒店产品的销售。因此,餐饮与营销部门必须采取各种方法吸引客人消费,从而提高酒店的知名度、美誉度和经济效益。

(三)加强原料管理、保证生产需要

餐饮原料的质量直接影响餐饮产品的质量,而其价格又直接关系到餐饮部的经济效益。因此,加强对餐饮原料的采购、验收、储存管理,既可保证厨房的生产需要,又可

降低餐饮成本，有助于实现餐饮部"降本增效"的经营目标。

（四）搞好厨房管理、提高菜点质量

厨房是餐饮产品的生产场所，其管理水平的高低直接影响餐饮产品的质量和客人满意程度。因此，餐饮部应搞好厨房管理，根据客人需要，合理加工餐饮原材料，组织厨师及时烹制出适销对路、色、香、味、形俱佳的餐饮产品，并加强生产过程的控制，努力提高餐饮产品的质量。

（五）抓好餐厅管理、满足宾客需要

餐厅是餐饮部的销售场所，又是为客人提供面对面服务的场合，它使餐饮产品的价值最终得以实现。因此，抓好餐厅管理，既可满足客人的物质和精神需要，提高客人的满意程度，又可体现出餐饮部的管理水平与服务质量。

（六）加强宴会管理、增加经济收入

宴会是餐饮部门产品销售的重要形式和经济收入的重要来源。宴会业务的特点是产品一次性销售量较大，质量要求较高，经济效益较好。宴会客源丰富，消费潜力大，每一场宴会的成功服务，本身就是对酒店的一次营销宣传。因此，加强宴会管理，包括中西餐宴会、冷餐会、酒会等的管理，是餐饮部（宴会部）经营管理的重要任务之一。

（七）加强成本控制、提高经济效益

酒店餐饮部门应根据酒店等级、客源市场的消费水平和经营目标等因素制定相应的成本标准，合理地确定菜肴的售价，在满足客人需求的前提下，保证酒店的经济利益。因此，餐饮部应建立餐饮成本控制体系，加强对餐饮生产全过程的成本控制，并定期对餐饮成本进行比较分析，及时发现存在的问题及其原因，从而采取有效的降低成本的措施，最终提高酒店的经济效益。

四、餐饮部组织机构与岗位设置

酒店餐饮部一般设置有餐饮部经理、主管、领班、服务员、领位员、传菜员、吧台服务员、行政总厨、厨师长、厨师领班、砧板厨师、面点领班、面点厨师、洗碗工等。不同档次、等级的酒店，其层级和岗位设置根据酒店具体需求有所差异，大体而言，可以归纳为四个管理层级：决策层（餐饮部总经理等高层管理人员）、管理层（宴会经理、各类餐厅经理等中层管理人员）、执行层（各类餐厅主管、领班等基层管理人员）和操作层（各类餐厅一线工作人员）等。

五、餐饮服务管理与数字化运营

互联网带来的数字化浪潮赋能了旅游业"食宿行游购娱"的各个领域。伴随着消费升级的步伐，餐饮业整体正在从粗放、分散的管理模式逐步跨入以客群整体需求为中心的精细化管理模式。为了实现这一目标，不断推进数字化转型升级已然成为大势所趋。社会餐饮日益重视数字化运营，如采取数字化营销、建设数字后厨、搭建数字化供应链

等举措。综合性酒店的餐饮部为赢得市场竞争,更需要进行数字化变革。

要实现餐饮服务管理数字化,离不开5G、云计算、边缘计算、大数据、区块链、人工智能、SaaS[1]等技术系统的支持。现有的餐饮服务数字化手段主要是采用上述技术手段尤其是SaaS系统来覆盖预订、排队、多端点餐、外卖、支付、营销、排班、报表、采购、消费偏好等线上线下场景,基于这些数据,企业可以高效地进行多店管理;同时,通过这些数据,企业可以清晰地了解到消费者喜好,并根据最新口味推出相应产品,做到迎合市场潮流,满足消费者需求,提升自身竞争实力。

目前,餐饮企业采用的一体化餐饮SaaS产品一般具备以下几大核心模块:会员营销、私域运营、员工管理、中央厨房、供应链管理、数据分析等。例如会员营销,是结合数字化营销的玩法,面向会员进行个性化营销和服务;私域运营则是系统支持营销活动、会员服务、优惠券、红包、积分等花样营销玩法;供应链管理主要将供应链与财务、物流、仓储打通,并与前端的销售系统联动,精细化、动态化管理采购流程,降低采购成本;而数据分析则是基于线上线下全渠道用户数据整合,为用户打标签,构建全渠道统一的用户画像。借助数据分析应用,餐企可以精准触达用户,管理客户体验,不断调整和优化经营策略。

餐饮服务和管理的"数字化运营",简单来说就是整合餐饮企业数据,用数据辅助优化经营决策。餐饮业的数字化涉及面广,直接链接着餐饮商家、供应商、配送人员和消费者等环节。餐饮数字化升级可以有效降低信息差,提高信息透明度,激励餐饮企业主动提升服务水平,促进餐饮业的高质量发展。餐饮业的数字化转型势不可挡,但如何真正做到全链路的数字化运营,而不是把数字化理解成简单的信息、效率工具才是餐饮企业需要解决的新命题。

---

1 SaaS(Software as a Service,软件即服务)餐饮管理软件是一种基于云计算的餐饮管理解决方案,SaaS模式使得餐饮企业可以通过互联网订购和使用应用软件,无需购买和维护硬件设备或软件许可证。SaaS餐饮管理软件可以帮助餐饮企业提高运营效率,管理业务流程,提供实时数据分析和报告,以及增强客户服务。如通过软硬件(APP、小程序、集合码、H5、POS机、收银机等)获取数据(客户数据、订单数据、资金数据等),并根据数据为餐饮行业经营者提供帮助,使其实现降本(自助点单、收银、优化管理、资金归集)、增效(红包、优惠券、会员卡等各种营销手段)等经营目标的服务。

▶ 知识延伸

餐饮管理的发展趋势

随着竞争的加剧,酒店餐饮业发生了如下变化:

精简化:酒店通过一岗多能,减少餐饮部人员编制来降低人工费用。

社会化:近年来,社会餐馆发展迅猛,对酒店餐饮经营直接形成压力。很多酒店要么不做餐饮业务,要么纷纷将餐饮交给社会餐馆去做。

大众化:酒店餐饮暴利的时代已经过去,酒店必须放下身段,降低餐饮价格,走大众化道路。

特色化:为在竞争中立于不败之地,酒店必须不断创新餐饮产品,开发出别的酒店和社会餐馆所没有的独特产品。

专业化:随着人们消费水平的提高,消费者需求的多元化,酒店餐饮经营将走专业化道路,不再只提供中餐、西餐,而是根据顾客的需求进一步细化,开设多个不同特色和风味的餐厅。

婚宴化:酒店的普通餐饮在与社会餐馆的竞争中处于不利地位,但酒店拥有豪华、气派的环境,在高档宴会特别是婚宴经营中,有明显的竞争优势。

娱乐化:酒店餐饮经营将与文化艺术和娱乐相结合,为顾客提供轻松、享受的就餐环境,如有乐队演出助兴等。

资料来源:刘伟,《酒店管理概论》,北京:高等教育出版社,2021年,经整理

任务测评

▶ 案例解析

于细节处见不凡——餐饮服务人员的工匠精神

"服务无处不在,服务永无止境"是 A 酒店餐饮部所有员工的信念。他们认为,工匠精神就是把每一件平凡的事情到极致,那就是不凡,那就是专业。因此,在日常的对客服务工作中,个性化的优质服务案例无处不在。

1. 一杯白开水

这天午餐时间,某餐厅里座无虚席。这时一位客人招呼服务员:"您好,请给我倒一杯白开水好吗?"服务员迅速地到厨房里倒了一杯白开水,为客人送到餐桌上。这位客人随即从口袋里拿出一包药,又摸了摸水杯,皱了皱眉头,服务员发现了客人的细微动作,立即询问客人:"给您杯里加些冰块儿降温好吗?"客人高兴地说:"太好了,谢谢你!"放入冰块后,水温降了下来,客人及时吃了药。临走时,客人给饭店写了封表扬信,表扬了这位服务员。

2. 家乡菜的味道

一天,一个由 32 位台湾老人组成的旅游团来到我省某高星级饭店,要求要尝一尝地道的家乡菜。可是,饭店管理人员并不知道他们到底要吃哪儿的菜,喜欢什么口味,有什么特殊要求,等等。于是,饭店经理一连打了十几个电话,终于联系到这批台湾老人以前入住过的酒店,要到这些客人所有用过餐的菜单,掌握了许多非常有价值的信息。

饭店经理了解到这些客人当年都是从浙江宁波去台湾的。当服务员为客人们送上一桌地道的宁波菜时,老人们仿佛孩童一般地欢呼起来。不一会儿,这些菜就被一扫而光,老人们非常满意。他们说,这是他们到大陆后吃到的最香、最满意、最开心的一顿饭,并向饭店表示诚挚的感谢。

3. "区别对待"的家宴

经常有带着老人与孩子来就餐的家庭,在为客人点菜时,考虑要全面,要结合家庭成员性别和年龄结构等特征,推荐一些松软好嚼易消化、营养丰富且口味清淡的食品。一次宴会接待中有位女士带着一个小孩来用餐,小孩非常活泼。但在宴会进行到一半的时候,餐饮部员工小王很细心地发现小孩有了困意,可是一桌的宴会还要进行下去,她脑筋一转,把多余的椅子合并在一起,并放上棉垫子,就这样一张小床就组成了。想到孩子怕着凉,又向客房部借来一床被子。满桌的客人都为她的快速反应而吃惊,孩子睡着后,孩子的妈妈非常感激地说:"真没想到你们这里服务这么贴心!"

案例诊断：酒店餐饮部是酒店的重要业务部门，在与客人的直接接触中很多细节上的关注与服务创新能极大地提高客人体验和满意度，请你结合自己的理解与案例中优秀餐饮人的服务经历，谈一谈你对餐饮服务中如何体现工匠精神的认识。

案例对管理者的启示：

▶ **实操训练**

表2-2-3 学生任务单

组号		总分			
目标	选择一个校企合作的酒店,由教师带领参观酒店餐饮部,酒店员工进行现场讲解,从感官上加强对酒店餐饮部的认识,并在课堂上分享交流,时间控制在3分钟内。分享内容可以包括餐饮部的机构与岗位设置、酒店所经营的餐厅种类和特色以及对餐饮部工作人员进行访谈的内容。				
考核标准	分数占比	小组自评(20%)	小组互评(20%)	教师评分(60%)	总分
内容完整清晰,包括餐饮部的机构与岗位设置、酒店所经营的餐厅种类和特色	60%				
数据准确,语言简洁流畅,叙述清楚明了、有逻辑,有自己的感受和体会	30%				
合理使用图片、表格等表现工具	10%				

▶ **随堂测练**

课程名称	酒店管理概论	专业	
学习任务	项目二 熟悉酒店主要对客部门	班级	
学习内容	任务二 餐饮服务与数字化运营	姓名	

码上刷题

1. 简述酒店餐饮部的地位与作用。

2. 简述酒店餐厅的类型。

3. 简述现阶段餐饮业常见的数字化运用。

任务三　客房服务与数字化运营

育才剧场

践行"两山"理念　坚持绿色发展
——"十三五"旅游业发展成就系列报道之五

"十三五"时期，各地不断推进旅游业节能减排，大力倡导绿色消费方式，绿色旅游消费理念深入人心。

"景区餐厅的打包盒全是纸浆类可降解制品，连饮料吸管都是纸质的。"中秋国庆假期，福建游客刘黎与家人到三亚蜈支洲岛旅游区游玩，对景区的环保氛围印象深刻。据了解，蜈支洲岛旅游区从采购环节全部选用可降解材质制品替代一次性塑料制品，并设置近 40 台智能太阳能环保垃圾桶。蜈支洲岛旅游区成为我国绿色景区建设的一个缩影。

"十三五"期间，甘肃省文化和旅游厅会同省直有关部门开展循环型绿色旅游示范基地试点创建活动，以节能减排、低碳发展为目标，完成了崆峒山、鸣沙山月牙泉等 10 个绿色旅游示范基地创建任务。广西坚持将"绿色"理念融入吃、住、行、游、购、娱等各方面，加快推进绿色饭店创建、绿色景区建设，推行绿色出行，扩大景区新能源车辆使用比例。

上海、广州等地住宿行业从源头上推进垃圾减量，践行绿色消费、保护环境，逐步减少一次性用品。2019 年 7 月 1 日，《上海市生活垃圾管理条例》开始实施，上海旅游住宿企业不再主动提供一次性牙刷、梳子、浴擦、剃须刀、指甲锉、鞋擦等"六小件"。上海瑞金洲际酒店在前台、大堂、电梯、房间等处设置相关告知标识，一年多来，该酒店"六小件"供应量同比减少超过六成。相关数据显示，2019 年 7 月至 2020 年 5 月，上海市旅游住宿企业消耗客房一次性日用品数量显著下降，部分酒店一次性日用品消耗量同比下降超过 65%。

资料来源：《中国旅游报》，2020-10-23

分析

绿色旅游既是一种消费方式，也是游客的责任。低碳出行、文明消费，与环境和谐共存的生态环保理念日渐深入人心。酒店绿色发展不能以降低服务质量为前提，应坚持以人为本的原则，采用环保型材料，运用智能化手段，为宾客提供环保、节能的旅居环境，从每一处细节着手，使绿色发展理念成为酒店的企业文化。

任务引导

表 2-3-1　学生任务单

组号		完成时间	5~8分钟
工具	便利贴、大白纸、马克笔		
目标	分小组，各团队用头脑风暴的方法，写出对于"酒店客房部"的了解。		
要求	1. 团队中每个人都在便利贴上写下对"酒店客房部"的认识；		
	2. 用关键词来描述，每张便利贴写1个关键词；		
	3. 写得越多越好；		
	4. 把团队所有人的便利贴粘贴在大白纸上；		
	5. 把相同的内容粘贴在一起，将不同的内容进行分类；		
	6. 请每个团队的代表上台分享；		
	7. 获得大家对于"酒店客房部"的理解。		

表 2-3-1　学生任务分配表

班级		组号		指导老师	
组长（学号）					
组员	姓名（学号）		任务分工		

任务学习

客房是酒店存在的基础，是宾客住宿和休息的场所。在酒店经营管理过程中，客房部既是一个生产部门，也是一个服务部门，还是一个消耗部门。

在线微课

一、客房部的地位及作用

（一）客房是酒店的基本设施和主体部分

酒店的基本功能是向客人提供住宿、餐饮及其他旅居生活需要。其中，住宿功能是客人的首选需求，客房是酒店必不可少的基本设施。现代酒店中各种设施日益丰富、酒店功能多样化发展，满足客人住宿需求始终是酒店最基本的功能，客房产品仍然是酒店经营的最主要产品。

（二）客房收入是酒店营业收入的重要来源

酒店营业收入主要由三部分构成：客房收入、餐饮收入和综合服务设施收入。客房部是酒店的重要营收部门，其收入一般占酒店总收入的40%~60%，客房收入较其他部门收入要稳定。因客房经营成本比餐饮部、商场部等都小，所以其是酒店利润的主要来源。

（三）客房服务是衡量酒店服务质量的重要指标

客房是宾客在酒店中逗留时间最长的地方，宾客对客房更有"家"的感觉。因此，客房的清洁卫生是否到位，装饰布置是否美观宜人，设备与物品是否齐全完好，服务人员的服务态度是否热情周到，服务项目是否周全丰富等，宾客都会有最敏锐的感受，客房服务质量的高低是宾客衡量"价"与"值"相符与否的主要依据。

（四）客房部是酒店降低物耗和节约成本的重要部门

客房商品的生产成本在整个酒店成本中占据较大比重，其能耗及低值易耗品、各类物料用品等日常消费较大。因此，客房部是否重视开源节流，是否加强成本管理、建立部门经济责任制，对整个酒店能否降低成本消耗，获得良好收益起到至关重要的作用。

（五）客房是带动酒店一切经济活动的枢纽

酒店作为一种现代化的综合设施，是为宾客提供综合服务的场所，只有在客房入住率较高的情况下，酒店的综合设施才能更好地发挥作用，组织机构才能更有效地运转，才能带动整个酒店的经营管理。客人住进客房，要到前台办理入住手续、交房费，要到餐饮部用餐、宴请，要到商务中心进行商务活动，还要健身、购物、娱乐等，因而客房服务带动了酒店的各项综合服务设施的运转。

二、客房部的职能及主要机构设置

（一）客房部的职能

1. 保证客房产品质量

客房是宾客在酒店逗留时间最长的住宿空间，客房部负责为宾客提供清洁、舒适、安全、美观的客房，需要从日常清洁卫生、设备设施、服务项目、安全保障等方面做好客房服务与管理工作。

2. 提供优质客房服务

客房部要做好对客服务工作，围绕宾客在酒店的整个服务过程展开。除了为宾客营造良好的住宿环境及空间，还需要满足宾客的其他需要，包括洗衣服务、访客接待服务、房内送餐服务、擦鞋服务等。

3. 创造整洁舒适的酒店环境

客房部负责酒店所有客房及公共区域的清洁保养与环境管理工作，确保整个酒店在任何时候都处于舒适宜人、清新雅致的状态，为宾客营造良好气氛及舒适、美观、清洁的住宿环境。

4. 保证酒店棉织品的质量

客房部设有布件房和洗衣房，负责酒店各部门的布件和员工制服的选购、洗涤、保管发放、缝补熨烫等，为全酒店的对客服务提供保障。

（二）客房部主要机构设置

客房部涉及的业务范围广，工作内容复杂，工作空间广泛，客房部的机构设置受酒店的规模、档次及业务范围的影响而表现出不同。合理的岗位设置是客房部有效运行的前提与保障。一般来说，酒店客房部主要机构设置如下。

1. 经理办公室

客房部通常设经理、副经理各一名，配备秘书一名，早、晚两班工作人员若干名，主要负责客房部的日常性事务以及与其他部门的联络、沟通及协调等事宜。目前，大多数酒店将经理办公室与客房服务中心同设在一处，可以减少人员配备，提高管理效率，从而无须再设专职内勤或秘书岗位。

2. 客房楼层

客房楼层设主管一名，早、中、晚领班和服务员若干名，负责所有住客楼层的客房、楼道、电梯口的清洁卫生，客房用品的更换，楼层区域内设备设施的保养、维护，为楼层客人提供周到、礼貌的接待服务。

3. 客房服务中心

客房服务中心设主管一名，值班员若干，下设早、中、晚三个班次。客房服务中心是客房部的信息中心，是做好客房服务与管理工作的重要部门，负责统一调度对客服务工作，掌握和控制客房状况，处理客人失物和遗留物品，同时还负责控制员工出勤，发放客房用品，管理楼层钥匙以及与其他部门的沟通协调等。

4. 公共区域

公共区域设主管一名，领班和清洁服务员若干，负责除厨房和客房楼层以外的酒店所有公共区域的清洁卫生，为酒店提供绿色植物及花卉的布置、庭院的绿化及美化等。

5. 洗衣房

洗衣房设主管一名，早、中领班若干名，下设客衣组、湿洗组、干洗组、熨衣组。主要负责洗涤客衣，洗涤员工制服及酒店所有布草和布件，同时，还可以为社会提供棉织品洗涤及洗衣服务。

6. 布件房

布件房一般与客房办公室毗邻，设主管、领班各一名，另有缝补工、布件及制服服务员若干名，主要负责酒店所有布件及员工制服的收发、分类、送洗、缝补、保管及报废工作，并为酒店正常运转经营做好布草的周转管理工作。

三、客房产品的基本类型

依据不同的分类标准，客房类型会呈现出不一样的特征。一般来说，可以根据房间数量、客房所处的位置、特色等对酒店客房分类。

(一)根据房间数量分类

1. 单间

(1)单人间:客房内只设一张单人床,由卫生间和其他附属设备组成。这类型客房主要适用于单身客人入住,一些酒店推出的经济间或特惠间一般也属于单人间之列。

(2)标准间:客房内设两张单人床或一张双人床。房内配一张双人床的客房称为大床间,该类型客房适合夫妻客人,也适合商务客人。目前,高星级酒店出现的商务客房就是以配备双人床并增设先进办公通信设备为特色。

房内配备两张单人床的客房称为标准间。该类型客房在酒店中所占比重较大,灵活性也较强,受团体客人的欢迎。

(3)三人间:三人间客房内设有三张床,可同时入住3个人。这一类型的客房属于经济房,高星级酒店设置较少,甚至不设。

2. 套间

套间由两间或两间以上的房间(内有卫生间和其他附属设施)组成。

(1)普通套间:又称为标准套间、双套间。一般由连通的两个房间组成,其中一间是会客室,用于会客、办公;另一间是卧室,卧室内设两张单人床或一张双人床。

(2)连通套间:又称为组合套房。这是由两个独立的房间构成的,可以满足不同顾客的需求。这是一种根据需要专门设计的房间,每个房间都有卫生间。

(3)豪华套间:该类型客房内部装饰华丽高雅,家居用品高档舒适,设施设备齐全。此类型套间可以是双套间,也可以是由三至五间或更多房间组成的多套间,房间有卧室、会客室、餐厅、办公室及厨房等。

(4)复式套间:由楼上、楼下两层组成,楼上为卧室,面积较小,楼下设有卫生间和会客室,室内可以配设活动沙发,同时可以拉开当床。

(5)总统套间:通常由5间以上的房间构成,多者达20间。套间内总统卧室和夫人卧室分开,男女卫生间分开,设有客厅、书房、会议室、随员室、警卫室、餐厅厨房设施等,有的还有室内花园。房间内部装饰布置极为讲究,设备用品富丽豪华。一般四星级以上酒店才设置。总统套间并非总统才能入住,其设置代表着酒店已具备接待总统的条件和档次,因房价昂贵,出租率很低。

酒店客房根据等级档次及规格可划分为经济间、标准间、豪华间、高级套房、总统套房等。

(二)根据客房所处的位置分类

1. 外景房

外景房指窗户朝向公园、大海、山河等景观的客房。比如:部分酒店会根据其所处的地理位置推出海景房、山景房、江景房等。

2. 内景房

内景房指窗户朝向饭店内庭院的客房。

3. 角房

角房指位于走廊过道尽头的客房。

（三）特色客房

特色客房指根据本酒店实际情况、本地综合资源及不断发展变化的客人需求而特别设计和布置的客房。它可以是单间，也可以是套间，或是整个楼层。

1. 无烟客房

无烟客房专供非吸烟宾客入住。无烟客房要注意选用不吸烟味或烟味附着力低的材料；在实际运营中要求入住宾客不能在房间里吸烟，房间设置明显的无烟标志，进入客房的工作人员、服务人员及其他宾客均不能在房间吸烟；在洗涤房间用品时要与其他可吸烟房间的用品分开。

2. 女性客房

这是专为对生活习惯有特殊或较高要求的女士提供的。女性客房更加重视安全和健康，对服务质量要求高。女性客房在色彩的选择、服务用品的配备、设施设备的配置等方面均有明显的差异化需求特征。比如，客房内配置大号浴巾、丝绸衣架、女性杂志等，设有专用的化妆间、化妆设施和用具等，增加抱枕、抱垫、瑜伽健身毯等用品。

3. 无障碍客房

无障碍客房是一种专供残疾宾客使用的客房，一般设置有残疾人专用进出口、残疾人专用厕位等。设置残疾人客房是酒店人文精神的体现，五星级酒店必须配备无障碍客房。无障碍客房也可以采用连通房的形式，如与相邻客房连通，便于陪护。为方便顾客入住，无障碍客房一般采取就近原则，设置在客梯旁边。无障碍客房应规范要求设置残疾人专用轮椅通（坡）道，轿厢内安装扶手，方便残疾人使用的按钮要低些的兼用电梯。客房内有较大面积残疾人卫生间，带扶手的坐便器和手持喷头的淋浴等专用装置等。

4. 智能型客房

随着酒店智能化发展，各种智能设备被引入客房，消费者可以根据自己的意愿，通过多种控制方式（语音控制、触屏控制、手机控制、面板控制、远程控制）对房间内电视、电话、窗帘、灯光、空调等设备进行操控，实现全屋联动，从而升级消费者客房体验。例如，房内的空调、照明和电视音响装置。酒店的灯光控制系统，无论到客房何处，附近的灯会渐渐亮起来，待你走远时，灯就会自行熄灭，房间里的照明系统自身即可将人引导到想要去的地方，让消费者真正成为房间的主人。

四、数字化客房与服务

（一）数字化客房的理解

所谓数字化客房，指酒店客房大规模应用先进的信息化技术、智能化手段、智慧化服务，使客人能够在客房内实现电视收看、视频点播、电脑网络使用、信息咨询查看、请求服务互动、房间设施控制、酒店介绍查看等功能，并能根据顾客的需求提供个性化、人性化服务，增强顾客的体验感与满意度，不断改进与提高客房自身服务质量与管理水平，有效促进成本的节约及效率的提高。数字化客房是酒店信息化、智能化建设的重要呈现。目前，越来越多的酒店推出了数字化客房，加深并探讨了数字化与酒店客房融合发展的应用实践。

（二）数字化客房的功能呈现

酒店数字客房系统由客房中的智能网络电视和后台的软件平台及服务器群组成，可以通过酒店的运营管理系统与客房的空调、门锁、窗帘等自动控制装置集成，形成一个完整的智能化酒店网络系统，为客人提供舒适而富有未来感的环境体验。

智能管理系统可提供多种客房服务模式供顾客选择，以满足顾客的差异化需求，比如日用模式、夜用模式、游戏模式、会议模式、接待模式等。不同服务模式将在客房灯光、音乐、设备工作状态等客房环境方面表现出一定的差异，为顾客提供更加贴心的优质服务。

客房智能安全保障系统随着顾客打开房门时自动启动，顾客可通过智能手机、可穿戴设备等与该系统相连，设置客房的温度、灯光等，实时获取客房的状态信息。若客房出现异常情况，智能安全保障系统会自动向顾客及酒店工作人员发送报告，有效防范并应对安全事故。

（三）客房的数字化服务

利用酒店客房控制系统，酒店可以实时获取客房状态、服务情况、设备设施情况、顾客需求等信息，更高效精准地管控客房资源，提升顾客的入住体验，实现酒店客房服务的数字化。比如，数字化客房可以实现客人与酒店客房之间的交互。客人入住之后，通过自己的智能手机可以对房间内各种设备进行控制，按照个人需求与偏好调节房间里的环境，包括灯光、温度、湿度、各类电器设备等。又比如，数字化客房通过人工智能技术可提前感知客人需求，进行服务升级，提升客人的住宿体验。客房内部配备智能淋浴系统、声控系统、智能相框等丰富的智能设备，除了能对客房内的环境进行交互调节，还能够自由选择装饰物品，根据顾客的需求提供针对性的服务，提升顾客的入住体验。

▶ 知识延伸

客房管理的发展趋势

客房服务社会化：为了降低成本，不少酒店开始将其客房清洁卫生工作交给专业清洁公司或家政公司。但这种方式将局限于很多中低档或经济型酒店。为了确保为客人提供高品质的服务，高档酒店通常不会采用这种模式。

客房管理智能化：众多客房智能化控制系统的供应商均能够提供让更多消费者参与并控制房内功能的技术解决方案，客房环境控制包括控温器、电视、电话、高速网络、远程控制、迷你吧和客房锁。

客房管理中将更加注重客人的人身安全和健康问题：如今，旅游者越来越注重自身的安全与健康。因此，客房服务和管理应充分考虑客人的这一需求，采取各种有效的措施和手段，防止恐怖活动、各类犯罪分子、艾滋病以及各种传染病等对客人的袭击，确保客人在酒店住宿期间的安全与健康。现在，越来越多的酒店在其大堂通往客房楼层的电梯中安装房卡感应装置，无房卡人士上不了楼层，从而为客房楼层增加了一道安全保护屏障。

资料来源：刘伟，《酒店管理概论》，北京：高等教育出版社，2021年，经整理

任务测评

▶ 案例解析

上海佘山世茂洲际酒店

由世茂集团开发建造、洲际酒店集团管理的上海佘山世茂洲际酒店坐落于上海市西南郊,建筑格局为地上2层、地平面下15层(其中水面以下两层),总建筑面积超过61087平方米,成为人类建筑设计理念的革命性创举,也为人居环境营造理念带来颠覆性的突破,是人与自然和谐相处的典范。

酒店主体建筑主要分为三部分:地上部分、坑下至水面部分、水下部分。其中,坑下至水面部分以建筑主楼为主,水下部分是酒店的特色客房区和特色水下餐厅。地面2层,坑下至水下共15层。

大堂以"地心奇遇"为主题,墙面立体,呈古铜色,与矿坑岩层相呼应。从大堂舒适的休息区,即可望见外围的景观。大堂中心有动态水幕,倾泻而下的水幕,不断变换形态,异常美丽。

酒店共拥有336间客房和套房,所有客房均设有观景露台,宾客可坐享其间欣赏峭壁瀑布美景。酒店归纳出三大类户型平面布置,结合地质岩层中含铁、赤铁矿、碳酸钙的石头颜色,设计出了红、蓝、灰蓝三种客房内饰设计。

客房装饰风格以崖壁、瀑布和山丘为设计灵感,巧妙地呈现出一场极具现代美感的视觉盛宴。客房类型包括绿松石主题客房和红色工业风格主题双床房,每间客房都可饱览坑壁景致,部分还可看到瀑布飞流而下的壮观景色。

水面层共6间复式套房,其上面一层是观水面以上的景观,下面一层可观水下景观,水上层还有一个步出式的小花园、小阳台。此外,还有两套完全在水底。

别致的水下复式套房更是融合令人惊叹的双重体验:首层设有接近深坑水面的户外露台和卧室;而起居室则位于水面以下,采用先进的水族馆设计技术,宾客可以尽享水下鱼儿悠游带来的独特感官体验。此外,位于坑底水面之上的洲际行政俱乐部特别为行政楼层的客人而设,让宾客享受一系列专属礼遇。

案例诊断:上海佘山世茂洲际酒店的客房特色及亮点表现在哪些方面?

案例对管理者的启示:

▶ 实操训练

表 2-3-3 学生任务单

组号		总分			
目标	选择一个校企合作的酒店,由教师带领参观酒店客房部,酒店员工进行现场讲解,从感官上加强对酒店客房部的认识,并在课堂上分享交流,时间控制在3分钟内。分享内容可以包括客房部的机构设置,客房产品类型及特点及参观后整体的感受体会。				
考核标准	分数占比	小组自评（20%）	小组互评（20%）	教师评分（60%）	总分
内容完整清晰,包括客房部的机构设置,客房产品类型及特点	60%				
数据准确,语言简洁流畅,叙述清楚明了、有逻辑,有自己的感受和体会	30%				
合理使用图片、表格等表现工具	10%				

▶ 随堂测练

课程名称	酒店管理与数字化运营概论	专业	
学习任务	项目二 熟悉酒店主要对客部门	班级	
学习内容	任务三 客房服务与数字化运营	姓名	

码上刷题

1. 简述客房部在酒店中的地位。

2. 客房产品的基本类型有哪些？

3. 谈谈客房的数字化服务。

项目三

掌握酒店日常运营工作

项目导读

运营是酒店管理的重点。本项目主要涉及酒店组织与制度管理、酒店战略管理、酒店服务质量管理、酒店人力资源管理以及酒店收益管理，为酒店健康运营提供理论、原理与方法的指导。

导图领航

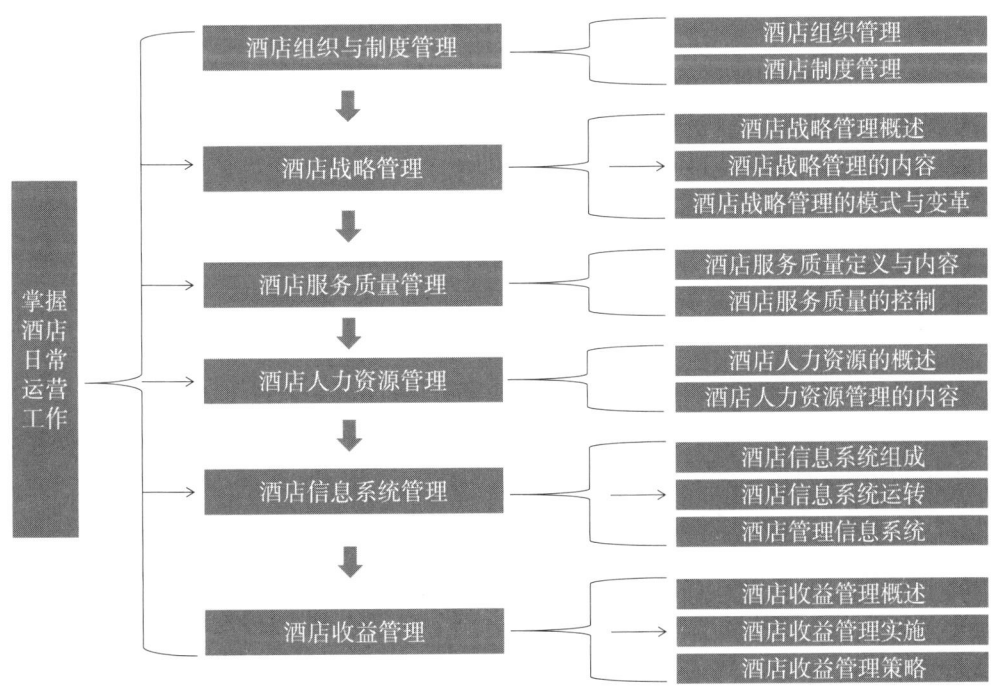

学习目标

▶ 知识教学目标

1. 了解酒店组织管理的概况以及掌握酒店组织结构的基本形式；
2. 了解酒店制度管理的概况以及熟悉酒店组织制度的基本类型；
3. 熟悉酒店战略管理的模式；
4. 掌握酒店服务质量的内容以及提高酒店服务质量的方法和途径；
5. 掌握酒店人力资源管理中酒店员工招聘、培训和激励三个方面的内容；
6. 熟悉常见的酒店管理信息系统；
7. 了解酒店收益管理的基本要素。

▶ 技能培训目标

1. 能通过实例对酒店的组织结构和制度进行分析；
2. 能初步用外部环境分析方法和内部条件分析方法对酒店进行战略管理分析；
3. 能通过有效的方法和途径提高酒店服务质量；
4. 能适当运用人力资源管理的有效方法来保证团队的稳定、提高员工的积极性和企业的凝聚力；
5. 能简单操作常见的酒店管理信息系统，如西软；
6. 能简单计算酒店收益管理的衡量指标。

▶ 综合素质目标

1. 培养学生独立工作、团结协作和组织领导能力；
2. 培养学生规范意识、职业素养、岗位责任和工作任务意识；
3. 培养学生市场分析与预测能力，以及战略规划与执行能力；
4. 培养学生服务质量意识及沟通协调能力；
5. 培养学生战略思考与人生规划能力；
6. 培养学生信息系统理解与操作能力；
7. 培养学生数据分析与决策能力，以及提升学生成本控制与盈利能力。

任务一　酒店组织与制度管理

育才剧场

第十四届全运会和残特奥会指定接待酒店签约

2020年12月29日,第十四届全运会和残特奥会指定接待酒店签约暨授牌活动在西安举行。第十四届全运会组委会、残特奥会组委会相关负责人与12家指定接待酒店代表现场签约,并给指定接待酒店代表授牌。

接待工作是大型综合性运动会筹办工作的重要环节,是展示陕西人文明好客的重要窗口。第十四届全运会和残特奥会组委会与指定接待酒店签约,标志着第十四届全运会和残特奥会接待工作进入新阶段。

陕西省旅游住宿业协会会长、西安古都文化大酒店总经理周勇作为第十四届全运会和残特奥会指定接待酒店代表发言。他说:"签约授牌意味着信任,意味着期待,也意味着责任。我们有能力、有担当、有信心圆满完成各项接待任务,提供更安全、更优质的服务,肩负起展示陕西风采、传播陕西文化、讲好陕西故事的责任。"

据了解,当天与组委会签约的12家酒店是第一批第十四届全运会和残特奥会指定接待酒店。其中包括陕西宾馆、西安君乐城堡酒店、西安天域凯莱大饭店、西安曲江国际饭店、西安西藏大厦开元名都大酒店、爵乐府大酒店、西安建国饭店、西安锦江国际酒店、西安古都文化大酒店、西安广成大酒店、西安华海酒店、西安天骊君廷大酒店。

资料来源:《陕西日报》,2020-12-30

分析

酒店是城市的"宣传名片",是展示城市文明和城市形象的"窗口"。做好接待服务工作既是酒店本身品质服务要求,也是酒店社会功能的综合体现,更是酒店的责任与担当。因此,酒店需要加强组织领导与管理,不断提高硬件水平及接待能力,提升酒店整体形象及服务水平,做好城市形象气质及文化内涵的"传播使者"。

任务引导

表 3-1-1　学生任务单

组号		完成时间	5~8 分钟
工具	大白纸（二等分）、马克笔、磁力扣		
目标	分小组讨论，写出对"酒店组织部门"的了解：酒店的组织部门一般有哪些？		
要求	1. 每组在大白纸上写下对"酒店组织部门"的了解；		
	2. 写出酒店组织部门名称；		
	3. 分业务部门和职能部门两大类梳理，每类至少写出 3 个，越多越好；		
	4. 把所有团队的大白纸粘贴在黑板上或墙壁上；		
	5. 随机请 2 个团队代表上台分享，并简单阐述每个部门的主要任务；		
	6. 获得大家对于"酒店组织部门"的了解。		

表 3-1-2　学生任务分配表

班级		组号		指导老师	
组长（学号）					
组员	姓名（学号）		任务分工		

任务学习

组织指一个群体（两个以上的人）为了实现既定的目标，由分工与合作、不同层次的权力与责任制度构成的集合系统。组织具有综合效应，这种综合效应是组织中成员共同作用的结果。组织管理就是合理组织及协调各种资源，建立组织结构，明确责权关系，形成管理体制，从而有效实现组织目标的过程。

在线微课

一、酒店组织管理

（一）酒店组织管理概述

酒店组织管理指酒店为实现其经营目标，建立组织结构，合理分配人员，明确职责和权力，协调组织各种关系的活动过程。

酒店组织管理的内容主要包括：
（1）建立一套与酒店组织目标及发展相适应的组织机构；
（2）合理选择与酒店内各职务相匹配的人员；
（3）建立组织内各部门间沟通渠道及协调方式；
（4）制定相关规章制度和管理制度；
（5）动态调整组织结构形式。

（二）酒店组织设计的基本原则

酒店组织设计是对酒店的组织结构及组织活动进行构思、规划及预先安排的活动过程，为保证组织有序、高效地运行，酒店组织设计时需合理配置组织资源，科学协调组织成员间责、权、利三者关系。

1. 精简高效与权责对等原则

精简高效指酒店企业要精简机构，提高效率，以最合适的机构设置及最合理的人员安排保证工作任务的高效完成，确保组织中"人人有事做，事事有人做"，最大限度地发挥人、财、物等资源效力，提高组织的整体运行效率。

职权和职责是组织管理中的两个基本要素。组织中需要明确各部门及各岗位人员的工作任务及职责要求，规定完成相应的工作任务需要配备的工作权力，确保责权对等。

2. 统一指挥与分级管理原则

酒店组织是一个完整统一的系统。同一系统就要求有统一的指挥和集中的管理，从而确保组织的高效、有序运行。组织设计中，统一指挥使组织上下级之间形成一条连续不断的等级链，反映上下级的权力、责任和沟通渠道，任何下级只能有一个直接上级领导，任何上级都不允许越级指挥。

为保证集中统一领导和管理，酒店企业还必须实行分级管理，建立多层次的管理组织机构，自上而下地逐级授予下级行政领导适当的管理权力，并承担相应的责任。

3. 管理跨度适度原则

管理跨度又称管理幅度，指一名上级管理者直接、有效地管理下级人员的数量。受人的知识、能力、精力的限制，一名管理者能有效领导下级的人数是有限的，所以要合理、适度地确定管理跨度。影响管理跨度的主要因素有：管理者与被管理者的能力及素质情况，工作内容要求，组织内部信息沟通效率，企业环境变化等。

在酒店企业组织中，管理跨度与组织层次成反比例关系，即：当组织规模一定时，管理者直接领导的下属人数增加，则管理跨度越大，组织层次越少；反之亦然。

4. 专业化与分工协调原则

酒店组织运行中，要考虑专业化原则，将企业的任务和目标层层分解并落实到各个部门和员工，按工作任务的性质实施专业化分工，以期使工作不断精进，从而达到提高效率的目标。然而，酒店组织整体效能的发挥需要各部门、各层级及各岗位之间工作的协调配合，这就要求组织充分考虑劳动分工与协调的问题。

一般来说，酒店企业规模越大，专业化要求程度越高，分工就越细致。在组织职能的运作过程中，由细致分工所带来的协调问题，可以通过贯彻责权对等原则，建立纵向及横向沟通渠道，规范各项职能业务，将各协作主体的具体责任以职责的形式加以明确，建立规范化的制度保障等方式来解决。

5. 稳定性与适应性相结合原则

稳定性指酒店企业组织架构建立实施后，在组织有效活动的开展过程中，组织成员逐渐接受并适应这一组织结构，企业成员对各自的工作职责逐渐有清晰而明确的认识，对工作任务越来越熟悉，其工作效率越来越高，这时组织结构能逐渐达到并维持一种相对稳定的状态。长期稳定运行的组织架构能凝聚企业发展力，提升企业管理水平，对员工情绪的稳定及组织高效运转有积极促进作用。

然而，组织是一个开放的、动态调整的系统。组织运行要与企业所处的环境相适应。当企业外部环境发生变化时，组织结构需要自我调整、自我变革，组织结构只有不断适应社会发展和市场变化，在企业自身发展过程中不断成长、不断完善，才能充满活力。

（三）酒店组织结构的基本形式

组织结构是组织活动的载体。酒店因所处的环境、目标不同，其组织结构形式和特点也不一样。常见的酒店组织结构基本形式如下：

1. 直线制组织结构

直线制组织结构是按照直线垂直领导的方式，依据指挥的统一性原则建立起来的组织形式（如图3-1-1）。该组织形式的特点是层级分明，垂直领导，总经理为酒店管理的核心，命令与信息的传递从酒店的最高层逐层逐级垂直下达至最底层，一般不能越级指挥。直线制组织结构能适应酒店发展初级阶段的需要，适合组织规模小、业务较单一、客源范围小、无须按职能实行专业化管理的酒店企业。

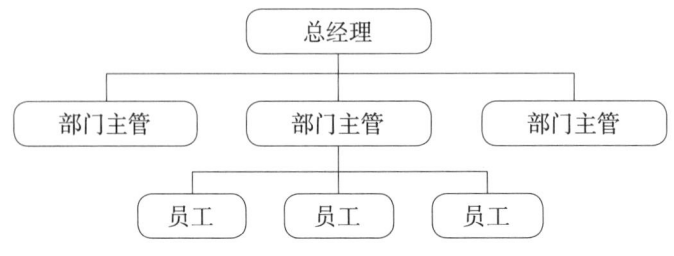

图 3-1-1　直线制组织结构

2. 直线职能制组织结构

直线职能制组织结构是我国大多数酒店采用的组织形式（如图3-1-2）。其特点是把酒店所有的部门分为两大类：业务部门和职能部门。业务部门的设置坚持指挥统一性原则，部门管理者对职责范围内的业务有决定权，对直接下属有指挥命令权；职能部门是总经理的参谋机构，对业务部门提供建议和相关管理职能的业务指导，没有直接指挥命令权。

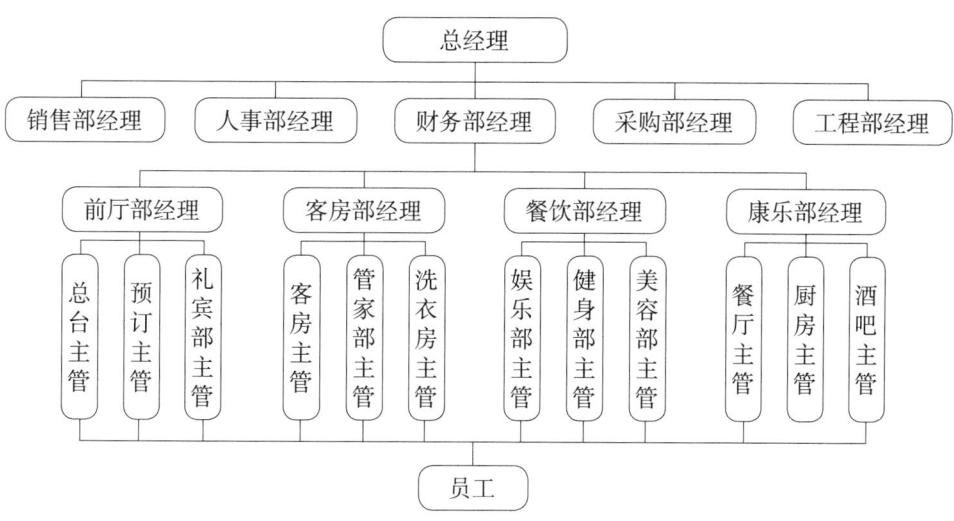

图 3-1-2 直线职能制组织结构

3. 事业部制组织结构

事业部制组织结构,又称为部门化组织形式,是一种实行集中决策、分散经营的分权组织结构。其特点是在酒店总经理统一领导下,把酒店各经营部门划分成若干相对独立的经营单位,授予相应的权力,独立从事经营活动(如图 3-1-3)。事业部制组织结构能面向市场,提高酒店经营管理效率,能增强酒店的应变能力,一般适用于大型酒店或饭店集团。

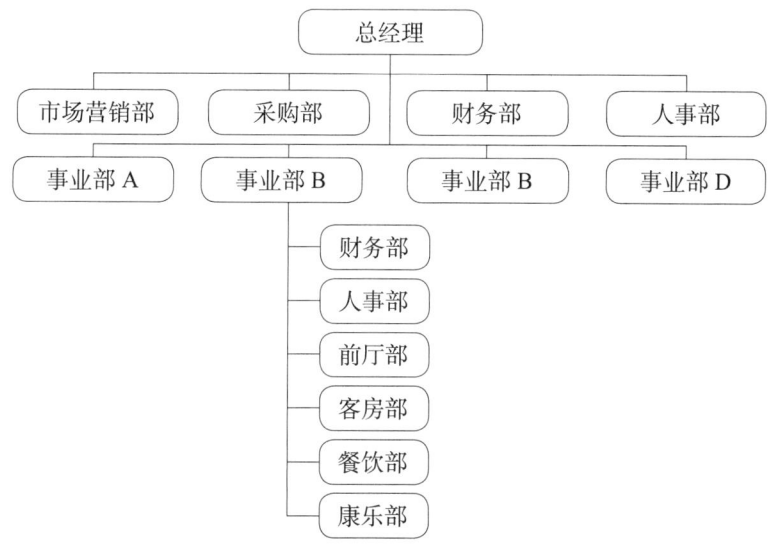

图 3-1-3 事业部制组织结构

4. 矩阵制组织结构

矩阵制组织结构是在原有的直线指挥与职能部门组成的纵向垂直领导体系的基础上,增设横向领导系统,两者相结合形成一个二维矩阵结构(如图 3-1-4)。目前,酒店采用矩阵制组织结构的主要是一些酒店集团公司或输出管理的大型酒店。矩阵制组织结构的缺点是存在两头领导的情况，不利于任务接受者高效地完成任务，需要均衡项目小组的指挥领导权。

	部门1	部门2	部门3
任务小组1			
任务小组2			
任务小组3			

（总经理）

图3-1-4　矩阵制组织结构

知识延伸

酒店组织管理层级

酒店组织管理层次一般呈金字塔形式，从塔底到塔顶，由宽到窄，可分为四个层级。

1. 操作层

这一层级指酒店的一线服务人员，如迎宾员、厨师、服务员等。一线服务人员需明确自己的职责范围、服务程序、服务质量标准和应具备的服务技能及理论知识，接收部门指令为顾客提供标准化、规范化的服务。

2. 督导层

督导层由酒店中担任基层管理岗位的员工组成，如主管、领班、值班长等。其主要职责是执行部门下达的工作计划，监督服务员的服务工作，随时检查其服务是否符合酒店的服务质量标准，为酒店经营管理活动的正常进行做好基层保障工作。督导层员工是服务员的榜样，是服务现场的组织者和指挥者。

3. 管理层

管理层主要包括各部门经理、经理助理、行政总厨、厨师长等，一般由酒店中层管理人员担任。在酒店中起着承上启下的作用，是完成酒店经营目标的直接责任承担者。按照决策层制定的经营管理方针，管理层做好本部门人员的工作分工、领导、指挥和监督工作。酒店管理层中，部门经理不仅要有组织管理能力、经营能力、培训能力，熟悉掌握部门的服务标准、服务程序，同时还要有实际工作经验并具有一定的服务技能。

4. 决策层

决策层是由酒店高层管理人员组成，如总经理、副总经理和总经理助理等。他们是从企业发展战略的角度出发，主要负责制订企业的经营方针，确定和寻找酒店的客源市场和发展目标。

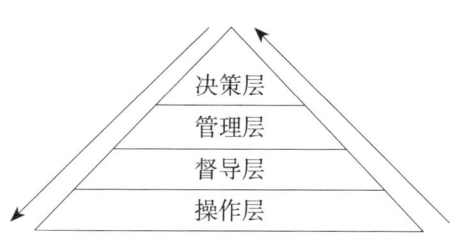

图 3-1-5　金字塔式组织管理层级

资料来源：刘飞龙，《酒店管理概论》，桂林：广西师范大学出版社，2015 年，经整理

二、酒店制度管理

（一）酒店制度管理概述

酒店制度管理是酒店从经营实际出发，通过制度的制定和实施来有效控制酒店业务经营活动的一种管理手段与方法。酒店依据国家的法律、法令、条例和规章等，对酒店管理中具有相对稳定和一定规律的管理事项，以条文规章的形式确定下来，从而确保酒店经营管理活动的正常进行及组织目标的实现。酒店制度是组织有效运行的基本保障，是全体员工的行为准则。酒店制度管理需要注意以下四个方面的问题。

（1）制度的科学性：酒店的制度需要从酒店经营管理的客观规律出发，考虑酒店经营管理的需要及全体员工的共同利益，遵循客观依据和法律依据来制定。

（2）制度的规范性：制度需要对全体员工起到规范作用，要注意制度条文的明确性及具体性，内容的完整性及可操作性。

（3）制度的严肃性：制度是由正式组织明文规定的，具有权威性和强制性。制度面前人人平等，制度的制定、执行、实施过程均有严格的程序及严谨的态度，任何人都不能凌驾于制度之上，组织全体人员均需遵守制度。

（4）制度管理的灵活性：酒店业务具有随机性的特点，在接待服务顾客的过程中，有时不能一味地按制度处理，需要有人文情怀，以人为本，以顾客满意为宗旨。对待员工时，也需要注意批评与处罚的艺术，将执行制度和解决员工的实际问题相结合。

（二）酒店组织制度的基本类型

1. 总经理负责制

总经理负责制是目前酒店管理中普遍实行的一种领导制度，是酒店内部实行的最高管理组织形式。这一制度建立了以总经理为首的经营管理系统，总经理既是酒店经营管理的负责人，也是酒店的法人代表。总经理根据上级主管部门或股东（职工代表）代表大会的决策，全面负责酒店的经营和业务，对酒店的发展负有全面的责任。

2. 经济责任制

酒店经济责任制是酒店各部门以酒店经营的双重效益为目标，对自身的经营业务活动负责，实行责、权、利结合，与国家、酒店、个人的利益相统一，目标相一致，并以合同的形式把酒店的经济责任固定下来的一种经营管理制度。酒店经济责任制包括酒店对国家的经济责任制和酒店内部的经济责任制。酒店对国家的经济责任包括：依据国家有关政策、法律和规定，开展经营活动，以正当的经营手段获取经济效益，依法依章上缴税金；根据市场需要发挥自身的功能及作用，满足宾客需求。酒店内部的经济责任指酒店将经营目标逐层逐级分解、落实到具体部门、班组及个人，并确定各自应承担的经济责任，以责为中心，责、权、利相结合。

3. 岗位责任制

岗位责任制是将酒店所有的指标和任务最终得以落实的制度保障。岗位责任制以岗位为单位，具体规定了每个岗位及该岗位人员的职责、工作内容及范围、作业标准及权限、工作量等的责任制度。酒店岗位责任制是一个完整的体系，具体表现为：

（1）总经理责任制；

（2）各部门主管和技术人员的岗位责任制；

（3）各生产、服务人员的岗位责任制。

4. 员工手册

员工手册是酒店的"基本法"，规定了全酒店员工共同拥有的权利义务，以及共同遵守的行为规范，它是酒店运用最广泛的制度条文。员工手册的制定依据主要有我国政府有关的人事劳动法规、酒店工作的特点、国际酒店业的惯例等。

5. 工作制度

工作制度指酒店各部门各岗位的服务规范、工作程序及操作规范等，主要包括质量检查制度、财务制度、经济核算制度、领料制度、考勤制度、组织运转制度、服务岗位服务规范等。

（三）酒店制度实施的组织保障

1. 加强观念教育，树立制度意识

制度实施需要员工自觉遵守、自觉规范行为，酒店应加强员工的自主意识，将制度的强制执行变为员工的主动适应。酒店应坚持不懈地对所有员工进行法纪、制度观念的教育，通过各种形式向员工灌输和培养制度意识，从思想上加强员工对法纪、制度观念的全面深刻认识。

2. 营造优秀企业文化，塑造员工行为

酒店企业文化为员工行为的塑造提供了沃土。酒店员工在优秀企业文化环境氛围的熏陶下，其行为不断受到优化和激励，受到非正式组织中群体行为的影响，逐渐向组织中自觉执行制度的行为靠拢，形成良好的价值观念和行为准则。

3. 实行严格考核，形成反馈结论

监督、检查、考核是保证制度实施的重要组织手段。考核是对制度实施情况的检查与反馈。考核必须公平、公正，依据规章制度严肃认真地对待每一个人和每一件事。对考核结果应形成反馈结论，一方面，根据结论实施奖惩，对好的行为予以鼓励；另一方面，通过结论发现组织与制度管理中存在的问题，提出有针对性的措施并加以解决。

任务测评

案例解析

激发组织活力，强化品牌战力——东呈集团启动组织变革升级

2022年，东呈集团开始在全集团推动系统的组织变革升级，从内部点燃东呈这个中国位列前五的连锁酒店集团的发展新引擎，加速朝着"品牌化经营、平台化赋能、区域化发展"的全新组织形态和强矩阵化管理运作模式迈进。

1. 释放品牌战力

东呈将建立起"品牌化经营，平台化赋能，区域化发展"的全新集团化组织形态，强力打造四大品牌事业群、三大赋能平台、八大战区。这次组织升级是从变革组织、激发活力、推动发展三个基准维度进行发力，让全新组织架构更好承载东呈的战略规划，全面持续的激发组织活力，培养更多的复合型经营人才和专业人才。在品牌化经营的组织理念下，东呈正在对子品牌业务进行完整彻底的"事业部制"改造升级，明确每一个品牌事业群都是战略方向明确、责权利清晰匹配的独立经营责任主体，承担各品牌业务发展扩张的重任，负责所属品牌的全生命周期管理和全价值链系统能力打造。

2. 激发组织自驱

"打造品牌化经营的组织，就是要从过去依赖管理手段推动转变为组织自驱。"程新华强调，在新的品牌事业群组织下，东呈将开始重新创业，以三大新产品发布为起点，在核心业务领域和重要市场打出标杆，强化品牌与产品的影响力。当每一个品牌经营责任主体都有明确的定位和发展目标，获得清晰的授权与完善的工作机制，就如同利箭换弓上重弦。东呈集团提出，要用三年的时间，把旗下城市便捷、宜尚、怡程、柏曼等核心品牌打造培育成为行业强势品牌。

3. 强化平台赋能

这次组织变革升级的另一个重点是平台化赋能，在集团总部的层面上重点培养建设赋能平台。程新华将总部平台与职能部门定义为是服务一线、服务事业群的组织："总部搭建赋能平台，对一线有力支持；总部是服务'打粮食'的，'打粮食'的服务客户，一定要形成这种观点。"

全要素综合赋能的能力将成为未来新一代酒管公司的核心能力。打造平台化赋能的组织，就是要从垂直管控思维转向平台赋能思维，进一步夯实东呈全要素综合赋能的集团优势，同时也培育新的赋能能力。东呈计划将过去16年发展形成的酒管能力进行整合升级，构建以产品研发为赋能核心的产品创新平台，以筹建和运营物资供应为赋能核心的供应链平台，以中央营销输客为赋能核心的东呈会平台。

4. 拓展区域经营

进一步从区域深耕走向全国布局，将全国市场按地域划分为八大战区，是此

次组织变革升级的第三个重点。据刘军介绍，区域内实行两轮驱动的组织架构，发展事业群推动属地区域内项目的开发与营建，品牌事业群主导属地区域内品牌的落地与运营，两轮驱动共同构成东呈从开发、设计、营建到运营、服务的全链条价值实现。作为连锁酒店的基本单元，东呈分布在全国的酒店生长出东呈"以客为尊"服务的繁枝茂叶。东呈要把精锐力量投放到一线、投放到基层，回归门店，把一个个门店营建好，把一家家门店运营好，打造全链条价值服务的属地优势，更好地服务消费者和投资人。

5. 英才俊杰的舞台

据介绍，东呈正在设置更为合理的职业发展体系和能力成长路径，保证员工沿着不同的路径获得发展，同时优化薪酬与业绩评价体系，为优质员工提供激励性的福利。全新的组织形态和机制保障，如同打响了东呈人才"万马奔腾"的发令枪。同时，这次组织优化变革开辟了更多的经营主体，带来了更多责权利的下沉，新的变革必然让更多优秀员工进入经营场景，走上管理岗位，培养出新一批综合型经营人才。这些新干部将逐步成长为东呈未来的经营管理者，为东呈的远期发展提供长久支持。

程新华一贯认为：要真正让组织体系，成为东呈战略落地生根的关键；要真正让组织体系，成为员工对东呈企业文化和价值观认同的关键；要真正让组织体系，成为东呈吸引人才、留住人才的关键。

案例诊断：如何理解东呈的全新集团化组织形态？

案例对管理者的启示：

▶ 实操训练

表 3-1-3　学生任务单

组号		总分	
目标	以小组为单位,选择 1 家知名酒店或特色酒店(或社会餐饮行业),通过查询资料或实地走访,了解其组织结构形式、相关管理制度,并说明制度的实施情况,并在课堂上分享交流,时间控制在 3 分钟内。		

考核标准	分数占比	小组自评(20%)	小组互评(20%)	教师评分(60%)	总分
内容完整清晰,包括组织结构形式(用图表示出来)、相关管理制度	60%				
数据准确,语言简洁流畅,叙述清楚明了、有逻辑,有自己的感受和体会	30%				
合理使用图片、表格等表现工具	10%				

▶ 随堂测练

课程名称	酒店管理与数字化运营概论	专业	
学习任务	项目三　掌握酒店日常运营工作	班级	
学习内容	任务一　酒店组织与制度管理	姓名	

码上刷题

1. 酒店组织结构形式有哪些?分别具有怎样的特点?

2. 酒店组织制度的基本类型有哪些?

任务二　酒店战略管理

育才剧场

深度剖析酒店"航母"时代新战略

作为锦江国际集团"深耕国内、全球布局、跨国经营"的全球品牌战略重要布局，锦江酒店（中国区）自2020年5月成立以来，依托锦江国际集团一中心三平台——锦江全球创新中心GIC、锦江全球酒店互联网平台WeHotel、锦江全球采购平台GPP、锦江全球财务共享平台FSSC的优势，实现了从资源匹配、管理优化到业务协同的充分融合与发展。

作为锦江的"创新大脑"，锦江GIC联合锦江酒店（中国区）已陆续推出9个自主创新酒店品牌，升级焕新5个存量品牌，并在在营2100间客房内分别植入了符合市场需求的9大主题体验模块。借助GIC的多重创新，锦江酒店（中国区）让消费者个性化、多样化、高品质的需求得以满足，也让酒店的运营效益不断提升。

作为赋能加盟商的重要一环，锦江GPP可为酒店投资人提供从筹建到运营全链条智能化、数字化、平台化的采购支持和一站式供应链服务。展会现场，锦江GPP首次揭开锦江优采空间的神秘面纱，这一位于锦江创新中心园区的4000㎡沉浸式酒店供应链展陈空间，将被打造成"365天永不落幕的酒店博览会"。

近年来，依托完善的企业商旅服务生态链，锦江酒店商旅积极与各类大中型企业签订战略合作协议，提供更丰富的商旅出行产品及多元化的服务内容，已累计服务超21万家企业客户，其中大型VIP专属商旅企业超6600家，获得了客户及行业的广泛认可，为锦江酒店（中国区）旗下酒店贡献优质商旅客源。

分析

"过去三年，酒旅行业历经磨难与煎熬。在这个过程中，有的企业倒下去了、有些企业挺过来，还有些企业逆势愈发坚韧强劲。三年平台与体系建设，锦江变得更强了。"业内人士在现场观看展会时直言，当行业重启之后，以锦江为代表的头部连锁企业的集团化优势更加凸显，2023年中国酒店业有望迎来连锁化发展的大爆发。

资料来源：迈点资讯，https://baijiahao.baidu.com/s?id=1764793285425655880，2023-05-02

任务引导

表 3-2-1　学生任务单

组号		完成时间	5～8分钟
工具	A4纸、笔		
目标	绘制"酒店战略层次"思维导图：通过分析酒店战略管理的三个层次，清晰地了解酒店到底是一个怎样的企业、应该如何发展以及如何应对竞争。		
要求	1.5～8人一组，分组领任务；		
	2.组长组织组员开会，集中在网络平台进行前期资源的学习，通过对酒店战略管理三个层次的相关视频资料的了解，再商讨具体任务的分配；		
	3.以思维导图的形式绘制酒店战略管理的三个层次，清晰地了解酒店战略管理的具体内容及其对酒店管理的重要意义。		

表 3-2-2　学生任务分配表

班级		组号		指导老师	
组长（学号）					
组员	姓名（学号）		任务分工		

任务学习

战略（Strategy）一词源于军事活动的术语，指军事统帅指导战争全局的谋略。在企业管理中正式使用这一概念则源于20世纪60年代出版的《企业战略论》一书。在20世纪70年代，美国企业管理者认识到外部环境对企业生存和发展的重要影响，开始把管理的重心从满足职能领域的有效管理转移到企业的战略管理。而酒店行业利用数字化技术、互联网平台改造和酒店品牌提升，实现酒店的数字化运营和管理。随着互联网的普及和科技的进步，越来越多的消费者习惯使用数字化工具来预订酒店、查找信息和评价酒店，因此酒店品牌的数字化战略管理已经成为行业的发展趋势。这是酒店行业应对数字化时代的挑战和机遇的重要举措，通过利用数字化技术和互联网平台，酒店可以提高运营效率、增加客户黏性和提升竞争力。

在线微课

一、酒店战略管理概述

（一）酒店战略管理的概念

酒店战略指酒店为了在市场竞争中保持或提高其竞争力，在对外部环境和内部条件分析的基础上，所确立的实现酒店使命目标的各种战略方案及经营策略的组合。其本质是对资源的整合和运用，使酒店获得并保持竞争优势，从而分析和揭示"酒店为什么能够获得回报"和"如何获得持续回报"的基本问题。

（二）酒店战略管理的主要特征

1. 全局性

酒店的经营战略是以企业的全局为对象，根据酒店总体发展的需要而制定的。它所规定的是酒店的总体行动，它所寻求的是酒店的总体效果。

2. 长远性

酒店的经营战略，既是酒店谋取长远发展要求的反映，又是酒店对未来较长时期（5年以上）内如何生存和发展的通盘筹划。

3. 抗争性

酒店经营战略是关于酒店在激烈的市场竞争中如何与竞争对手抗衡的行动方案，同时也是应对来自各方面的冲击、威胁、困难，迎接挑战的行动方案。

4. 纲领性

酒店战略规定的是酒店总体的长远的目标、发展方向和重点前进道路，以及所采取的基本行动方针、重大措施和基本步骤，都是原则性的、概括性的规定，具有行动纲领的意义。

5. 创新性

创新性是对稀缺资源的培育，可以通过积累优势，把握机会，构筑壁垒，抬高门槛，成为酒店业务领域的稀缺资源。

▶ 知识延伸

企业 5P 战略模型

加拿大麦吉尔大学教授亨利·明茨伯格（Henry Mintzberg）指出，人们在生产经营活动中不同的场合以不同的方式赋予企业战略不同的内涵，提出企业战略是计划（Plan）、策略（Ploy）、模式（Pattern）、定位（Position）和观念（Perspective），这便构成了企业战略的"5P"。

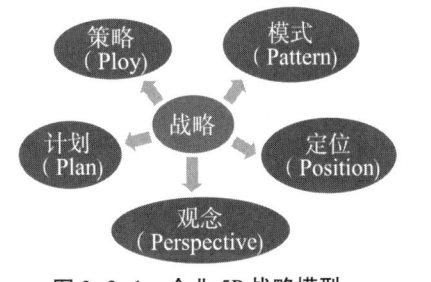

图 3-2-1　企业 5P 战略模型

资料来源：亨利·明茨伯格，《战略历程》，北京：机械工业出版社，2012 年

二、酒店战略管理的内容

战略是企业为了求得持续、稳定的发展，在预测和把握企业外部环境和内部条件变化的基础上，对企业发展的总体目标作出的谋划和根本对策。酒店基本战略主要包括以下四个方面的内容。

（一）战略方向

酒店的战略方向是指在酒店管理者经营思想的指导下所决定的企业的长远发展方向。它是酒店领导者对酒店未来的构思和设想。

（二）战略目标

酒店的战略目标是以一个或两个目标为主导的一组相互联系和相互制约的目标体系，其核心是以销售额和利润额为主导的战略目标体系。它要求酒店在高效率、低成本、不断扩大市场的基础上，以销售额保证利润额，实现两者的同步增长。因此，可以说酒店的战略目标是实现企业战略的一系列经济指标的总和。

（三）战略方针

酒店的战略方针就是围绕酒店战略目标实现所制定的行为规范和指导性的决策，通常是由酒店的最高领导者来制定的。它涉及酒店经营目的和方法、与顾客、员工合作的关系等。酒店会在不同的时期采取不同的战略方针，以适应酒店内部环境的变化。

（四）战略措施

酒店的战略措施指酒店为实现战略目标，在战略方针的指导下，就企业发展中的中短期的、局部的经营问题所采取的各种对策与措施的总称。战略措施是酒店基本战略措施的重要组成部分，是基本战略的具体体现和实际运用，是确保战略目标实现的有效手段。从这一意义上说酒店的战略措施是战略的具体化。

三、酒店战略管理的模式与变革

（一）酒店发展战略的基本模式

现代酒店在实施经营活动时，首先必须明确企业的发展战略，它是酒店发展的路径，也是酒店在复杂多变的环境中求得生存的保证。根据酒店战略行为的各自特点可以将发展战略则分为以下四种模式。

1. 发展型战略

发展型战略就是对企业经营范围从广度和深度上进行全面渗透和扩大的一种战略模式。具体来讲，有以下三种类型。

第一，市场渗透战略。它指的是酒店利用自己在市场上的优势，扩大经营业务，向纵深发展。在竞争中，把更多的顾客吸引到自己这里来，以提高市场占有率。

第二，产品发展战略。它指的是酒店通过增加经营品种、保证产品质量，以适应市场变化和消费者需要，不断扩大产品销售。

第三，市场开拓战略。它指的是酒店经营不断发展，而市场却受到很大的限制，因此，必须选择和发展新市场，如建立连锁经营网点、拓展经营渠道等。

2. 稳定型战略

稳定型战略又可具体分为稳定防御型战略和先稳定后发展型战略。所谓稳定防御型战略，指企业在现有经营条件下，采取以守为攻，以安全经营为宗旨，不冒大风险的一种战略。先稳定后发展型战略则先采取措施扭转内部劣势，伺机而动，在改善内部经营管理基础上再向外发展。

3. 紧缩型战略

紧缩型战略指酒店采取缩小经营规模，减少企业投入，以谋求摆脱困境的一种战略。酒店在经济不景气时期常采用这一战略。在实行紧缩措施的同时，应加强预测，对经营业务做出调整，积极做好迎接新的增长的准备工作。

4. 多元化战略

多元化战略指酒店利用现有资源和优势，向不同行业的其他业务发展的发展战略。这种战略具有东方不亮西方亮的特点，能够分散经营风险；把多向开发新产品和多个目标市场有机地结合起来，多方面地、长久地占领市场，提高企业的应变能力。这种战略的产生是市场扩大化和竞争复杂化的结果。但在给企业创造新机会和提高资源利用率的同时，也给企业带来很大的经营风险。

（二）数字化时代影响酒店战略选择的因素

我国正处于大数据发展的新时期，在数字化时代下，各行各业的发展都受到了一定的影响，消费模式以及经济发展模式发生了根本性的改变。数据对酒店战略决策影响重大，也给酒店管理层提出了更大的挑战。如何顺应大数据的发展，发挥大数据的优势，为酒店制定更优化的战略决策成为酒店管理的重中之重。

1. 酒店自身条件

酒店战略选择要根据其的资金、技术、人力、管理水平、经营业绩、竞争实力等因素，这些都会影响企业战略选择。

2. 市场环境

酒店要对市场的需求、竞争对手等因素进行分析和研究，才能决定采取的战略。

3. 政策环境

政策对酒店经营战略有着重要的影响，酒店要根据相关政策条例等制定有效的战略。

4. 管理水平

酒店管理水平会影响企业的战略选择，企业要根据自身的经营水平来调整战略。

5. 外部环境

酒店外部环境也会影响其战略选择，酒店要关注国际政治局势、经济形势、技术发展情况等因素，以便准确把握自身的战略方向。

另外，酒店战略选择还受到企业文化、现有资源、组织能力等因素的影响。企业文化决定着酒店的发展方向，现有资源决定酒店选择战略和步骤，而组织能力则是酒店实施战略的基础。

（三）基于数字化时代的酒店战略决策变革

1. 企业战略形式的变革

现阶段，经济在飞速发展，各项事物的变化日益明显，企业战略决策无疑也发生了根本性的变化。而在企业之间的竞争中，打价格战是最低级的对策，在数字化时代，酒店战略决策应聚焦于如何利用大数据所带来的优势，充分利用和掌握大数据的相关技术，为企业的战略决策提供依据，以此来使企业降本增效。随着时代的发展，企业战略形式不能再保守和自闭，只有不断地变革和创新，与时代发展的步伐保持同步，这样才能推动企业的发展，才能确保企业在市场竞争中占有一席之地。

2. 企业战略模式的变革

与企业传统战略管理模式相比，数字化时代的企业战略管理模式与其有着本质性的差别。在企业传统战略管理模式下，思维模式为正向推进，解决问题往往是遵循发现、分析、解决的思路。而到了数字化时代，企业战略模式即为逆向的思维，其顺序为整理收集数据，分析数据，找寻内在规律，提出方案。企业战略模式实现了思维模式的升级和飞跃，是战略层次的提升，是企业与时俱进的重要标志。

3. 企业战略思维的变革

企业在进行决策时，往往是依据企业管理层的经验所做出的判断，而这其中主观性较为强烈，客观性的分析严重不足。现阶段下，在数据的客观性存在，以及信息量不断增加的情况下，企业管理层的主观臆断仍旧存在。在数字化时代下，做出良好决策的根本，即为对大数据进行分析，凭借个人经验作出决策的时代已经一去不复返。大数据环境下，信息具有复杂性和多变性，而这些信息无一不对企业产生影响，而这就需要结合大数据技术，对信息数据进行全面、客观、科学的分析。转变战略思维模式，是企业制胜的关键。

4. 企业战略目的的变革

在数字化时代下，信息技术不断发展和升级，对于企业战略的制定，不能再局限于因果关系，而是要对事物之间的相互关系进行重点关注，寻找因果关系已经不具任何实质意义，但是解决问题，寻求事物之间关系成为企业发展的战略目的。企业战略目的的变革，是彻底颠覆传统思维定式，与世界进行交流沟通的重要方式。

在数字化时代下，酒店之间的竞争会愈演愈烈，同时国家之间的竞争也会在此领域中展开。所以，无论是对国家还是对企业而言，要与时代发展保持同步，不断去适应新环境，结合自身的特点不断开拓进取。对于酒店战略决策而言，要在分析大数据的基础上，不断地深挖其中的价值，不断分析大数据对企业战略决策的影响。伴随着大数据技术的不断革新，酒店要积极利用时代优势，积极应对发展中所遇到的难题，并给予相应的完善对策，为酒店的战略决策发展打下基础。

任务测评

▶ 案例解析

雅高集团的发展战略

雅高是一家法国酒店公司，起家于经济型酒店，在酒店行业里以善于资本运作和并购而闻名。这家总部位于巴黎的酒店品牌公司目前拥有超过52个品牌，涵盖从经济型到超豪华型的广泛的酒店品牌和资本运作业务。在2022年，由于品牌数量众多，雅高决定重组其两个部门的架构：分别是豪华与生活方式部门和高端、中档和经济型部门。在每个部门中，雅高都任命了首席执行官来领导每个品牌，并向雅高集团董事长兼首席执行官巴赞和集团副首席执行官兼高端、中档和经济部门首席执行官莫林汇报。

对于雅高这样善于资本运作的公司来说，它最近反而在并购方面一直很安静：在过去12个月里没有进行大规模收购。不是出于别的原因，而是出于其自身的战略。莫林说："我们现在拥有我们需要的一切，下一步是从我们过去10年所积累的东西中去获取收益，我们相信两个部门的架构是正确的组织方式。"目前来看，雅高已经做到了获得更多的利润，在2023年取得了创纪录的业绩，EBITDA超过10亿欧元。随着2024年欧洲各地的重大体育赛事，包括欧洲杯和巴黎奥运会，巴赞有充分的理由说："在接下来的12个月里，我们雅高真的很幸运。"

雅高是一家全球性公司，尽管其品牌有时候被视为区域性的。以高端、中档和经济型（PME）类别为例，从铂尔曼（Pullman）到瑞享（Mövenpick），从美居（Mercure）到Tribe，从宜必思（ibis）到HotelF1，绝大多数品牌都位于北美以外，横跨欧洲、亚太地区和南美。正是在PME领域，雅高看到了通过特许经营进行扩张的更多机会，而特许经营在美国以外的市场仍处于萌芽阶段。

莫林说："有些地方，比如美国，酒店业务非常成熟，每个人都在谈论特许经营，与此同时，在欧洲和亚太地区，仍然以委托管理为主，但这种情况正在发生变化。澳大利亚就是一个很好的例子，在那里，雅高逐渐达成越来越多的特许经营合作。通过特许经营进行扩张通常是希望更快地发展住宿公司的一种方法。"他提出，将在雅高PME品牌中增加特许经营，并将其称为"加速器"。

案例诊断：雅高集团不同的战略给其发展带来了怎样的影响？

案例对管理者的启示：

▶ 实操训练

表 3-2-3　学生任务单

组号		总分	
目标	以小组为单位,选择 1 家知名酒店或特色酒店(或社会餐饮行业),通过查询资料或实地走访,了解其发展战略,将结果做成 PPT,在课堂上分享交流,时间控制在 3 分钟内。		

考核标准	分数占比	小组自评(20%)	小组互评(20%)	教师评分(60%)	总分
内容完整清晰,包括战略方向、目标、措施以及实施后的效果等	60%				
呈现效果美观,合理使用了文本、图片、图形、动画等表现工具	20%				
汇报展示技巧:能较好地运用姿态、动作、手势、表情,表达对主题的理解	10%				
综合印象:语言表达得体、流利,基本能脱稿	10%				

▶ 随堂测练

课程名称	酒店管理与数字化运营概论	专业	
学习任务	项目三　掌握酒店日常运营工作	班级	
学习内容	任务二　酒店战略管理	姓名	

码上刷题

1. 请思考:为什么酒店都非常重视战略管理,战略管理对于酒店的发展意味着什么?

2. 简述酒店战略管理的主要特征。

3. 请以本校某一合作酒店为例,分析其目前所采取的战略模式。

任务三　酒店服务质量管理

育才剧场

解决不解释

　　能够解决的问题，就不要把时间浪费在解释上，这是饭店提高服务质量的技巧之一，在某些情况下越解释反而越复杂。有这样一个案例：有一位客人提前预订了房间，次日早上8：30到。但当日房间全满，客人抵店时，房间未清理出来。当时前台主管一边安排客人到大堂吧先喝咖啡，一边安排服务员抢房，比客人预计的时间晚了10分钟，客人拿卡时就说："你们得注意呀，比我提前预订的房间还晚，内部管理要加强呀。"主管的回答是："好的先生，一定进行整改，期待您下次体验。"客人离开后，旁边的接待员好奇为啥不给客人解释呢？明明是因为客满，客人又没交订金，来得又那么早。从客人提出的这个问题来看，这个客人是经常住店的，对酒店的流程很熟悉，如果给其解释就等于否定了他的意见，反而会让他心里不愉快，这种问题没有必要解释，有时候客人需要的是我们的态度。

分析

　　客人住店是花钱购买一种幸福的生活方式，我们的目的就是要让他在店期间无论行程上还是心理上都是顺畅的，因此，把服务做好是每个酒店人都要尽到的责任。

　　资料来源：锦江饭店人力资源部，https://mp.weixin.qq.com/s/PUCYrwQ0FAt-GPruxrU48Q，2022-10-17，经整理

任务引导

表3-3-1　学生任务单

组号		完成时间	5~8分钟
工具	大白纸（二等分）、马克笔、磁力扣		
目标	分小组讨论，通过"携程""美团"等OTA平台，调查本市范围内排名前10的酒店，梳理评论区对该酒店的服务评价，看看哪些值得肯定，哪些出现了问题。		
要求	1.每组在大白纸上归纳总结出好评和差评；		
	2.好评和差评两大类中，每一类至少写出3~5个关键点；		
	3.把所有团队的大白纸粘贴在黑板或墙壁上；		
	4.随机请2个团队代表上台分享；		
	5.获得大家对于"酒店服务质量"的初步了解。		

表 3-3-2　学生任务分配表

班级		组号		指导老师	
组长（学号）					
组员	姓名（学号）		任务分工		

任务学习

随着现代酒店管理科学的发展，服务质量管理已成为酒店经营管理的核心内容之一。顾客入住酒店，购买的不仅是设施；顾客来酒店就餐，购买的也不仅是饭菜，更重要的是购买优质周到的服务。因此，酒店的使命就是通过全体员工提供的卓越服务不断满足甚至超越顾客的期望。如何提高酒店服务质量，使酒店在激烈的市场竞争中处于优势，是酒店管理者的共同目标。

在线微课

一、酒店服务质量定义与内容

（一）酒店服务质量的定义

酒店服务质量，是酒店以其所拥有的设施设备为依托，为顾客所提供的服务在使用价值上适合和满足顾客物质和精神需要的程度。

（二）酒店服务质量的内容

根据酒店服务质量的定义可知，它实际上包括有形产品质量和无形产品质量两个方面。

1. 有形产品质量

首先，酒店设施设备的质量。设施设备是酒店赖以生存的物质基础，是酒店各种服务的依托，反映了一家酒店的接待能力，同时也是服务质量的物质基础和重要组成部分。其次，酒店实物产品质量。实物产品满足顾客的物质消费需要，包括菜点酒水质量、客用品质量、商品质量、服务用品质量等。最后，服务环境质量。通常要求是整洁、美观、有序和安全。

2. 无形产品质量

它是酒店提供服务的使用价值质量，也就是服务质量，包括职业道德、礼节礼貌、服务态度、服务技能、服务效率及安全卫生等。

二、酒店服务质量的控制

（一）酒店服务质量控制的环节

酒店服务质量的控制，贯穿于顾客到店前的准备工作、顾客住店时的接待工作和宾客离店时的结束工作三个基本环节。

1. 准备过程的质量管理

在顾客到店之前，酒店各部门做好充分的准备工作，加强质量管理，是保证服务质量的物质基础，直接关系到整个服务过程的质量。

（1）服务准备。一方面是精神准备，要求每个服务人员必须精神饱满，思想集中，着装整洁，规范上岗。另一方面是物质准备，包括前厅、客房、用餐安排、商品、车辆、安全保卫等各方面的准备工作，保证顾客一进店，就能得到满意的服务。

（2）生产准备，指酒店厨房加工制作餐饮食品的准备工作。重点抓好三个环节：一是原材料的采购和验收，二是业务分工、人员安排，三是预制加工。

（3）后勤配备，包括物资供应准备、设施设备维护保养。

2. 接待服务过程的质量管理

接待服务过程的质量是酒店服务质量最直接、最具体的体现，是酒店服务全过程中的关键环节。这一环节的服务质量，直接影响顾客的满意程度和酒店的声誉。接待服务过程质量体系主要有以下两方面内容。

（1）严格执行接待服务规范，加强服务质量检查。

（2）充分利用质量信息反馈系统，及时搜集接待服务过程中的各种质量信息，进行分析研究，找出质量问题产生的原因，采取改进措施，进一步提高服务质量。

3. 结束过程的质量管理

接待服务结束工作的质量管理是酒店服务质量管理的最后一个环节，主要有以下两方面内容。

（1）离店前的工作。服务人员要主动、诚恳地征求意见，对服务质量不足之处要表示歉意，对一些未尽事项或顾客提出的要求和投诉，要尽可能给予补救；掌握顾客离店时间，认真核对账单，保证准确、及时结账，防止跑账漏账；顾客离店时，主动告别，并表示感谢，欢迎下次光临。

（2）离店后的工作。正确处理遗留、遗弃物品；做好新一轮的服务接待准备工作，以迎接下一批顾客的到来。

（二）提高酒店服务质量的方法和途径

在激烈的服务竞争时代，大多数酒店都已认识到服务优势的重要性。如何确立自身的服务优势，已成为酒店能否在竞争中取胜并获得更高的顾客满意度，创造更大的收益与发展的关键因素。酒店应该加强以下几方面的工作。

1. 树立正确的服务观念

酒店业鼻祖斯塔特勒早就提出："顾客永远是对的。"在酒店业竞争日益激烈的今天，我们更应该在服务过程中理解并贯彻执行"顾客永远是对的"这一思想。要站在顾客的立场上思考问题，给顾客充分的尊重，并最大限度地满足顾客的需求。因此，"顾客永远是对的"也成为现代酒店业普遍奉行的信条，成为酒店服务工作的基本指导思想。

2. 推行标准化服务

所谓标准化服务，指在经济、技术、科学、管理等社会实践中，对重复性事物和概念，通过制定和实施使标准达到统一，以获得最佳秩序和社会效益。酒店实施标准化服务有利于克服工作中的重复、交叉、错乱，实现科学管理，提高管理效率；有利于保护消费者利益，控制酒店成本，提高经济效益和竞争能力。

3. 坚持多样化与个性化服务

标准化服务能够满足大多数顾客的一般要求，个性化服务可以满足部分顾客的特殊要求。现在顾客越来越重视个人意志，对酒店服务的需求越来越趋向于个性化、多样化，这就需要酒店在大力推行标准化服务的同时，积极提供多样化、个性化服务，以满足不同档次顾客的需求。

4. 实行首问责任制

凡是酒店在岗工作的员工，第一个接受宾客咨询或要求的人，就是解决宾客咨询问题和提出要求的首问责任者。首问责任人必须尽己所能给顾客提供最佳的服务，直至问题最后解决或给予明确答复。首问责任制不局限于一线员工的对客服务，也包括二线员工的后勤保障服务。

5. 对员工授权

它是酒店管理者与处于服务第一线的员工分享信息、知识、奖励和权力。员工面对顾客时，需要有足够的权力去及时满足顾客多样化和个性化的需求，处理一些特殊情况和意外事件。放手让员工自己管理，不仅能让他们发挥主动性和创造性，而且也体现了酒店对员工的尊重，让员工更有责任感，不能总坐在办公室。

6. 走动管理

管理者要想真实地了解前台情况，应把部分工作时间用于服务现场的督导工作。这样既可以在现场处理顾客投诉和突发事件，也可以征询顾客意见和建议，还可缩短和员工的距离。服务质量是酒店生存与发展的基础，酒店之间的竞争，本质上是服务质量的竞争。只有将酒店服务的三个黄金标准——凡是顾客看到的必须是整洁美观的，凡是提供给顾客使用的必须是安全有效的，凡酒店员工见到顾客都必须是热情礼貌的——真正做到了，做好且做出色了，才会有高的顾客满意度，酒店才能在激烈的市场竞争中占据优势。

> 知识延伸

质量管理——PDCA 循环

PDCA 循环又叫戴明环,是美国质量管理专家戴明博士首先提出的,它是全面质量管理所应遵循的科学程序。全面质量管理活动的全部过程,就是质量计划的制订和组织实现的过程,这个过程就是按照 PDCA 循环,不停顿地周而复始地运转的。

PDCA 是英语单词 Plan(计划)、Do(执行)、Check(检查)和 Action(行动)的第一个字母的组合,PDCA 循环就是按照这样的顺序进行质量管理,并且循环不止地进行下去的科学程序。

全面质量管理活动的运转,离不开管理循环的转动,这就是说,改进与解决质量问题,赶超先进水平的各项工作,都要运用 PDCA 循环的科学程序。不论提高产品质量,还是减少不合格品,都要先提出目标,即质量提高到什么程度,不合格品率降低多少,都要有个计划;这个计划不仅包括目标,而且也包括实现这个目标需要采取的措施;计划制订之后,就要按照计划进行检查,看是否达实现了预期效果,有没有达到预期的目标;通过检查找出问题和原因;最后要进行处理,将经验和教训制定成标准、形成制度。PDCA 循环有三个特点。

(1)各级质量管理都有一个 PDCA 循环,形成一个大环套小环,一环扣一环,互相制约,互为补充的有机整体。在 PDCA 循环中,一般说,上一级的循环是下一级循环的依据,下一级的循环是上一级循环的落实和具体化。

(2)每个 PDCA 循环,都不是在原地周而复始地运转,而是像爬楼梯那样,每一个循环都有新的目标和内容,这意味着质量管理,经过一次循环,解决了一批问题,质量水平有了新的提高。

(3)在 PDCA 循环中,A 是关键。

资料来源:侯明贤,《酒店督导与实务》,天津:天津大学出版社,2020 年,经整理

任务测评

▶ 案例解析

补台不拆台

这五个字主要讲互补的重要性。人都会犯错，这一点谁都不会例外。出错后在没有造成影响的前提下，帮助他人弥补这一失误就是补台。而不是对于问题视而不见，因为个人情绪或日常交际的亲疏而犹豫、迟疑、坐等问题出现，这样的行为就是拆台。如果因为情感原因造成影响，其实拆的不是同事的台，而是酒店的台。

"出现漏订"这种情况虽然不常见但也不稀罕。但对于漏订后的解决就体现出服务的水平了。有这样的一个案例：当天房间未订满，一位客人来到前台照例报姓名、查预订。但不知什么原因这个班次的员工怎么也找不到预订信息，客人问其原因，这个员工的回答是："我刚来接班，这是上一班预订的。"结果可想而知，虽然免除了自己的责任但不能解决问题。

处理这个投诉时，这名员工起初仍然认为自己没错，这个漏订不是他的原因。其实，这个投诉是可以避免的，客人来入住时，前台人员确实查不到预订信息而又不是满房的状态时，可以直接问客人预订了什么类型的房间，给他开一间就可以了，这样客人也不会觉察到他的预订被漏掉了。至于内部的管理问题酒店自行处理就行，完全没有必要将内部管理疏漏暴露给客人，这就是典型的拆台。错不在你本人，但思想出现偏差，如果思想不改，还会出现问题。

案例诊断：如果你是一位饭店管理者，如何提高管理者的站位和格局？

案例对管理者的启示：

▶ **实操训练**

表 3-3-3　学生任务单

组号					总分	
目标	以小组为单位，选择 2 个不同规模或者星级的酒店服务质量管理实例，将调研成果做成 PPT，在课堂上分享交流，时间控制在 3 分钟内。					
考核标准		分数占比	小组自评（20%）	小组互评（20%）	教师评分（60%）	总分
内容完整清晰，案例包括酒店服务质量中的有形和无形产品，有自己的感受和体会		60%				
呈现效果美观，合理使用文本、图片、图形、动画等表现工具		20%				
汇报展示技巧：能较好地运用姿态、动作、手势、表情，表达对主题的理解		10%				
综合印象：语言表达得体、流利，基本能脱稿		10%				

▶ **随堂测练**

课程名称	酒店管理与数字化运营概论	专业	
学习任务	项目三　掌握酒店日常运营工作	班级	
学习内容	任务三　酒店服务质量管理	姓名	

码上刷题

1. 简述酒店服务质量的内容。

2. 提高酒店服务质量的方法和途径有哪些？

任务四　酒店人力资源管理

育才剧场

用人之道，各得其所

在一次宴会上，唐太宗对王珪说："你善于鉴别人才，尤其善于评论。你不妨从房玄龄等人开始，都一一做些评论，评一下他们的优缺点，同时和他们互相比较一下，你在哪些方面比他们优秀？"

王珪回答说："孜孜不倦地办公，一心为国操劳，凡所知道的事没有不尽心尽力去做，在这方面我比不上房玄龄。文武全才，既可以在外带兵打仗做将军，又可以进入朝廷担任宰相搞管理，在这方面，我比不上李靖。向皇上报告国家公务，详细明了，宣布皇上的命令或者转达下属官员的汇报，能坚持做到公平、公正，这方面我不如温彦博。处理繁重的事务，解决难题，办事井井有条，这方面我也比不上戴胄。常常留心于向皇上直言建议，认为皇上能力、德行比不上尧舜很丢面子，这方面我比不上魏徵。至于批评贪官污吏，表扬清正廉署，疾恶如仇，好善乐施，这些方面比起其他几位能人来说，则是我之所长。"

唐太宗非常赞同他的话，而大臣们也认为王珪完全道出了他们的心声，都说这些评论是正确的。

资料来源：韩俊峰，《管理学原理与实务》，重庆：重庆大学出版社，2022年，经整理

分析

从王珪的评论可以看出，唐太宗的团队中，每个人各有所长；但更重要的是唐太宗能将这些人依其专长运用到最适当的职位，使其能够发挥自己之所长，进而让整个国家繁荣强盛。

未来酒店经理人要懂得知人善任，组织和管理团队。企业领导应以每个员工的专长为思考点，安排适当的位置，并依照员工的优缺点，做机动性调整，让团队发挥最大的效能。管理人员的任务在于知人善任，使企业形成一个平衡、密合的工作组织。这有利于培养学生洞察合作伙伴的优点，培养宽广的胸怀，从而形成良性的竞争机制。但这种洞察人的能力不是一朝一夕之事，学生要有"终身学习"的意识，多积累经验，在与人打交道的过程中诊断自己，提升自我。

任务引导

表 3-4-1　学生任务单

组号		完成时间	5～8 分钟
工具	大白纸、马克笔、磁力扣		
目标	分小组讨论，通过查询"智联招聘""前程无忧""应届生""中华英才网"等招聘网站，搜集酒店行业的招聘信息，包括岗位的基本信息、工作描述、任职资格说明、薪酬待遇等。		
要求	1. 每组在大白纸上归纳总结出一些典型的招聘信息； 2. 酒店类型最好多样化，包括国际品牌酒店、国内星级酒店、经济型酒店； 3. 至少每一类写出 1～2 条招聘信息； 4. 把所有团队的大白纸粘贴在黑板或墙壁上； 5. 随机请 2 个团队代表上台分享； 6. 获得大家对于"酒店行业招聘"的初步了解。		

表 3-4-2　学生任务分配表

班级		组号		指导老师	
组长（学号）					
组员	姓名（学号）		任务分工		

任务学习

酒店的竞争，归根到底是人才的竞争。如何吸引和留住酒店所需要的人才，如何使员工在酒店中发挥更大的作用，为酒店创造更大的效益，已经成为各级管理者尤其是高级管理者十分关心的一个重要问题。

在线微课

一、酒店人力资源的概述

（一）酒店人力资源管理的内涵

人力资源指能为社会创造财富，能为社会提供劳务的人及其所具备的能力。

酒店人力资源指一切能为酒店创造财富，提供服务与管理等的人及其具有的能力。

它包括人的体质、人的智力、人的特定范畴内的才干和人的意识观念与道德准则。人力资源基本上可以分为一般人力资源和人才两类。

酒店人力资源管理是恰当地运用现代管理学中的计划、组织、指挥、协调、控制等科学管理方法，根据酒店的特殊需要，对酒店的人力资源进行有效的开发、利用和激励，使其得到最优化的组合和积极性的最大限度发挥的一种全面管理活动的总称，包括人力资源的规划、开发和其他管理。

（二）酒店人力资源管理的功能和重要性

1. 酒店人力资源管理的基本功能

（1）选才。选才指酒店人力资源的规划、招聘与录用。

（2）育才。人力资源管理还担负着培训、教育员工的任务。

（3）用才。既指对员工实施合理、公平的动态管理的过程，也指为员工对酒店所做出的贡献给予奖酬的过程，是酒店人力资源管理的激励与凝聚职能，也是酒店人力资源管理的核心。

2. 酒店人力资源管理的重要性

人力资源问题在酒店管理中处于非常重要的位置，这主要是由酒店的特点决定的。

（1）酒店属于劳动密集型产业，许多工作都要通过人的行为来完成。

（2）人的行为受到许多因素的影响，而这又会直接影响员工的服务行为质量，从而导致服务行为的质量稳定性较差和控制难度较大。

（3）在酒店的产品中，人的行为已经成为酒店产品的一部分。

（4）酒店中的许多工作具有很强的重复性，工作的预先标准设定留给人们创造性的空间是非常有限的，人员的流动性较高。

（5）酒店提供的是服务性产品，而且这一产品的生产是在与宾客面对面的交往中完成的。

二、酒店人力资源管理的内容

酒店人力资源管理主要包括酒店制订人力资源计划和工作分析、员工招聘与选拔、员工培训、绩效管理、薪酬管理和劳动关系管理。本书着重论述酒店员工招聘、培训和激励三个方面。

（一）酒店员工招聘

酒店员工招聘，指根据酒店的经营目标、人员编制计划和酒店业务需要，由人力资源部门主持进行的招聘、考核、挑选合格员工的管理过程及安排在合适岗位上工作的过程。酒店员工招聘是酒店人力资源管理的一项重要工作。

1. 招聘原则

（1）计划性原则。通常需要考虑招聘员工的情形包括：一是营业量突然增加或员工的晋升、辞职、辞退；二是酒店扩大营业，增加新的服务设施或项目；三是从长远角度考虑离退休员工人数、缺员时间或员工流动等变化趋势。

（2）任人唯贤与择优录取。酒店招聘录用员工，应按照"公开、平等、竞争、择优"的原则。首先，酒店内符合招聘职位要求及表现卓越的合适员工，应优先给予选拔、晋升。其次，考虑面向社会公开招聘。所有应聘者机会均等，不因应聘者的性别、民族、宗教信仰和推荐人不同而区别对待。

（3）建立科学合理的实施程序。需要制定一套科学而实用的招聘程序，使招聘工作有条不紊地进行。酒店并非只在一个地方招收所有员工，也不会一次性全部招满。这需要有一个系统的招聘、选用过程。招聘工作有计划、有目标、有标准、分步骤地进行，严格掌握对应聘人员基本要求，甄选出酒店需要的合格人才。

2.酒店员工招聘程序

通常情况下，如果酒店内部管理制度有效，员工的工作作风良好，酒店不想改变目前的状况时，就可以选用酒店内部员工招聘的方式；相反，如果酒店内部管理效率低，风气又不好，酒店想要改变目前的不良状况时，就可以考虑选用酒店外部员工招聘的方式。有内部和外部招聘两种招聘程序。

（1）内部招聘程序：一是内部员工的提拔，二是内部员工的调动。

（2）外部招聘程序：宣传→接受报名→面试→填表→考核→体检→录用等。

（二）酒店员工培训

培训是人力资源开发的核心内容，这是众所周知的。在酒店，当新员工入职、员工工作表现未能达到酒店要求、投诉增加、对客服务出现质量问题、浪费增加、引进新设备、员工提升等都要进行各种各样的培训。

1.酒店员工培训的意义

（1）培训可以提高员工文化技术素质；

（2）培训可以提高服务质量；

（3）培训可以降低损耗和劳动力成本；

（4）培训可以为员工提供发展的机会。

2.酒店员工培训类型

依据培训对象的不同，大体上可以分为岗前培训和在职培训两类：岗前培训，以新录用上岗的新员工为主体实施；在岗培训主要针对现有的员工进行，包括低、中、高级管理人员及一线员工。

按培训的地点的不同可以分为店内专门培训、在岗培训、店外培训。

按培训对象不同层次可以分为高级人员培训、中层干部培训、服务员及操作人员岗位培训（如表3-4-3）。

表3-4-3 高级人员、中层干部、服务员及操作人员岗位培训表

培训类型	参加对象	培训内容	评估方式
高级管理层	酒店的正副总经理 驻店经理 各部总监 部门正副经理	如何树立宏观经济观念、市场与竞争观念 销售因素分析与营销策略的制定 组织行为学 预算管理、成本控制、经营决策等	经营目标实现 企业成本控制 企业安全生产控制 宾客满意率 员工流失率 从业资格认证

续表 3-4-3

培训类型	参加对象	培训内容	评估方式
中层管理层	部门经理以下各级管理员如督导员、领班或班组长	管理概念与能力的训练 酒店专业知识的深化 如何处理人际关系、宾客关系的技巧等	经营目标实现考核 阶段管理效果评估 员工管理满意度评估 客人服务满意度评估 员工流失率
服务员及岗位技能培训	前厅、客房、餐饮服务员、行政、质培、安保、厨房、工程、财务、采购、营销等岗位人员	提高素质水准 培训专业知识 业务技能与工作态度等	阶段管理效果评估

（三）酒店员工激励

1.员工激励的含义

激励，指通过某种有效方法，激发调动员工积极性的过程。良好的员工激励管理可以调动员工积极性、形成团队精神、提高服务质量和管理水平。

2.酒店员工激励的主要方法

（1）机会激励——酒店员工激励的起点。

在酒店员工激励问题上，首先要从提高员工能力、改善员工地位入手，从而增强员工对酒店的忠诚感，提高工作效率，形成工作动力。在工作上，酒店要给员工获取知识、提高能力、参与酒店管理、获得发展以及从临时工转为正式工的机会，通过这些方式来提高员工自身素质，扩大发展空间，增加在酒店管理中的作用，改善在酒店中的地位，从而增强其职业安全感。

（2）情感激励——从思想上解决问题。

组织要有骄人的业绩，首先要让员工"感觉良好"，视自己为组织这个"大家庭"的一员。管理者应充分了解员工的经济、住房、健康、家庭状况，尽力帮助员工解决衣、食、住、行等生活上的问题，使其没有后顾之忧，能全身心地投入工作。

（3）薪酬福利——酒店员工的生活保障。

我们应该建立一种能够体现员工贡献与绩效的、符合酒店员工特点的薪酬模式。在酒店员工的薪酬中，既要在工资中体现固定的、可以满足基本生活需要的福利、保险部分，又要有与其工作绩效挂钩的奖金部分和津贴、工龄津贴、面客率较高的特殊岗位津贴等。

（4）欣赏激励——店员工激励的催化剂。

对于工资收入低、身处酒店基层、极少有成就感的普通员工来讲，"认可"是一项非常重要而且有效的激励手段。对于被认为干着"伺候人"工作、较少有成就感的酒店普通员工，管理者可以公开地对他们的成绩表示认可，因为他们更渴望赞同。

（5）权力激励——充分开发员工潜能。

酒店业中员工的报酬通常较低，金钱成为非常重要的激励物，但并不是说金钱是酒店员工们追求的唯一目标，是管理者运用的唯一工具，而且基于企业的经营收入状况，一味地为员工们加薪也是不可能的。在万豪国际酒店集团，每个工作岗位都经过了重新设计，使员工可以有更多的时间与更多的客人接触。这些员工可以处理顾客的抱怨和要求，而在原来他们只能把这些内容转达给经理或其他部门。授权是对酒店员工更高更全面的激励，员工经过前面所述的各种激励后，授权将使其能力、地位全面提升到更高水平。

▶ 知识延伸

《劳动法》中关于加班费的规定

一、新劳动法对加班的规定

《中华人民共和国劳动合同法》第三十一条规定，用人单位应当严格执行劳动定额标准，不得强迫或者变相强迫劳动者加班。

此外，《中华人民共和国劳动法》第四十一条规定，用人单位由于生产经营需要，经与工会和劳动者协商后可以延长工作时间，一般每日不得超过1小时。

因特殊原因需要延长工作时间的，在保障劳动者身体健康的条件下延长工作时间每日不得超过3小时，但是每月不得超过36小时。

《中华人民共和国劳动法》第三十八条规定，用人单位应当保证劳动者每周至少休息一日。

对企业违反法律法规强迫劳动者延长工作时间的，劳动者有权拒绝。

二、新劳动法对加班费的规定

《中华人民共和国劳动法》第四十四条规定，有下列情形之一的，用人单位应当按照下列标准支付高于劳动者正常工作时间工资的工资报酬：

（一）安排劳动者延长工作时间的，支付不低于工资的150%的工资报酬；

（二）休息日安排劳动者工作又不能安排补休的，支付不低于工资的200%的工资报酬；

（三）法定休假日安排劳动者工作的，支付不低于工资的300%的工资报酬。

因此，对于实行标准工时制的劳动者，如果在"五一"等法定节假日加班，加班费应当以不低于日工资基数的3倍支付加班工资，而在5月2日、3日加班应当以公休日加班的标准给予2倍支付工资。

三、补休代替加班费合法吗？

职工正常工作时间为每日工作8小时，每周工作40小时。

《中华人民共和国劳动法》规定，休息日安排劳动者工作又不能安排补休的，支付不低于工资200%的工资报酬。

由此可见，休息日安排劳动者工作，企业可以首先安排补休。在无法安排补休时，才支付不低于工资200%的加班费。休息日一般指双休日。

四、未经批准自愿加班能索要加班费吗？

根据《中华人民共和国劳动法》规定，企业可以制定与国家法律不相抵触的加班制度，对符合加班制度的加班情况支付不低于法定标准的加班工资。

可见，用人单位支付加班工资的前提是"用人单位根据实际需要安排劳动者在法定标准工作时间以外工作",劳动者自愿加班的,用人单位依据以上规定可以不支付加班工资。

五、职工最低工资标准内能包含加班费吗?

职工的最低工资标准不应包含加班费。劳动和社会保障部颁布的《最低工资规定》规定,在劳动者提供正常劳动的情况下,用人单位应支付给劳动者的工资在剔除下列各项以后,不得低于当地最低工资标准:(一)延长工作时间工资;……

据此,延长工作时间工资(即加班费)不能作为最低工资的组成部分。

资料来源:华律网,https://www.66law.cn/laws/176168.aspx,经整理

任务测评

▶ 案例解析

重视礼仪——一句"谢谢",应聘者被录取

某市劳动力人才市场正在举行大型人才招聘会。旅游、酒店业专位人山人海。某酒店专位来了两位女性应聘者和一位男性应聘者,介绍、询问、填表、沟通,通过了解和面试,两位女性已从事酒店业一年余,男性刚踏出校门,显然,两位女性被录用的可能性较大。面试结束后,三位等待电梯,准备离开招聘现场。电梯门开了,只见一位着西装的先生在电梯里帮助操作开关按钮,男性让两位女性进去后,也随后进了轿厢,并向帮助他们的先生道了一声"谢谢"。出电梯后,着西装的先生请这位男性留下,通知他被录取了。一个简单的礼让,一句简单的"谢谢",却决定了三个同时应聘者的去与留。

学会感恩记住父母的生日

某酒店招聘新员工时,要求应聘者必须填写"××酒店应聘表",表中醒目位设置了一栏"父母的姓名和父母的出生年月日。要求应聘者必须填写,否则,不予录用。据该酒店人力资源部主管介绍,此举是教育和引导员工从入职起就要学会感恩,记住父母的出生年月日,员工到时送上一份问候和感谢,员工所在的酒店相关部也会真诚地为他们的父母送去份养育之恩的感谢与问候!几年来,酒店始终坚持以人为本,以员工为本的做法,对员工队伍的稳定和凝聚力起到了很好的作用。

爱国才会爱店,不会唱国歌者不录用

某酒店开业招聘,所有初试合格的应聘者,在复试中每人必须完整无误地唱一遍《中华人民共和国国歌》,不会唱或唱不完整的不予录用。较为优秀者,同意学会后再次复试唱国歌。酒店招聘方认为,爱国才可能爱店、爱家,一个连自己国家的国歌都不会唱的人,谈何爱国?又怎能爱店?

案例诊断:1.以上招聘信息对你有什么启发? 2.如果你毕业后选择酒店业,谈谈自己在酒店业的职业规划。

案例对管理者的启示:

▶ 实操训练

表 3-4-4　学生任务单

组号			总分			
目标	以小组为单位，选择 1 个规模较大的酒店，搜集该酒店在员工招聘、培训和激励 3 个方面的内容及案例，将成果做成 PPT，在课堂上分享交流，时间控制在 3 分钟内。					
考核标准		分数占比	小组自评（20%）	小组互评（20%）	教师评分（60%）	总分
内容完整清晰，案例包括员工招聘、培训和激励三个方面，有自己的感受和体会		60%				
呈现效果美观，合理使用了文本、图片、图形、动画等表现工具		20%				
汇报展示技巧：能较好地运用姿态、动作、手势、表情，表达对主题的理解		10%				
综合印象：语言表达得体、流利，基本能脱稿		10%				

▶ 随堂测练

课程名称	酒店管理与数字化运营概论	专业	
学习任务	项目三　掌握酒店日常运营工作	班级	
学习内容	任务四　酒店人力资源管理	姓名	

码上刷题

1. 简述酒店人力资源管理的基本功能。

2. 简述酒店员工激励的主要方法。

任务五　酒店信息系统管理

育才剧场

上海旅游人"臻心服务"进博会

2022年11月1日，上海市文化和旅游局举办迎接第五届中国国际进口博览会旅游行业动员展示活动，聚焦"臻心服务 传递美好"，进一步动员旅游行业企业和从业人员携起手来，凝心聚力，冲刺攻坚，全力以赴完成第五届进博会住宿保障各项任务。

活动现场，6名来自酒店、餐饮、文旅新媒体等行业的代表受聘成为进博会酒店服务质量巡访员。他们将通过巡访，进一步帮助全市进博会接待宾馆酒店打造"贴心、安心、舒心"服务，推动住宿旅游接待服务再提升。上海市旅游行业协会宣读旅游行业倡议书，号召全体同仁行动起来，以更快节奏、更大力度、更实举措，再接再厉做好第五届进博会住宿保障工作，更好展示上海城市开放形象。

据介绍，为进一步提升进博会住宿旅游接待服务标准化、规范化、智慧化、精细化水平，上海市文化和旅游局在巩固深化前四届进博会住宿保障好经验、好做法的基础上，发动全市进博会接待宾馆酒店以"臻心服务 传递美好"为主题，推动在线预订、办理入住、氛围营造等四项服务举措落实落细，努力打造住宿服务新标杆，助力第五届进博会越办越好。一是在线预订更省心。推进进博会接待宾馆酒店优化在线预订服务，指导在线旅游平台完善预订信息和功能，进一步健全客服、投诉纠纷快速处置、入住安全提示等工作机制，全面提升在线住宿预订服务水平。二是办理入住更便捷。深化数字化转型，搭建文旅数字平台，推动平台与治安系统、大数据系统、酒店管理系统数据互联互通，为进博会接待宾馆酒店生成场馆码，实现手机扫码即可快速完成健康校验、身份核查、信息登记等环节，简化入住流程、提高入住体验。三是氛围营造更浓厚。落实进博文创产品、文旅宣传品以及"上海礼物"进酒店大堂、进宾馆客房，加强进博会氛围营造和城市旅游宣传推广，让每一位宾客都能感受到进博会的火热氛围和上海都市旅游的独特魅力。

资料来源：《中国旅游报》，2022-11-04

分析

随着科技的迅猛发展，现代社会对智能化的需求愈发迫切，酒店行业也在不断寻求创新之路，将智能化、信息化融入各个环节，提升客户体验。通过PMS、CRM、客控等系统的数据，实现业务的多平台跨界融合。通过分析客户数据，如年龄、性别、生日、喜好等，了解客户行为，实现更精准的个性化服务和营销，提升客户满意度和忠诚度。

任务引导

表 3-5-1　学生任务单

组号		完成时间	5~8 分钟
工具	大白纸（三等分）、马克笔、磁力扣		
目标	分小组讨论，写出对酒店现阶段信息化情况的了解。		
要求	1. 每组在大白纸上写下对"酒店现阶段信息化情况（对内管理与对外经营两方面）"的了解；		
	2. 用关键词来描述；		
	3. 每个部分，至少写出 3~5 个关键词；		
	4. 把所有团队的大白纸粘贴在黑板或墙壁上；		
	5. 请每个团队的代表上台分享；		
	6. 获得大家对于酒店现阶段信息化情况的初步了解。		

表 3-5-2　学生任务分配表

班级		组号		指导老师	
组长（学号）					
组员	姓名（学号）		任务分工		

任务学习

从酒店运营角度看，酒店的信息指那些用来沟通酒店各部门之间的联系和反映酒店经营管理活动情况的酒店内部的各项指令、计划、报表、数据和规章制度，以及描述酒店外部环境变化的数据、消息等。

在线微课

一、酒店信息系统组成

（一）酒店决策信息系统

现代酒店决策信息系统指为酒店各级部门决策提供信息支持的系统，该系统主要由总经理办公室、各部门信息统计中心、资料室等组成。酒店决策信息系统通过对酒店内外部经营信息、市场信息、管理信息等决策信息进行统计、处理、分析，并向酒店董事会、总经理、副总经理、各部门总监等高层决策人员和机构提供支持决策的数据和信息。

(二) 酒店监控信息系统

酒店监控信息系统指对酒店管理与经营的关键环节进行监管，对各类输入与输出的信息进行分析，将经营与管理情况的反馈信息与预测和决策时的信息进行比较，以判断酒店是否处于正常运营状态的系统。酒店监控信息系统一般包含酒店财务系统、人事系统、酒店管理信息系统等子系统。

(三) 酒店作业信息系统

酒店作业信息系统指酒店主要业务部门活动所需要的信息、操作系统，主要用于维持和保障酒店业务部门的正常运行。酒店作业信息系统包含前厅、客房、餐饮、康乐、商务、工程等子系统。

综上所述，酒店信息管理系统包含多个子系统，这也决定了酒店信息管理系统的复杂性和多样性，需要对大量的信息进行收集、整理和分析，因此对于各类子系统的链接成了酒店智能化的关键，也是酒店管理现代化的衡量标准之一。

▶ **知识延伸**

希尔顿集团推出三项数字化举措，提升用户体验度

希尔顿集团发布的《2023年趋势报告》显示，在旅行过程中，中国消费者更加渴望个性化的体验活动与餐饮、营养均衡的饮食、回馈和礼遇以及顺畅度。基于这一市场趋势的回应，希尔顿集团根据中国宾客消费习惯及特征，制定更加符合本地市场的产品及服务，有针对性地提供更加便捷流畅的全程体验。

1. 深度整合社交平台，推出微信授权登录功能

为了能够以更亲密、更流畅的方式与希尔顿荣誉客会会员沟通和互动，希尔顿官方预订微信小程序正式推出了微信授权登录功能。完成绑定后，会员可通过微信授权便捷登录，无需每次输入会员号及密码，实现一键快捷操作完成预订的同时，还可浏览入住贴士，发现各种新玩法，实现便捷顺畅的预订体验。

2. 优化客房点餐流程，贴心服务体验升级

希尔顿荣誉客会APP进一步优化组合了更多功能服务，兼容"希尔顿客房点餐小程序"，丰富该应用程序的使用。会员宾客仅需通过APP行程卡上的客房点餐入口，即可足不出户在线完成点餐，品鉴希尔顿美味。值得一提的是，客房点餐消费亦可积累积分。

3. 独家联合敦煌博物馆，推出定制版电子房卡

与此同时，希尔顿荣誉客会APP还推出了独家联合敦煌博物馆的限时定制版电子房卡，第一批以"飞天"形象定制卡面的电子房卡已上线近百家酒店。

宾客在入住时，通过希尔顿荣誉客会APP申领电子房卡，便可轻松进入客房、使用电梯、进入健身房等公共区域。在整个入住期间，宾客不再需要实体房卡，享受更加顺畅且富有趣味的停驻时光。

资料来源：美通社百家号，https://baijiahao.baidu.com/s?id=17540564150670279841，2023-01-04

二、酒店信息系统运转

现代酒店信息系统的运转是对酒店经营管理活动中的各种信息进行系统的处理和管理，包括对信息的收集、加工、传递、反馈、存储、维护和使用等。

（1）现代酒店信息的收集

现代酒店信息收集的途径与方法随信息收集范围的不同而有所区别，主要包含上级信息、系统内信息、平行信息、社会信息、经营活动信息五个方面。

（2）现代酒店信息的加工

信息加工是信息处理程序的核心环节，指运用科学的方法，对收集的原始信息进行识别、分析、筛选、综合、归类、排序，使之系统化和条理化的过程。

（3）现代酒店信息的传递

按照信息的情况，可把信息的传递分为三种方式，即单向传递、相向传递和反馈传递。

不管采用哪种传递方式，在传递信息资料时，要注意以下几点：第一，传递信息要选择适当的时机，信息的时效性是通过及时而适时的传递来显现的；第二，传递信息要适度；第三，传递信息时要保持信息内容的完整性和连续性。

（4）现代酒店信息的存储

信息的存储是通过建立信息库，对有保存价值的信息进行严格的登记、科学的编码和有序的排列而进行存储备用的过程。现代酒店信息的存储通常采用卷宗存储、胶卷存储与计算机存储方式。不管采用哪种存储方式，现代酒店信息的存储，都应经过登记、编码和排列三个过程。

（5）现代酒店信息的维护

保持信息处于使用状态叫信息维护。狭义上，它包括经常更新存储器中的信息，使信息均保持合用状态；广义上，它包括系统建成后的全部管理工作。

三、酒店管理信息系统

酒店管理信息系统（Hotel Management Information System，HMIS），依靠先进的科学技术手段，通过对客史资源等数据的分析和挖掘，创造服务优势，提高酒店科学管理水平。酒店管理信息系统为酒店的经营决策和服务提供了翔实的基础材料，使酒店的经营活动能够有的放矢，避免许多不必要的时间、精力、资金的浪费。

随着酒店信息系统功能的发展，酒店信息管理软件已发展成为具有一定智慧的信息系统，由此形成了酒店管理信息系统的一些特点，具体表现在以下几个方面。

（一）酒店管理信息系统的特点

1. 辅助性

酒店管理信息系统是以人为主体的人机综合控制系统，现代酒店业还是人才密集型产业，虽然计算机发挥的作用越来越大，但人才依然是酒店发展不可替代的支柱。管理人员依据信息系统数据处理的结果信息，迅速做出管理决策，提高经营效率，降低管理成本。

2. 反馈性

酒店管理信息系统应用主要是对酒店经营过程中的人流、物流、资金流、信息流进行电脑化管理，管理信息系统就其表现形式看是对酒店经营中大量的常规性数据的输入、存储、处理和输出，产生对管理决策有价值的信息，再根据输出的信息调整和控制酒店的经营过程。

3. 层次性

现代酒店为了提高管理效率和降低运营成本，采取了基于信息系统的科学管理制度，这种科学管理制度要求各部门管理职责分明，分工明确，要求信息系统的模块或子系统具有可操作的层次性。

4. 实时性

快节奏的旅居生活方式，要求酒店管理信息系统必须实时满足顾客提出的各种服务要求，如快速登记和查询、实时响应旅客个性化需求、快速预订以及快速退房等。如一个客户在结账前几分钟在客房打了长途电话，在结账时应迅速反映该客户的所有消费情况。

（二）常见的酒店管理信息系统

1. Opera 系统

Opera 系统是现阶段国际型酒店应用较广泛、覆盖范围较全面、操作较灵活的一款系统，它包含物业管理系统、销售宴会系统、中央预订系统、中央客户信息管理系统、渠道管理系统、电子分校控制套件、物业业主管理系统、外接接口系统、商务智能系统、收益管理系统十个子系统。其中，Opera 物业管理系统（Opera Property Management，Opera PMS）是最核心的部分，也是酒店日常运营中使用最多的部分。PMS 系统在设计上为酒店管理层和员工提供了全方位的系统工具，以便快速高效地处理客户预订、入住退房、分配房间、房内设施管理、入住客户膳宿需求，以及账户账单管理等日常工作。

2. Fidelio 系统

Fidelio 系统是世界上著名的酒店管理系统，但该系统在国内酒店市场覆盖面较小，除非五星级酒店或者有一定影响力的酒店，一般 Fidelio 都不会进行合作。并且 Fidelio 没有开发中文增值包，故障维护费用惊人，因此 Fidelio 系统在中国市场上逐渐失去优势。

3. 西软

成立于 1993 年的西软，定位服务于高星酒店，一直是行业标杆产品。2006 年被石基收购，在高星酒店中的市场占有率超 80%，像希尔顿欢朋中国、三亚凤凰岛酒店等高星酒店都是西软的客户。西软系统系统稳定，功能齐全，是多业态高星酒店的首选。但操作比较复杂，前台及使用者要经过专门的培训才能完全弄懂，软件成本、维护成本、培训成本也较高。

4. 金天鹅系统

如果说西软是高星酒店的首选，"金天鹅"则是中端单体、区域连锁酒店的首选。因其坚持独立发展，背后没有影响酒店利益的相关方参股，所以在信息安全方面的优势是酒店非常看重的。近年来，金天鹅充分考虑了中端单体、区域连锁的业主的痛点，推出的 2 号店长能用数字化协同服务好客人，数字化营销让酒店挖掘客人终身价值，数字化运营驱动酒店整体增长。金天鹅的优势是系统简单，财务防漏功能出色，数字化管理方案对中低端、连锁酒店运营有很大的加持作用。

5. 绿云

目前绿云在 PMS 方面侧重服务于集团酒店、连锁酒店，试图抢占中高端用户。绿云的优势是提供个性化定制，使用更为灵活；集团管理版块成熟，报表非常全面，有近 300 个。

任务测评

▶ 案例解析

重庆解放碑亚朵 X 酒店

酒店位于渝中区解放西路，坐拥重庆重点保护文物——国民政府军事大礼堂，品味民国传奇往事，演绎经典陪都风光，酒店位于解放碑下半城，距解放碑商圈、朝天门、洪崖洞约 1 千米，出门便可一览重庆这座"8D 魔幻之城"。围绕酒店的还有十八梯、白象街、国民政府军事礼堂旧址、凯旋电梯、解放碑金融商圈购物场所；距离重庆国际会议展览中心约 3.3 千米，轻轨 3 号线、6 号线、2 号线、1 号线、5 号线、环线交叠而过，长江、嘉陵江近在咫尺，夜景美不胜收，交通便利，是商旅出行的优选之地。

酒店秉承亚朵 X 酒店的民国风特色典范，在相招（餐厅）、共语（会议室）、竹居（24 小时阅读空间）、汗出（健身房）、出尘（洗衣房）中融入复古、淳朴、静谧、温暖的设计风格，无不精心雅致，独具匠心。酒店延续亚朵的人文精神及品质初心，集合美好的城市空间与生活方式，提供给每位宾客一个全新的社交旅居空间。

酒店在宿归（客房）的设计中，不同类别的主题房型，配备全套高端 BODYLABO 体研所本草精华个人洗护用品、高密度裸棉床品和美国白宫同款的丝涟床垫，只为造梦心旅，不负相伴。

大景智能科技（成都）有限公司在酒店此次升级改造中使用强电无线面板为酒店客房注入智能的灵魂，强电无线面板易施工，最大化利用原有线路。配合数字化客房 V8 融合终端，无论是智能控制房间设备，还是观影、听音乐、玩游戏、亲子活动、扫码续房、退房开票、跟随大屏学舞蹈等等，打造功能各异的特色房为酒店引流，各项功能均一触即达，一语即动。

在亚朵深度定制的 V8 大屏商城，结合线下体验，线上下单，各种酒店周边产品，应有尽有。扫码即可购买，放下手机，商品就可以送达客房，拥有其他家商城无法比拟的快乐便捷购物体验。

案例诊断：现代酒店对客服务中信息化的应用主要在哪些方面？

案例对管理者的启示：

▶ 实操训练

表 3-5-3　学生任务单

组号		总分				
目标	团队通过查阅相关图书或网络资料，选择一个感兴趣的国内或国外某酒店集团进行研究，并分析其现阶段信息化、智能化现状。将结果做成PPT，在课堂上分享交流，时间控制在3分钟内。					
考核标准		分数占比	小组自评（20%）	小组互评（20%）	教师评分（60%）	总分
内容完整清晰，包括有信息化发展历史，及目前信息化系统特色		60%				
呈现效果美观，合理使用文本、图片、图形、动画等表现工具		20%				
汇报展示技巧：能较好地运用姿态、动作、手势、表情，表达对主题的理解		10%				
综合印象：语言表达得体、流利，基本能脱稿		10%				

▶ 随堂测练

课程名称	酒店管理与数字化运营概论	专业	
学习任务	项目三　掌握酒店日常运营工作	班级	
学习内容	任务五　酒店信息系统管理	姓名	

码上刷题

1. 简述酒店信息系统的三大组成部分。

2. 简述酒店信息系统运转的步骤。

3. 简述酒店信息化发展的流程及未来发展趋势。

任务六　酒店收益管理

育才剧场

灵活合作模式，木莲庄酒店管理集团稳定客源实现逆势增长

　　日前，合景泰富集团旗下木莲庄酒店管理集团宣布正式全线开放加盟合作。此番动作是集团正在以全速前行的步伐为市场、消费者、投资者打造一个新生代酒店复合体的体现。未来五年，木莲庄将在深耕广州的基础上持续布局全国一线及领先二、三线城市，以"百城千店"的网状生态在酒店空间上融入更多的场景和内容，打造全新艺术生活酒店体，形成独具自身特色的酒店生态产业链。

　　在2020年行业普遍受疫情影响的情况下，作为加盟店之一的南沙木莲庄酒店基于木莲庄酒店管理集团本土化运作、线上线下营销和协议客户为主的经营模式，交出了亮眼成绩单，致力让投资人转亏为盈。2020年1—6月，OCC（酒店入住率）41.47%，远高于同区域竞品酒店。在7—12月疫情后复苏时期，通过专业的市场策略及收益管理，短时间内快速提升酒店收益，OCC爬升到87%，更是实现了综合RevPAR（每间可售房收入）339元的好成绩。

　　"木莲庄酒店管理集团在疫情期间积极应对，挖掘本地客户，并及时抓住疫情后市场回暖的时机，通过专业收益管理提升综合RevPAR，帮助我们及时应对疫情特殊情况。在客源方面，木莲庄酒店管理集团的协议客户、团队客户、中央预定客户占据总体客源的80%，稳定的客源结构也为酒店收入提供了保障。"南沙木莲庄酒店业主代表、方圆商业管理集团副总经理何晓彤女士在介绍疫情期增长动因时说道。

　　南沙木莲庄酒店并非个例。在运营数据方面，木莲庄酒店管理集团单项目平均4个月筹备期，成熟门店出租率超过85%、毛利率超55%。切合市场需求的酒店产品是木莲庄酒店与投资人获得双赢的优势所在，以杭州未来科技城木莲庄酒店为例，酒店业"金指标"——GOP常年保持在50%以上，年均利润达2000万元，开业不到四年即收回全额投入。此外，合景泰富集团26年地产开发经验能够为投资者把控前端风险，最高2000万元的贷款政策、同股同权与投资人共担风险降低了投资门槛；大存量、高价值的会员池为酒店中央预订、客户忠诚度建设提供支撑。

分析

　　木莲庄酒店管理集团宣布正式全线开放加盟合作，这意味着长期处于发展空白期的中高端本土酒店集团开始发力冲击市场。木莲庄在城市商旅、微度假、酒店网红打卡地等方面长期创新布局，而且非常注重OCC、RevPAR、GOP等关键指标，加强酒店收益管理，促使其在加速发展，为国内中高端酒店带来了转型升级的新思路。所以酒店人在信息发达的今天，不能固步自封，画地为牢，而是要勇于接收新事物，不断创新。穷则变，变则通，通则久。酒店人不能自我设限，在困境中我们要学会思考并不断改进。

　　资料来源：凤凰网，https://ishare.ifeng.com/c/s/v002z0CXhlwZjMA0azQ1-_PD6IPcrgt3W7SZvBvTU4AeuD-_k__，2021-01-26，经整理

任务引导

表 3-6-1　学生任务单

组号		完成时间	5～8分钟
工具	A4纸、笔		
目标	制作×酒店"收入、支出"清单对比图：分小组查询并分析某酒店的收支资料，明确其主要收入来源和支出项目，了解合理化收支对于酒店的重要意义。		
要求	1. 整理资料：某酒店收入和支出两大类中，每一类都要列出相关具体项目； 2. 分析资料：对酒店的出租率、空置及流失率进行分析； 3. 请每个团队代表上台报告； 4. 学生与教师一起归纳出现频率较高的关键词； 5. 获得对"酒店收支"的初步认识。		

表 3-6-2　学生任务分配表

班级		组号		指导老师	
组长（学号）					
组员	姓名（学号）		任务分工		

任务学习

收益管理诞生于20世纪80年代初美国的航空公司，是在当时美国取消航空业管制导致竞争加剧的背景下产生的。诞生之后迅速被酒店这种与航空业很类似的行业采用，后来逐渐扩展到其他行业，比如租车、游轮旅行、广告、会议、体育比赛等。如今，很多企业都会设立收益管理部门来专门从事此项工作。目前全球经济正处于数字化转型进程之中，作为传统服务业代表的酒店要持续满足新型消费者更加个性化、多元化和智能化的需求，就必须改变管理和服务思维，在科技与数字驱动下提升酒店产品和服务，最终实现酒店运营模式的转型。同时，收益管理作为酒店业提升收益和利润的重要工具，在数字化时代也发生了新的变化。

在线微课

一、酒店收益管理概述

（一）酒店收益管理的概念

酒店收益管理（Hotel Revenue Management）是酒店及旅游企业经营管理人员，以提升优化企业服务产品销售绩效目标为目的，在本企业服务产品与其他竞争服务产品的数据调研基础上，运用管理会计原理知识，基于市场销售渠道或时机判断预测，构建本企业产品价格组合与细分市场渠道或销售时间节点动态匹配机制，组织实施实时定价的业务操作的运营管理技能。

（二）酒店收益管理的基本要素

实现收益最大化的手段无非通过成本管控和营收增加来实现，因此酒店收益管理工作就要根据价格、渠道、成本、库存、产品这五个核心要素来开展。

1. 价格

酒店营收是由平均房价和出租客房数量决定的，定价是否合理会直接影响酒店房间的销售和整体营收，所以价格的控制是管理的核心所在。基础价格的定制方法、灵活的价格调整策略、理解价格对出租率和整体营收的影响是收益管理的重点所在。

2. 渠道

销售渠道是酒店收入来源，也是客人购买酒店产品的通道，所以销售渠道的运营和管理是酒店收益管理一项非常重要的工作。获客途径分为线上和线下两种，线上如OTA（美团、携程、飞猪等网站）和抖音、快手等短视频平台，线下有协议开发和上门散客等。酒店应该从线上等渠道中不断获取新客中优化出客人转变为资深会员或者协议客户，提升客户黏度，提升复购率。

3. 成本

酒店成本分为固定成本和变动成本，经营过程中的重要工作就是进行成本管控。明确固定成本包括投资成本、工资、租金，变动成本包括经营成本、渠道佣金、营销费用等，经营成本包括能耗费用、布草费用、洗涤费用、易耗品费用等。

4. 库存

库存是酒店可售房间数，酒店客房只有售卖出去才有收入，一旦库存空置太多，考虑到固定成本等酒店就有可能赔钱。所以酒店想要提高营收，首先要合理地分配各个销售渠道的库存，注意把控各个时段的库存动态，及时进行价格调整，将空置率降至最低。

5. 产品

酒店产品是有形设施和无形服务的总和。优质的产品由优质的服务和运行良好的设施设备组成，包括位置、设施、服务、形象、价格等。

二、酒店收益管理实施

（一）酒店收益管理的工作流程

酒店收益管理工作就是通过优化产品、时间、价格、渠道、客户以及它们之间相互联系衍生出来的要素组合所展开的，目标是利用这几大核心要素来将酒店每一天的收入最大化。由此，我们可以总结出收益管理的工作流程——收益管理周期循环。

1. 数据收集

收益管理作为一门以数据分析为基础的管理科学，数据的准确收集是工作的第一步。随着大数据的深入应用和越来越多的数据系统的使用，酒店可以收集到的数据种类和数量也越来越多，不仅包含酒店内部的营业数据，也涉及外部市场的商业智能数据。然而，数据收集的准确性、及时性则需要酒店标准操作流程的保障和现代系统技术的支持。

2. 数据分析

有了收集并整理好的酒店内部和外部市场的数据，接下来就是对这些数据进行分析，为后续的预测、定价等工作打下基础，并将数据分析转化成对未来收益决策有指导价值的商业洞察力。传统的做法是从手工数据分析开始的，Excel 表格的大量使用在 10 年前可能还可以满足酒店收益管理数据分析的需求。而在今天，技术让数据规模和时效性得到大幅度提升，手工数据分析的效率和质量已无法适应瞬息万变的市场情况的要求，越来越多的酒店及酒店集团开始使用自动化收益分析系统，并连接各个数据系统间的自动化接口来确保数据分析和数据传输的准确性和有效性。

3. 预测

有效收益管理的关键是谨慎地平衡价格与需求，以获得最优的每间可售房收入。在通常情况下，酒店为做到这一点必须保证有足够的基本业务，以防发生在最后一刻被迫出售未售客房的局面。那么在何时以何种价格接受基础价格业务，在何时以何种价格通过何种方式吸引高价格的业务，要准确把握这些就需要进行详细的预测，包括每日预测、按市场细分预测、按日期规律（DOW）、按入住天数（LOS）预测等，以确定最佳预订期限并作为调整价格的依据。而对于一些实现基本业务存在困难的酒店，预测也同样关键，因为准确的预测可以帮助酒店分析了解未来哪部分业务较为缺失，或是哪部分业务在呈现下降趋势，这些都将成为市场营销团队采取行动的指导。

4. 定价

在准确地制定未来需求预测的基础之上，合适的定价以及下面要讨论的客房存量管理和渠道管理策略的实施将帮助酒店实现 5 个"合适"及收入最大化的目标。

定价的概念包括两个层面：建立科学的价格体系（全年或阶段性的）和每日定价管理。其中价格体系的制定是基础和前提，在确定关键房价最优价位的过程中考虑市场和竞争群酒店以及客户价值认知的影响的时候，可以引入价值价格评估法。同时针对酒店各个主要细分市场（如公司协议价、旅行社批发价、团队价等）建立相应的价格体系，并保证各细分市场价格体系的统一性，避免相互蚕食。在每日定价管理的过程中，要根据每日需求预测动态调整酒店最优可卖房价（Best Available Rate，BAR）及每个对细分市场价格按入住天数进行开关限制。在每次价格调整后应收集有关出租率变化的数据，用以比较价格调控前后的收益变化，确定针对此酒店和此市场的价格敏感度。

5. 客房存量管理

有效的收益管理离不开客房类型、入住天数及超卖等房量管理方法。酒店首先可根据各种房型的特别卖点设计整体房型体系，并可根据每个房型历史销售数据做出适当的房型间的整合或分离。利用房型拉升酒店平均房价和收入的重要措施之一是升级销售（upsell），即在客户选择了某种低价格房型的基础上通过销售技巧使客户改变选择，预订了高房价的房型。入住天数策略通过不同价格来引导和管理客人入住时间，在高需求量时期拉动其两侧需求量，这种收益管理调控策略具有很大的收入提高潜能。超卖则是对基于历史预订取消和未到店情况的分析，预计出当天有可能出现的不到店的预订，结合在住的客人变化情况而主动接受超过客房总量的预订，用以弥补潜在预订取消和未到店客人及在店客人变化带来的损失，有效提升酒店出租率。

6. 渠道管理

随着互联网技术日新月异，酒店的预订渠道发生了重大变化，全球分销系统（GDS）、中央预订系统（CRS）、品牌网站及第三方网站等分销渠道的重要性日益提升。随着网络移动端的飞速发展而出现的新兴预订平台，如官网、手机 APP、微博、微信、云搜索等，正逐渐被酒店客户选作首选预订方法。由于酒店直销渠道的建设周期长、投入高，长期来看，分销渠道将越来越积极地影响酒店整体的收入，特别是新兴市场的业务。因此，对酒店而言，必须建立并推广明确的渠道策略和渠道管理流程。渠道优化的原则可以归纳为，开拓新兴渠道以捕获旧渠道难以触达的客户群，以及提升预订成本低廉的优质渠道的流量及转化率从而提升这些渠道的产量比例。

7. 报告和影响

随着所有定价房控策略的实施，酒店业务实现之后，积极主动的业务回顾和数据分析是保证未来收益管理工作持续获得成效的有利保证。通过对历史数据的分析了解业务的最近模式及趋势，从而帮助提升未来预测的准确性和决策的合理性。制定报表和分析数据更多的是给未来带来精准的商业洞察力和营销指导。

收益管理周期循环是需要酒店各个部门——收益管理、市场营销、运营、财务及信息技术的通力合作，长期实践和精耕细作，才能真正实现收益管理的最终目标——将合适的产品在合适的时间通过合适的渠道以合适的价格售卖给合适的客户。

（二）酒店收益管理的衡量指标

随着收益管理在中国酒店业的应用日趋成熟，酒店管理者对收益管理及相关知识也越来越了解。每间可售房收入、入住率和平均房价为衡量酒店表现的三大指标，在酒店收益管理中起着非常重要的作用。

1. OCC（Occupancy）——入住率

入住率指某一特定时期实际售出的客房数与可售房数量的比率。

$$OCC = 实际售出客房数量 \div 可售房数量$$

如，A 酒店有客房 100 间，当日出租 60 间，60÷100=60%，入住率就为 60%。

2. ADR（Average Daily Rate）——已售客房平均房价

替代指标：Average Published Rate（APR）——平均牌价，当酒店普查报告或者年报中未提供 ADR 的相关信息时，牌价可以作为参考计算出大概的平均房价（ADR）。

$$ADR = 客房收入 \div 实际售出客房数量$$

例如，A酒店有客房100间，其中60间为标准间，房价180元/间；40间为单人间，房价160元/间；当日房价以8折优惠，标准间房价144元/间，单人间128元/间，实际出租房为80间，其中标准间40间，单人间40间，则当日客房总销售额=144×40+128×40=10 880，日平均房价=10880÷80=136元。

3. RevPAR（Revenue Per Available Room）——每间可售房收入

每间可售房收入（RevPAR）等于客房收入除以可售客房数。RevPAR不同于ADR，前者的分母是可售客房数量，后者是实际售出的客房数量。

公式（1）：RevPAR= 实际客房收入 ÷ 可供房总数

公式（2）：RevPAR= 入住率（OCC）× 平均房价（ADR）

仍以上面A酒店为例，套入公式（1）：A酒店的RevPAR=10880÷100=108.8。这个数字表明，该酒店每间客房产生了108.8元的收入，经营状况尚可。套入公式（2）：RevPAR= 出租率 × 平均房价 =80%×136=108.8。假如上述A酒店实际出租房为50间，其中标准间30间，单人间20间，则当日客房总销售额=144×30+128×20=6880，日平均房价=6880÷50=137.6元，出租率=（50÷100）×100%=50%，RevPAR=6880÷100=50%×137.6=68.8。

▶ 知识延伸

主要酒店收益管理工具

Duetto：美国领先的酒店收益管理软件，带有酒店收益管理（Block Buster）、赌场（Game Changer）、销售（Play Maker）和报告（Score Board）等模块。

IDeaS：美国酒店自动化收益管理、定价、预测和报告解决方案。除了酒店，还为停车场和其他功能空间提供收益追踪服务。

TravelClick：美国收益管理平台，其iHotelier suite系统包括收益管理和渠道管理模块。iHotelier suite还包括媒体和网络组件，通过在线工具推动直接预订。

Kepion：整合规划和报告功能的收益管理平台，同时还提供商务智能模块的拓展解决方案。

RateBoard：奥地利专注产出管理和分析的软件，可以通过分析用户预订习惯和市场信息提前365天推荐定价。

RevPar Guru：追踪酒店入住率、ADR和RevPAR的软件。除了收益管理系统，RevPar Guru还有渠道管理模块和预订引擎。

资料来源：酒店高参，https://www.163.com/dy/article/E5OIT8890524AJ5P.html，2019-01-18

三、酒店收益管理策略

（一）高需求期的酒店收益管理策略

1. 适当提升对外散客价，停止或限制打折

（1）停止实行房价折扣。

（2）只给住店时间较长的客人房价折扣。

（3）适当提高房价水平，拉大不同房型之间价差，但价位要控制在中心订房系统和饭店宣传册上公布的价格范围内。

（4）加强价格监控，每天上午和下午至少各研究一次未来 7~14 天每天竞争群酒店价格的变动情况。根据需要适当提升对外散客价，不要闭门造车。如使用鸿鹄微信公众号的免费价格监控功能，它能每四小时检测和提醒一次。

（5）不能改变协议价，如公司价、政府价、团队价和会员价等要通过及时关闭低价房型和销售高价房型来提升销售单价，尽量减少免费升档。

（6）延住客人要按当日价收取，不能沿用旧价格。

2. 采取严厉的信用政策

（1）减少或取消无信用担保订房，甚至只接受预付和担保预订。

（2）认真确定每一个预订，挤掉预订的水分。

（3）紧缩取消政策，减少客房的闲置。

（4）对于住宿期较长的顾客，要求定金付到最后一晚。

3. 测算好每日团队用房量上限和团队价格下限，控制好团队预留房释放时间

（1）控制特定日期的团队用房占比，预留足够客房供高价的散客预订。避免低价团队或包房商占用太多房，高价散客订不到房的情况。

（2）控制特定日期订房客人的抵达日期，只接受在饭店某一指定日期之前抵店的客人预订。

（3）设置最少停留天数限制。

（4）团队价格与对外散客价挂钩，水涨船高，可能每天都不一样，报价要根据停留日期，取平均数报价。

4. 团队入住模式优化

（1）削峰补谷，提高需求时段团价，用低价鼓励团队住到需求低的时段。

（2）研究调整团队入住时间和入住天数的可能性，尽可能避开饭店销售的高峰期。

（3）合理减少团队房配额，优先接受愿意支付高价位的团队。

（4）挤掉团队订房数量的水分。

（5）团队增加团房时要加价，尽量不要免费升档。

（6）用置换分析法报价，把团队带来的客房收入、餐饮、会议、宴会等总体收入和利润都计算对比后再报价。不要分开报价。

5. 通过连住、超额预订等措施提高满房率

高需求时期，如果价格灵活，措施得当，很容易满房。此时卖 1 间房，相当于淡季卖 1.5 间房，甚至 2 间房。旺季做到最优化，可以弥补淡季的不足。要知道淡季即使价格很低，都没有多少需求。为何不在有需求的时候多卖一些呢？用旺补淡。旺季最优化了，全年通常就好了。

（二）低需求期的酒店收益管理策略

1. 创造顾客需求

（1）深入分析每个公司协议账户、团队在客房、餐饮、会议和宴会等方面的产出，

找到隐含的需求，鼓励和奖励这方面的客人使用较少的服务项目和设施，如农夫般深耕细作，提高已有客户的综合消费及单产。

（2）与客人多谈本酒店产品和服务的特色、价值及超越竞争对手的地方，少谈价格。

（3）确立全员销售的理念，使全体员工都成为酒店的销售代理人。

（4）如猎人般主动出击，寻找新的业务、客源、渠道，不要守株待兔。

2. 实施价格折扣

（1）实行淡季价格折扣。对外散客价实行阶梯定价。

（2）针对特定的市场、特定的时间或特定的产品实行限时限量的优惠促销。

（3）在特定时期，只要能产生边际利润，都是饭店可接受的短期最低房价。

（4）团队报价采取阶梯报价法，第一个团队价格较低，第二个团队适当提高，以此类推。此举有效转移需求，带旺酒店各部。

3. 提供包价和住店奖励

（1）把客房与其他有吸引力的产品结合在一起销售，采用一揽子报价形式，以增加营业收入。以会议、宴会、培训等带动客房和餐饮消费。

（2）采取措施奖励订房人员，如协议公司的秘书和会议、宴会组织者。

（3）给予住店期较长的客人住房奖励，如积分和优惠券。

4. 放松控制，并鼓励升档

（1）暂时取消对客人抵店、离店时间和停留天数的限制。

（2）推出套房或豪华房特价促销，客人花同样的钱，但得到更好的产品，有效把客源从竞争对手那里转移过来。

（3）适当缩小各种房型之间的价差，鼓励升级销售，提高 ADR 和收入。

（4）加强钟点房的销售。

5. 采取灵活的团队报价

设定每天最少团房数量和最低团价，促使销售团队主动寻找淡季团队业务，用团房打底，保本并带旺客房、餐饮、会议、宴会和康乐等消费，增加人气，提高酒店整体收益。

6. 在产品、渠道和细分市场下功夫

（1）淡季的价格可能已经很低了，但销售量还不够高，说明调价作用不大了，就要从产品、渠道和细分市场方面下功夫，因地制宜，开发有特色的产品和服务，给顾客来酒店消费和停留时间更长的理由。

（2）向竞争对手学习，研究他们的渠道、细分市场等与自己有什么不同，大胆尝试开发没有用过的渠道和没有开发过的细分市场，如 MICE 和 SMERF 等，往往可起到意想不到的作用。

任务测评

▶ 案例解析

酒店收益管理新趋势——全收入流收益管理

世茂喜达酒店集团销售运营及收益管理总监白学哲表示，目前收益管理领域主要集中和针对酒店每房收益的评估和管理因其收入为主导带来的客观经营利润，收益最大化的具体实施是通过市场需求的差异来及时调整价格，同时在渠道管理方面优先使用分销成本有优势的渠道平台，餐饮收入和宴会收入与酒店房间存在本质的特征差异，延伸收益管理创收的理念到餐饮和宴会方面，他认为有以下几个工作环节走向可以参考，以逐步实现酒店的全收入流收益管理。

（1）专业的人。优先解决人才的问题，目前酒店业在房间收益管理方面培训比较深入，这方面的专业团队从总部到酒店层面结构整齐，工作推进相对来说较为容易。

（2）工具。需要有合适的工具来支撑工作的落地执行，以结果为导向的工作方式，清晰透明的数据分析，协助管理者做出收益管理中正确的决定。世茂喜达酒店集团也是 IDeaS 的用户之一，在酒店运营中收益良多，有效地前瞻预测预判结合完善的数据分析和有效的工具支持，做到创收的良性循环。

（3）关注细节。房间无法随时做出质的改变，但是餐厅餐饮的出品以及实时产品营销策略的更新等细节决定收益管理的成败。例如，很多国际品牌酒店开始餐饮外送的服务，进行积极创收的尝试，解决酒店层面现金流的需求。这也是很好的一个尝试，从传统的堂食客人走进来消费转到向社会餐饮平台分销酒店餐饮菜品，当然价格和产品都做了相应调整，达到消费者能够接受的消费水平。

案例诊断：收益管理的应用如何从酒店客房到餐饮和宴会及其他收入流？酒店全面收益管理的困难点和突破点在哪里？

案例对管理者的启示：

实操训练

表3-6-3　学生任务单

组号			总分	
目标	以小组为单位，选择1个规模较大的酒店，了解该酒店如何利用收益管理技巧应对危机。以小组的形式将所查结果做成PPT，在课堂上分享交流，时间控制在3分钟内。			

考核标准	分数占比	小组自评（20%）	小组互评（20%）	教师评分（60%）	总分
内容完整清晰，包括酒店收益管理实施过程，以及具体策略；有自己的感受和体会	60%				
效果美观合理，合理使用了文本、图片、图形、动画等表现工具	20%				
汇报展示技巧：能较好地运用姿态、动作、手势、表情，表达对主题的理解	10%				
综合印象：语言表达得体、流利，基本能脱稿	10%				

随堂测练

课程名称	酒店管理与数字化运营概论	专业	
学习任务	项目三　掌握酒店日常运营工作	班级	
学习内容	任务六　酒店收益管理	姓名	

码上刷题

1. 酒店收益管理是什么？酒店收益管理的基本要素有哪些？

2. 酒店收益管理的衡量指标有哪些？分别怎么计算？

3. 如何从收益管理的角度做好渠道（OTA）管理？

项目四 提升酒店整体经济效益

项目导读

发展是酒店管理的关键。本项目主要介绍酒店营销的基础知识，包括酒店营销的基础环节、组合策略和目前的一些新的营销理念，以及酒店品牌的概念、构成、功能和管理，酒店文化的内容、作用以及建设的步骤等。此外，还介绍了酒店的诊断与创新管理的相关内容。

导图领航

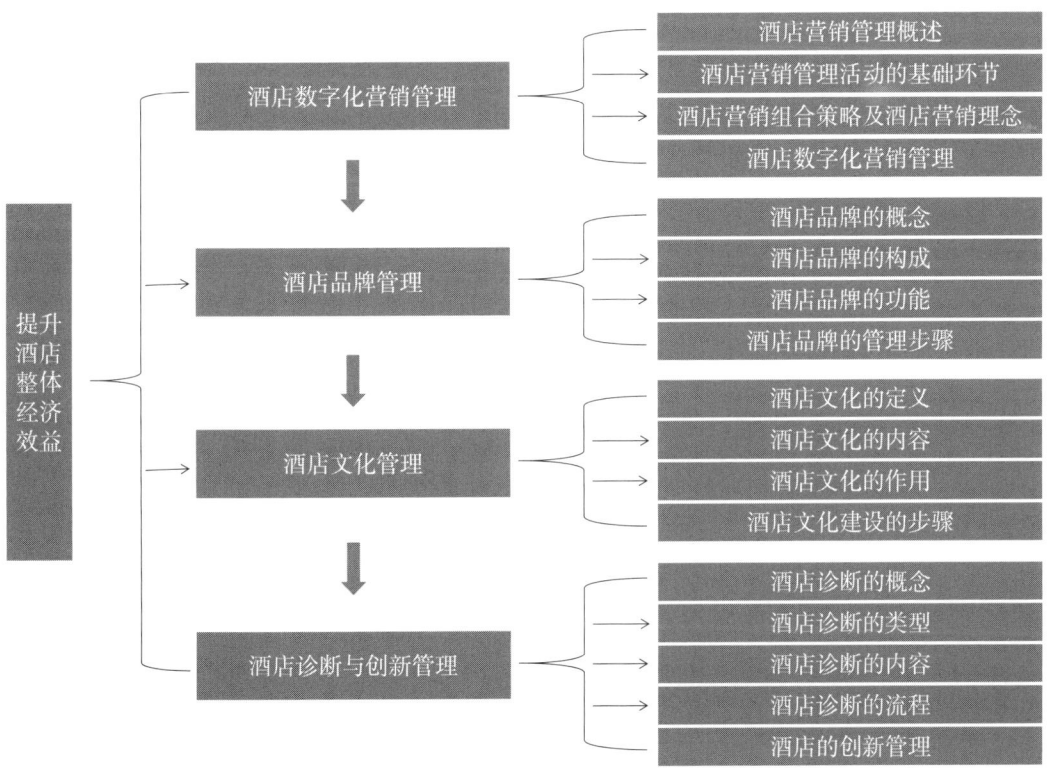

学习目标

▶ 知识教学目标

1. 了解酒店营销的概念和新型营销理念；
2. 掌握酒店营销的基础环节和营销组合策略；
3. 了解数字化手段在酒店营销中的运用情况；
4. 了解酒店品牌的主要功能；
5. 熟悉酒店品牌的管理的步骤；
6. 了解酒店文化的基本内容；
7. 熟悉酒店文化建设的步骤；
8. 熟悉酒店诊断的主要内容；
9. 掌握酒店创新管理的内容；

▶ 技能培训目标

1. 能根据酒店具体情况进行酒店营销管理活动；
2. 能理解并初步运用市场上各类数字化营销手段；
3. 能初步进行酒店品牌的宣传与管理；
4. 能初步进行酒店文化的建设与宣传；
5. 能初步对酒店进行诊断管理；
6. 能用新的方法和途径来解决不断出现的新问题，做好酒店创新管理。

▶ 综合素质目标

1. 培养学生数字化营销概念；
2. 培养学生品牌意识、新媒体运用与管理的能力；
3. 培养学生文化敏感性、洞察力和传播社会正能量的意识；
4. 培养学生观察与分析的能力，以及诊断与决策的能力；
5. 培养学生创新与实践的能力，以及持续学习与自我管理的能力。

任务一　酒店数字化营销管理

育才剧场

"智慧酒店"带来旅行好体验

进入酒店，智能前台自助办理入住；扫描二维码，动动手指即可预约房间服务……5G、大数据、人工智能等新技术快速发展，酒店住宿等旅游相关行业加速数字化。住宿业在面临挑战的同时，也在借助互联网不断创新升级，推出特色数字化产品与服务。那么，互联网赋能的酒店究竟有哪些好体验？

客人入住更省心

在广东深圳出差的张女士最近入住了位于宝安国际机场附近的雅斯菲尔酒店，"现在的酒店越来越智能化了，我不仅可以无接触办理入住，还可以通过手机选择送物、清洁服务，"张女士感慨道，"真是让人放心又省心！"据了解，雅斯菲尔酒店隶属于雅斯特酒店集团，该酒店集团正在启动数字化转型。"酒店数字化转型是了解客户需求的必然选择。"雅斯特酒店集团副总裁兼首席数字官在接受记者采访时表示，酒店基于互联网建造的系统，对各端应用进行数据打通，可以了解消费者的行为偏好和习惯，进而提升服务品质。

万达酒店及度假村也在通过数字化赋能，给客人提供更优质的服务。入住上海万达美华酒店的李先生一家人，通过万达酒店的微信小程序，享受到了在线选房、自助入住、机器人送物、自助开发票等一系列智能化服务。据介绍，万达酒店内部研发了宾客体验系统，通过对客人住前、住中、住后各个服务场景的数据把控，获取客人的偏好选项。这样可以提前做好服务准备，满足客人在不同阶段的需求，有效提升服务质量和效率。

中国饭店协会副会长在接受记者采访时表示："住宿行业涌现出很多具有专属性的数字化产品与服务。比如 AI 智能前台可以有效处理近 90% 的客人住前咨询、住中客需服务、住后反馈。这样有效解决了重复性的问询工作，工作人员有更多精力投入个性化服务。"

酒店管理更高效

除了为客人带来满意的住宿体验，数字化还赋能酒店运营各环节，提升管理效率。例如，以前在检查和清洁酒店客房时，需要人员做纸质版物品登记表，不仅容易出错，而且管理不便。现在，员工可以使用客房管理系统，登录之后在线上完成登记和检查物品。系统每天自动进行物资盘点，快速得出准确的数据，这样员工减少了耗时、冗余的操作，工作体验更好。

记者了解到，住宿业数字化管理平台产品的出现，解决了以往依靠大量人员跟进、管理和监督服务的情况。在多数酒店的智慧管理平台上，不仅可以清晰地看到客房出租情况、房间清洁情况、客房空气质量以及客房安全情况，也可以通过数字化技术即时接收到客户咨询、服务需求并应用 AI 技术分发到相关人员进行解决，让服务在线化、可跟踪。万达酒店及度假村市场营销中心总经理表示，构建数字化运营服务体系，通过各项日常运营的数据可以发现问题在哪里，找到改进、提升的办法。

在人力资源管理方面，数字化技术已帮助很多酒店将人员招聘、人员培训、人员档案、业绩情况、薪酬计算、福利发放、住宿管理等同步在一套系统里，实现人员信息系统化，管理有数据，晋升有依据。员工通过 APP，能够在手机上查看提成绩效，薪酬管理更加透明、规范。对于连锁酒店来说，随着酒店规模增大，人才招聘和管理难度会增加，而数字化恰好可以有效降低企业对人的依赖，规范管理和服务。

线上产品更丰富

除了自建系统，综合性旅游出行平台也是酒店开拓自有数字化运营的阵地。一些出行平台设有数字化商家诊断后台，为酒店等各类型商家提供有针对性的数字化经营解决方案，帮助商家提升包括流量运营、用户运营、会员运营、品牌营销等在内的经营能力。"商家可以直接与消费者进行互动，向消费者提供和其官网一样的价格和权益。"业内人士说。作为技术服务者，平台一方面升级产品技术能力，服务商家做好套餐类商品的运营；另一方面，与商家一起调整产品思路，通过满足人们多元化、个性化的酒店消费需求，开发"酒店＋玩乐门票""酒店＋餐饮""酒店＋体验"套餐型产品，促进玩法升级。

记者了解到，随着住宿业数字化的转型，数据将不断沉淀，企业得到的用户画像更加清晰。在这个变化过程中，酒店要考虑如何提供更多顾客所需的服务。人们的消费习惯发生了变化。一方面，出游条件的不确定性使"先囤后约"的酒店套餐备受欢迎；另一方面，酒店功能已从"一张床"进化到了"目的地"和社交空间，许多消费者不仅以"住"为目的，还希望在酒店实现更加个性化、内容丰富的度假体验。

资料来源：《人民日报》（海外版），2020-03-06，经整理

分析

酒店拥抱数字化，将会开启智慧旅游新时代。服务智能化、产品智能化升级将是未来的趋势，许多单体酒店或连锁化品牌都在建立属于自己的"智慧酒店"。真正的数字化、智能化是根据现实场景的数据采集，通过智能分析适应各种场景，并且不断优化产品、改善服务，为顾客提供贴心的个性化服务。业界需要继续共同探索，让数字化作为工具，为消费者和商家创造更大的价值。

任务引导

表 4-1-1　学生任务单

学号		完成时间	5~8 分钟
工具			
目标	讲故事：分享身边知道的营销案例，包括营销内容、手段、效果等。鼓励分享自己的销售经历。		
要求	1. 在班上选 2~3 个同学分别讲述营销故事； 2. 学生与教师一起归纳出现频率较高的关键词； 3. 初步了解"营销"概念。		

表 4-1-2　学生任务分配表

班级		组号		指导老师	
组长（学号）					
组员	姓名（学号）		任务分工		

任务学习

伴随着社会经济的快速发展，科学技术的更新迭代，消费者需求日趋多元化，酒店必须始终关注市场的变化，以市场需求为导向，根据市场的实际情况来制定科学的市场营销策略。

在线微课

一、酒店营销管理概述

酒店营销就是在适当的时间、地点，以适当的价格，通过适当的销售渠道，采取适当的促销策略，向目标客人销售一定的产品和服务及有计划、有组织的活动。

酒店营销管理指为了实现顾客满意和酒店经营目标，对酒店确定的理想经营项目、市场及营销活动进行系统分析、执行和控制，以便创建和维持与目标市场的良好关系，实现酒店总体经营目标的过程。

二、酒店营销管理活动的基础环节

（一）营销调研

市场调研是酒店企业开展营销活动的起点。酒店企业要在市场上开展营销活动，就要了解并准确把握市场的"脉搏"，探测宏观环境与微观环境的基本特点，在此基础上，科学确定营销计划。

对宏观环境进行调查，目的是使酒店规避环境带来的风险，有效利用环境带来的机遇，使酒店能够紧密跟进行业趋势、寻找市场机会以及躲避潜在威胁。因而酒店要了解人口环境、经济环境、自然环境、政治法律环境、社会文化环境等多种宏观环境要素。除这些酒店自身难以把控的宏观环境因素外，酒店的发展也直接受到各种微观环境的影响。微观环境一般由酒店内部环境、供应商、中间商、宾客、竞争者及相关公众构成。相对于宏观环境，酒店对微观环境的可控性较强，即酒店为了提高营销效率，可灵活控制、调整微观环境。

酒店可运用"PEST 分析法""SOWT 分析法"和波特的"五力竞争模型"等具体分析方法对各种环境要素加以科学分析，并且应将调查的结果形成具体的市场调研报告，供决策者参考，以寻找市场机会、规避市场风险。

（二）市场细分

酒店市场细分是根据宾客的地理环境因素、人口特征因素、消费心理因素以及购买行为等市场细分因素，把酒店面对的整体市场划分为不同类型的消费者群的过程。如果把酒店面临的整体市场视为一块"大蛋糕"，市场细分就相当于"切蛋糕"的过程。市场细分的本质是对不同宾客按需求特征的差异性与相似性进行分类，使得同一细分市场内部，宾客的需求特征相对一致，而在不同的细分市场之间，宾客的需求特征会有所不同。

（三）目标市场选择

因为人力、财力、物力、规模有限，我们不可能同时满足所有细分市场群体的需求，为尽可能发挥酒店资源的优势，需要寻找适合购买本酒店产品或服务的具体消费对象，即找准对本酒店富有吸引力的某一个（或几个）细分客源市场，集中自身优势，充分满足选定客源市场的特定需求，使得本酒店"在一定的市场上获得最大限度的市场占有率"，并以尽可能小的代价，追求尽可能高的收益。常见的目标市场选择策略有以下三类。

（1）整体目标市场营销策略。酒店把所有细分市场都视为营销目标，根据这一市场上绝大多数人的需求，设计出一套单一的营销策略。也叫无差异目标市场营销策略。

（2）差异目标市场营销策略。酒店针对不同的细分市场制定出不同的营销组合策略，全方位地开展有针对性的营销活动。

（3）集中目标市场营销策略。酒店将资源集中起来用于一个最具有潜力且最能适应酒店资源组合现状的细分市场，目的是在这一细分市场上取得绝对优势，实现"小市场、大份额"之目的。

（四）市场定位

市场定位是以了解和分析宾客的心理需求为中心和出发点的，其本质是让酒店的产品或服务走进宾客心灵深处，设定本酒店独特的、与竞争者有显著差异的形象特征，引发宾客心灵上的共鸣，留下深刻印象。定位的核心就是"差异化"，即通过市场定位，把本酒店与竞争者区别开来，树立独特的形象。独特的形象定位，可作为"攻心"手段，使宾客购买这类产品时，能把本酒店作为第一选择。

（五）确定营销组合

综合运用营销组合理论，对各种手段加以优化组合，协调搭配，发挥优势，以"最优化的产品和服务、最恰当的价格、最合适的促销方式、最理想的渠道设计"的最佳组合来占领目标市场，达到营销目标。

（六）实施营销活动

结合酒店自身情况和战略，同时还要兼顾目标群体的喜好与倾向来选择营销方式和手段，进行营销策略组合，实施营销活动。

三、酒店营销组合策略

酒店营销组合策略是酒店对自己可控制的各种营销因素进行分析，本着扬长避短的原则，进行优化组合和综合运用，使各个因素协调配合，发挥整体功效，最终实现营销目标。

传统的市场营销组合策略包括产品策略（Product）、价格策略（Price）、渠道策略（Place）和促销策略（Promotion）。

（一）产品策略（Product）

酒店产品指酒店向宾客提供的所有物质产品和服务产品的总和。它是有形产品和无形服务的有机结合体，并且在这个结合体中，无形的服务永远是酒店产品的主体，有形产品则是无形服务的依托。

首先，在酒店产品组合设计过程中，要考虑产品组合的广度、长度、深度以及关联度。酒店在做产品设计的时候，不能仅考虑其数量多少，产品数量越多，成本越高，投入的人力、各类资源更多，质量难以把控。因此，需要结合酒店实际，合理设计产品组合形式。

其次，要重视产品创新。消费者追求新奇与变化是人之常情，进行酒店产品创新是产品策略的重要内容，是酒店对顾客群体保持持续吸引力的重要途径，具有重大战略意义。

针对不同细分市场制定符合其需求特点的产品策略，是市场营销工作的基础。同时要重视产品创新的重要性，运用产品生命周期理论，及时改进老产品，研发新产品，有计划地进行产品更新，合理进行产品组合，保持酒店产品对顾客的吸引力。

（二）价格策略（Price）

价格是酒店产品价值的货币表现形式，是酒店进入市场的介绍信，也是酒店营销组合中唯一产生收入的因素。酒店运用定价策略，为产品线搭配适宜的价格体系，可以形成竞争壁垒，稳定酒店的市场份额；也可以适时进行促销折扣等活动，以降价、低价等价格调整行为来刺激顾客的消费，提高市场竞争力。

酒店产品的价格会受到酒店成本、市场需求、行业竞争等因素影响，在制定价格体系的过程中，要充分考虑相关影响因素，形成有竞争力的价格体系。酒店企业通常采用成本导向定价法、需求导向定价法、竞争导向定价法等来确定产品或产品组合的价格。对于新开发的产品，可以使用高价格的撇脂定价策略、低价格的渗透定价策略；对于一般产品，可以采用心理定价策略，如声望定价、整数定价、招徕定价等策略；为了鼓励消费者大量购买、淡季购买、及早付清款项，可以酌情降低基本价格，采用折扣定价策略。无论采用何种定价策略和哪种具体定价方法，都要秉承有利于吸引与保持客源，并能扩大产品销售、实现利润最大化、获得最佳经济效益的原则。

（三）渠道策略（Place）

酒店渠道策略是营销组合的一个组成因素，它的作用在于能使酒店的各种设施和服务更方便地让宾客得到。酒店销售渠道指其产品和服务从酒店向宾客转移过程中所经过的一切取得这种产品和服务的所有权（使用权），或帮助所有权（使用权）转移的企业和个人的总和。它包括向酒店代订客房等项目的代理人（中间商），批量出售酒店客房的批发商和预定机构，以及处于销售渠道起点和终点的酒店和宾客。

酒店销售渠道按照酒店产品到顾客手中的过程是否经过了中间商，可分为间接渠道和直接渠道。酒店建设合理、有效的渠道，有助于提高销售效率、增加酒店收益，还能借助中间商获取相关的市场信息。在选择酒店渠道的时候，需要综合考虑市场特点、酒店产品及服务特点、酒店自身的条件和实力以及宏观环境等因素。

（四）促销策略（Promotion）

酒店促销即营销者将有关酒店企业、产品的信息，通过各种宣传、吸引和说服的方式，传递给酒店产品的潜在购买者，促使其了解、信赖并购买自己的产品，以达到扩大销售的目的。酒店常用的促销组合策略包含广告促销、营业推广、公共关系和人员推销等工具和手段。

酒店可以利用的促销方式与手段有很多，但从本质和目的上来说，一切促销行为都是为了促成更多消费的实践形式。开展酒店促销活动，要经历选择合理的促销对象，确定促销要达成的目标，设计促销方案，落地实施促销方案以及评估促销效果等流程。

随着社会经济与市场营销学的发展，营销理论也随之更新，除了上述最为经典的"4P"营销组合策略，服务业也逐渐提高了对"4C"营销组合策略、"4R"营销组合策略、"4P"营销组合策略以及"4I"营销组合策略等理论的重视。万变不离其宗，无论采用何种营销组合策略，都是为了更好地将酒店推向市场，促进消费者产生购买行为。不同理论侧重点不同，酒店企业应根据自身实际，选择最为合适的营销组合策略，提升营销效果。

> 知识延伸

酒店营销活动中引入"社会价值"的意义和方法

在当前激烈的市场竞争中，消费者对于品牌的期待不再局限于其商品或服务的提供者这一角色，而是希望品牌能够承担更多的社会责任并传达出积极的社会价值观。因此，如何将社会价值融入到酒店的品牌定位与传播策略之中成为了许多酒店经营者关注的重点。

酒店业界普遍认为，在当下这个传播模式以社交媒体为主导的时代里，消费者越来越倾向于选择那些与其个人价值观相契合的品牌。据一项由德勤发布的《2019年全球奢侈品力量》报告显示，"有意识消费"的兴起正在影响着消费者的选择，超过一半（54%）的年轻人更愿意购买那些具有可持续发展承诺的产品。

1. "产品"中的社会价值

首先，酒店可以通过产品的设计和服务内容来传递社会价值观念。例如，万豪国际集团便在其客房内提供了环保型洗浴用品，并推广使用可降解材料制成的一次性物品，以此表达对环境保护的关注和支持。这样的做法不仅提升了客人体验，也成功地吸引了众多热衷于绿色生活方式的顾客群体。

社会价值与态度能够引发一定范围内的爆发，需要因势利导进行运用。比如我们可以看到国货鸿星尔克、峰花一夜卖断货的现象级消费热潮，每一个热点事件话题都是酒店传扬态度的时机。

2. "思想"上的引导力

其次，一个成功的酒店品牌应当有能力通过其所倡导的思想去引领宾客的生活方式及其决策过程。这需要超越简单的产品推销，转而聚焦于构建一种社区感或者文化认同。比如亚特兰蒂斯度假村创建了名为"The A List"的会员俱乐部，它不仅仅是忠诚度计划，更是建立了一个让志同道合的人相聚一起享受独特经历的空间。

这是一个消费习惯培养的过程。例如某咖啡馆，通过定期组织创业者路演活动，为活动免费提供场地，从而成为一个吸引当地投资人、创业者关注的热门场所。在好感和消费习惯培养的过程中通过观察场景中的消费人群，细分客户群体，吸引与自己品牌思想一致的客户，搭建思想平台，形成客群规模。

3. "行为"背后的价值观

最后但同样重要的是酒店自身的行为所体现出来的价值观。无论是员工培训还是日常运营实践都应反映出企业的核心理念和社会责任。举例来说，香格里拉大酒店就通过举办慈善晚宴和积极参与当地社区改善项目等行动展示了其企业公民的角色形象。

综上所述，通过精心策划的产品、深入人心的思想以及富有意义的行为三种手段，酒店可以有效地将其独特的社会价值观念融入到自身的品牌定位和市场传播活动中。这种方法不仅能吸引寻求高品味生活的客群，而且还能借助他们的口碑效应产生更大的影响力。随着越来越多的企业认识到这一点并通过相应的战略调整响应市场需求，我们未来可能会看到更多创新且充满社会关怀色彩的酒店营销模式出现。

资料来源：迈点网，https://www.meadin.com/zl/269180.html，经整理

四、酒店营销理念

（一）品牌营销

品牌营销是酒店宾馆通过创造企业品牌，树立和贯彻品牌意识来开展市场营销，扩大产品销售的一种营销策略。要给酒店产品和服务塑造一个名称响亮、标志清楚、管理规范、操作标准、质量优良的品牌，并用这种品牌来开发市场、招揽客人，形成市场声誉。

（二）机会营销

机会营销就是寻找能给企业营销活动带来积极意义且与企业营销目的相一致的各种机会进行营销活动。

（三）网络营销

网络营销指酒店以互联网为传播手段，借助网络、电脑通信和数字交互式媒体等技术来沟通供求之间的联系、销售企业产品和服务的一种现代市场营销方式和策略。

（四）绿色营销

绿色营销在环保潮流推动下产生，在绿色消费驱使下发展，是酒店为适应环保需要、改善消费环境质量、维护客人身心健康而开展的一种营销策略和理念。

（五）体验营销

让顾客体验、确认产品价值进而信赖产品，在这一系列体验过程中，客人最终成为企业的忠实顾客，这样的营销方式即体验营销。酒店要运用感觉营销、情感营销、思维营销、行动营销等多种体验模式，吸引消费者。体验营销的核心理念不仅在于要为顾客提供满意的产品和服务，还要为他们创造有价值的体验，酒店员工不仅是产品服务的提供者，更是顾客美好感觉的策划者和创造者。

（六）关系营销

关系营销是把营销活动看成一个酒店与消费者、供应商、分销商、竞争者、政府机构及其他公众发生互动作用的过程，其核心是建立和发展与这些公众的良好关系。

（七）概念营销

概念营销是酒店以某种有形或无形的产品为依托，借助现代化的传媒技术，以捕获消费者的注意力为中心，以酒店、酒店产品或其他主要经营业务为对象制造热点事件或新闻，创造新奇概念，从而进行大规模的广告宣传，赋予酒店或产品以丰富想象内涵或特定的品位或社会定位，以取得该行业丰厚利润的一种方式。如近年来，"泛酒店"的概念兴起，酒店已经不再局限于住宿、餐饮，而是当作一个空间，可以融合写字楼、现代超市、创客园、综合体、生态区、体验馆、保健美容场所、展示馆、游乐场、社交场所等等其他功能，将这些业态与住宿关联起来，实现场所效益的最大化。

(八)饥饿营销

饥饿营销多运用于商品或服务的商业推广,指商品提供者有意调低产量,以期达到调控供求关系,制造供不应求"假象",以维护产品形象并维持商品较高售价和利润率的营销策略。

五、酒店数字化营销管理

随着互联网的普及和移动设备的广泛使用,消费者的购买行为和消费习惯发生了翻天覆地的变化。中国正在全面进入数字化变革的时代,数字化浪潮也将为酒店业发展带来全面革新。新技术发展日新月异,如大数据、5G、物联网、企业中台、人工智能等正在通过更深度的连接助推酒店业的管理效能和宾客体验提升。身处变革之中的酒店企业,更需重视新技术的运用,以提升酒店运营成效,更快适应不断变化的发展节奏。

酒店企业需要适应这种变化,数字化营销正是应对这种挑战的有力手段。数字化营销指借助互联网、计算机通信技术和数字交互式媒体,利用数字传播渠道来实现营销目标的一种营销方式。这种营销方式打破了传统营销模式在时空和传播方式上的限制,通过数据分析、消费者行为分析、市场趋势分析等方式,进行精准定位、个性化推荐、多渠道营销等一系列的营销管理活动。常见的数字化营销手段有搜索引擎优化(SEO)、搜索引擎营销(SEM)、社交媒体市场营销、互联网广告推送、联盟营销(邀请推广、返利联盟等)、移动营销、视频营销、电子邮件和短信推送等。数字营销技术能够为企业带来更多机遇,高效且精准地触达目标用户群体,能够用较少的预算来执行有效的营销行为。酒店数字化营销的目标是通过数字技术提高营销效果,增加品牌知名度,培养消费习惯、吸引更多消费者,以提高销售额,从而提升酒店的综合效益。

任务测评

▶ 案例解析

五星级酒店做起社会化营销，是什么画风？

谈起社会化营销，做得风生水起的一般都是快消、电子数码和互联网品牌这些面向大众的品类。受众群体的量级、阶层和品牌基调会影响一个品牌的社会化属性，所以越高端的品类与品牌反而不易社会化。

万丽酒店一反之前的低调，与蔡健雅合作拍摄了一支极其华丽的TVC作为本次传播的核心内容，完成了它的首次灵感跨界发声。

1. 与自身定位适配的传播话题

社会传播很重要的一点就是话题要有趣，够接地气。而万丽作为一家五星级酒店，受众多为高端商旅人群，传播风格要保持一定的调性。要从什么角度切入？

白天，酒店的顾客或忙于工作，或为各种会议在城市中穿梭；夜晚才是属于他们自己的时间，希望获得精彩新奇的体验。

基于这样的用户心理，万丽结合自身定期举办主题夜活动的特点与致力让顾客在夜晚回到酒店也能发现精彩的理念。将"夜·灵感·万丽"作为本次传播的主题，可以把它理解为万丽酒店的全球主张——"生活在于发现"（Live Life To Discover）的一种延伸。

2. 高端概念如何落地？开启灵感跨界之旅

在保持高端调性的同时，如何引起大众兴趣进行沟通？夜和灵感本就是两个很抽象的概念，理解成本很高。为了让它们更加具象，便于人们清晰地认识到并感受到品牌所要传递的概念，需要在酒店领域与营销领域之外，寻找一些载体，将夜与灵感建立起关联。

载体1：有相关性的话题人物

在预热阶段，我们找到蔡健雅进行一场以夜晚与灵感为话题的小型专访。作为乐坛资深创作人，灵感于她而言是再熟悉不过。而且，值得一提的是她80%的作品都是在夜晚创作的。由蔡健雅来讲述夜与灵感，对围观群众有足够强大的说服力，使话题可以迅速积累路人缘。

载体2：引发兴趣的定制内容

此外，蔡健雅还特别录制了一段"灵感之声"，配合15秒的概念影像，活动伊始便在线上放送，为"夜·灵感"这一主题造足悬念，并集中在娱乐领域和音乐领域持续产生话题，让娱乐与音乐爱好者尽情聆听、讨论。

载体3：能带动声量的精准人群

合理利用明星资源同样很重要。通过贴吧、微博、微信群等社交平台，号召蔡健雅的粉丝群体参与话题的讨论传播，依靠自来水助力推广，使粉丝团的影响力最大化，将一次品牌活动转化为粉丝的狂欢。

3. 品牌与概念联结，进入公众视野

在大众认知中完成"夜·灵感"的印象植入，下一步即考虑品牌角色的展示，"夜·灵感"话题升级为"夜·灵感·万丽"，在新话题中将三者进行强绑定。

从线上到线下，与名人深度合作：

在 5 月 31 日，即苏州太湖万丽酒店举办品牌概念发布会当天，万丽酒店的首支中文 TVC 上线。通篇虽由蔡健雅讲述她关于夜与灵感的体会与感悟，但同时也在传递万丽的品牌态度，由此将"夜·灵感·万丽"的内涵诠释透彻。

因为本次活动覆盖了万丽酒店的整个亚太区，所以蔡健雅不仅在微博上发声，在 Facebook 与 INS 上同样活跃起 Evenings At Renaissance 的话题，让海外用户也可以感受到万丽的夜与灵感。

不止于此，在发布会现场，蔡健雅惊喜现身并献唱多首经典灵感曲目，把气氛推至最高点，品牌发布会俨然成为一场蔡健雅的小型个人演唱会。参会者们沉浸于旋律之中，在万丽切身体悟夜与灵感的美妙。

4. 多平台、多领域遍布灵感足迹

5 月 31 日凌晨，北、上、深、苏、杭多地的商旅人士，都在朋友圈收到万丽酒店的 TVC 推广。通过在文字与外部视频中设置悬念，配合与传播主题高度契合的投放时间，成功地让受众群体受好奇心的驱使一探究竟，并分享给好友观看。当被问起蔡健雅的灵感秘密时，相信看过这次推送的人心中都有同一个答案——万丽。

不单是广告片，万丽酒店的 TVC 也是一支高品质的灵感概念片，所以当它出现在梨视频这家优质的短视频平台上时，有一众短视频爱好者观看并为其所吸引，在他们以后的认知里，很可能万丽酒店即为灵感的代名词。

内容软植入，渗透生活领域，概念持续落地：与生活类、观点类的优质 KOL 合作，面向泛人群，多维度阐释关于夜与灵感的看法。"灵魂有香气的女子"从女性心理回顾了蔡健雅一路的创作历程与对灵感的认知，而"大象公会"则根据科学依据，探究灵感的特点与它背后的秘密，将缥缈的灵感与日常生活相结合，使其更易被大众理解、接受。

5. 制造线下体验，强化品牌角色

在活动事件集中爆发后，后续选择线下体验的方式进行话题热度维持。

在灵感横跨音乐、娱乐、商务、短视频、生活等众多领域后，终于回到万丽本身。万丽酒店融合蔡健雅的作品概念，设计出特制的店内产品——以高传唱度歌曲命名的 4 款鸡尾酒和对应的黑胶唱片酒单，作为夜与灵感的实物载体，甚至在发布会现场做出一面 CD 墙，赚足眼球。

蔡健雅本人也在 Facebook 上展示了这一灵感碰撞的设计成果，并号召大家到店体验。一方面是将大众目光落回到酒店；另一方面足够吸引蔡健雅粉丝团进行社群传播，引导他们线下到店品尝美酒，而经由他们分享这次体验过程，则会再次助力活动的线上宣传。

在当前国内消费水平激增的大趋势下，消费者对于产品和服务的品质空前看重。曾经只有少部分人可触及的高端品牌，已经走进越来越多的寻常人家。这一变化在汽车领域与奢侈品领域表现尤为突出。同样地，旅游成为人们提升生活品质的重要消费手段，而入住好的酒店则会大大提升旅游品质。看中这一机会，万丽酒店选择顺势而为，在保持调性的同时进入大众视野，一切行为全部围绕

"夜·灵感·万丽"进行，将夜与灵感的标签据为品牌所有。

最终，在微博话题自然发酵的情况下，阅读量达到 317 万次，互动量共 2734 次。微信朋友圈视频总曝光冲至 222 万次，互动量近万次。此外，粉丝团在各大社交平台也贡献出约 16 万次的曝光量。微博、微信的 KOL 内容阅读量分别获得 455.5 万次与 30 万次的成绩。万丽酒店的视频总播放量近 600 万次。这些数据意味着五星级的万丽酒店在国内乃至亚太区成功完成品牌个性建立，与友商区隔。而在首次线上发声结束后，不少人已开始对它的下一次动作充满期待。

案例诊断：本案例中的酒店营销思路属于什么类型？该酒店为实现营销目的，有哪些举措？效果如何？谈一谈你对这种营销思路的理解和思考。

案例对管理者的启示：

▶ 实操训练

表 4-1-3　学生任务单

组号		总分	
目标	以小组为单位，选择 1 家中高端酒店，通过查阅相关网络资料与访谈调研，分析针对近期即将到来（或者才结束不久）的节假日，该酒店有哪些营销行动，效果如何。将成果做成 PPT，在课堂上分享交流，时间控制在 3 分钟内。		

考核标准	分数占比	小组自评（20%）	小组互评（20%）	教师评分（60%）	总分
内容完整清晰，包括营销策略、营销效果等	60%				
数据准确，语言简洁流畅，叙述清楚明了、有逻辑，有自己的感受和体会	30%				
合理使用图片、表格等表现工具	10%				

▶ 随堂测练

课程名称	酒店管理概论	专业	
学习任务	项目四　提升酒店整体经济效益	班级	
学习内容	任务一　酒店数字化营销管理	姓名	

码上刷题

1. 酒店营销活动的基础环节和流程包含哪些内容？

2. 酒店营销组合策略有哪些？

3. 简述酒店常见的数字化营销手段。

任务二　酒店品牌管理

育才剧场

酒店"住着玩"成潮流 本土品牌强势崛起

伴随着休闲度假时代的来临，消费者"住着玩"的诉求大大提升，我国度假酒店市场获得快速增长。

不同于城市商务酒店强调"休息"属性，休闲住宿业态更追求"玩"的元素，业内更习惯从细分场景加以区别。大众点评已经发布四年的"必住榜"，在今年首次以休闲度假为主题，发布了8个细分场景的酒店名单。其中，超过30%的上榜酒店均为本土区域性酒店品牌。

多位业内人士告诉记者，国际品牌在国内高端度假酒店市场仍占据重要位置，但是本土度假酒店品牌凭借对传统文化和自然资源的深度挖掘，正在提供更多颇具竞争力的度假酒店产品。"本土品牌应该深度挖掘客户需求，并发力在地化产品。通过软硬件结合，将当地文化与民俗风情转化成定制化产品来服务消费者，以此形成品牌的特色和护城河。"景鉴智库创始人周鸣岐告诉记者。

本土度假酒店品牌崛起

酒旅行业观察人士张旭云认为，过去三年深刻改变了旅游出行产业，当下用户出行更加注重体验，讲究"住着玩"，"酒店即目的地"逐渐成为大众的选择。住宿只是度假酒店的一个功能，而在挖掘传统文化和当地风俗民情方面，本土品牌更具优势。

记者通过小红书检索"度假酒店"了解到，很多用户更加偏爱酒店自然风光、当地民俗文化以及在地化设计。多位行业人士认为，国际酒店集团在这一细分市场仍然具有很强的品牌力，但本土酒店品牌正在强势崛起，通过差异化竞争输出更多特色产品。德胧方面告诉记者，公司发力休闲度假酒店主要集中在城市更新和乡村振兴。城市更新让传统高端酒店焕发升级，很多酒店翻牌后关注社群关系和服务品质。而乡村振兴让高端度假酒店业态与乡村生态环境和人文环境相契合。

深耕在地化产品

不可否认的是，国内高端度假酒店市场，国际品牌仍占据很大优势。在张旭云看来，本土头部集团通过引入国际品牌和孵化本土品牌等路径切入这一市场。行业形成了国际酒店品牌、本土酒店集团和区域小众本土品牌共享蛋糕的市场格局。"本土品牌要想切走更多市场，应该在差异化和细分市场上多做功课。

尚美数智则强调属地文化的挖掘。该公司相关负责人表示，同国际品牌相比，本土品牌的突破之处在于能更懂当地文化习俗，也能更深入挖掘并呈现本地文化特色。同时在关注乡村振兴以及可持续发展下，提供创新的个性化度假体验，满足现代消费者多元化度假需求。

"本土品牌需要更加了解客户需求，在地化产品需要软硬件结合。硬件包括酒店设施和当地的自然风光。软件则是结合当地文化、民俗风情等软实力，转化成实打实的产品，并通过定制化套餐的模式服务消费者的多元化诉求。"周鸣岐说。

"休闲度假需求的释放，消费者诉求由住转向玩，整个行业都面临着升级和变革。在这样的背景下，本土品牌拥有了更多的展示机会。从民宿到露营再到各种野奢营地，都能看到本土品牌在诸多细分场景上的探索。这对于我国酒店产业的发展具有重要意义。"张旭云说。

资料来源：《中国经营报》，2023-09-23

分析

近年来，国家重视打造"中国制造"的良好口碑，酒店业同样深受鼓动和影响，打造属于中国人自己的本土酒店品牌广泛影响了新一代的酒店人，良好的酒店品牌有利于在激烈单独市场竞争中站稳脚跟，同时有助于酒店的长远和深层发展。与此同时，品牌的管理和营销成为当下酒店行业共同关注的焦点，想长久发展酒店，扩大经营规模，品牌的塑造、管理和经营必不可少。不同等级、性质的酒店品牌定位不同，应当看准自身的市场受众，突出优势，从自身实际出发定位品牌，在此基础上，根据酒店当下和未来的发展规划，同步升级对品牌的规划和提升，始终将品牌塑造和酒店发展协同，并突出一定的独特性和创新性，让品牌成为酒店的优势和助力。

任务引导

表 4-2-1　学生任务单

组号		完成时间		5~10分钟	
工具	A4纸、笔				
目标	接龙：说出你喜欢或者信赖的某一类物品的品牌（物品种类不限）。				
要求	1. 每人都在笔记本上写下关键词，格式如：物品种类、品牌名称；				
	2. 每人写3~5个；				
	3. 在班上用接龙的形式，开展任务；				
	4. 获得大家对于品牌的认识。				

表 4-2-1　学生任务分配表

班级		组号		指导老师	
组长（学号）					
组员	姓名（学号）		任务分工		

任务学习

酒店品牌对酒店和消费者都至关重要,作用于酒店经营、管理和发展等多方面。

一、酒店品牌的概念

美国市场营销学会将品牌定义为:"一种名称、术语、标记、符号或设计,或是它们的组合运用,用以辨认某个销售者或销售群体的产品及服务,并使之与竞争对手的产品和服务相区分。"品牌主要指用以区别不同企业生产者销售的产品或服务的名称、标记、图案、形象或其他特征,包括品牌名称、品牌标记和品牌内涵等。

在线微课

虽然学界对品牌的定义表述多样,但其本质是顾客用来区分产品和服务的名称、标志等。另外,通过品牌,顾客可以获得附加利益。

酒店品牌是酒店消费者能够识别其产品和服务,并区别于其他酒店的、具有显著特征的标记,是酒店在长期的发展过程中,逐渐累积形成的具有企业文化、管理理念和经营特色的有形产品和无形服务相结合的有机整体。酒店品牌以酒店整体形象为消费者认可,依靠酒店的总体信誉而形成。酒店产品及服务是品牌的基础,酒店的经营理念、文化、价值是品牌的内涵,特定的名称、符号、图案及特色、个性是品牌的外在表现。

> **知识延伸**
>
> **"中国品牌日"**
>
> 2016年6月20日,《国务院办公厅关于发挥品牌引领作用推动供需结构升级的意见》公布,该意见明确要设立"中国品牌日",大力宣传知名自主品牌,讲好中国品牌故事,提高自主品牌影响力和认知度。
>
> 2017年5月2日,《国务院关于同意设立"中国品牌日"的批复》公布。自2017年起,将每年5月10日设立为"中国品牌日"。
>
> 资料来源:中华人民共和国中央人民政府网,https://www.gov.cn/hudong/2017-05/10/content_5192788.htm,2017-05-10

二、酒店品牌的构成

酒店品牌由三个主要要素构成,即酒店品牌名称、酒店品牌标志和商标。

(一)酒店品牌名称

任何一个酒店品牌都有名称,通常也称商号。我国酒店品牌名称一般使用中文,也可用英文或数字表示,品牌名称可国际国内通用。酒店品牌名称涵盖了酒店的产品和文化的属性等内容,所以酒店品牌名称是酒店产品及其他特质的识别标志,能使人联想起该品牌的产品、服务、价格、文化理念等。好的品牌名称为酒店树立品牌形象建立良好的传播基础,有利于品牌的宣传和产品的销售。

（二）酒店品牌标志

酒店品牌标志即酒店品牌的形象符号，是品牌形象化的标志，可以形成内容丰富且高度抽象的概念，便于速记、识别和传播。形象符号可以唤起人们对该品牌的联想，有利于形成品牌的个性，利于识别和记忆。

（三）商标

商标从法律上保护酒店品牌。商标作为品牌的法定标记，可区分经营身份，涉及酒店品牌在什么区域及什么样的产品范围内受到保护。商标的设计要符合《商标法》，注册后受《商标法》保护，是知识产权中的类别之一，在市场上是区别和验证商品和服务的标志，是整个品牌战略运作的依据和关键。

三、酒店品牌的功能

品牌对酒店和消费者具有不同的功能。对于酒店而言，品牌的功能体现在多个方面，而对于消费者而言，在酒店产品购买之前不能确定其质量，品牌是消费者选择时考虑的主要因素。所以对于消费决策而言，酒店品牌同样具备很强的功能性。

（一）对酒店的功能

1. 突出个性，提升识别度

史蒂芬·金说过："产品是在工厂所生产的东西，而品牌则是消费者所购买的东西。一件产品可以被竞争对手模仿，但品牌则是独一无二的。产品会过时，而成功的品牌却持久不变。"同等级酒店产品的差异性很小，没有专利保护，极易被竞争对手模仿。鲜明的酒店品牌使得客人在众多品牌中对自己中意的品牌印象深刻，品牌在营销传播的过程中相当于酒店的"名片"，酒店通过自己独特的品牌来体现差异，提升识别度。

2. 传递信息，促进产品销售

酒店产品的无形性决定了在消费者购买前无法当场展示，消费者通过产品的有关信息做出购买决策。品牌作为酒店产品和服务的综合体现，有效地向顾客传递了产品和服务的质量信息。当我们看到丽兹·卡尔顿，会想到豪华、高品质；看到"7天"，会觉得方便、快捷等，这种感受来自品牌无形中向我们传达的酒店形象，同时影响购买行为。

3. 附加价值，提高经济效益

产品与品牌的主要区别就在于"附加值"。一方面，顾客购买著名品牌的产品，不仅获得物质上的满足，同时获得心理上的满足，所以，即使价格高于同类产品，也乐于接受；另一方面，酒店拥有知名品牌，就突出了一定的竞争优势，可以获得较高的利润率和市场占有率。同时，品牌是酒店的无形资产，本身也具有很高的价值，因此可以提高酒店的经济效益。

4. 体现优势，拓展消费市场

当今许多酒店重要的营销手段是酒店品牌营销，以塑造品牌、提升品牌价值为核心，对广告、公关、促销等各种营销方式进行有效整合。通过对产品和服务的营销，提高酒店持久的竞争优势，形成酒店的核心竞争力。因此，酒店品牌是进行国际化经营和企业对外竞争的有力武器，品牌输出成为跨国经营的主要手段和途径，国际酒店集团就是利用品牌抢占中国市场，并获得竞争的优势。

5. 凝聚力强，吸纳优秀人才

从内部营销的角度看，品牌可以聚拢人才，人们都愿意到有名的大公司去工作。酒店品牌的美誉度和强大社会影响力会使员工充满自豪感和工作热情，有利于员工实现自我价值，而拥有优秀的人才是酒店持久发展的保证。

（二）对消费者的功能

1. 降低购买风险

优质品牌是酒店对市场的一种承诺，它以长期稳定的服务质量和良好的信誉为基础，赢得客人的信赖。顾客购买品牌产品，无疑会降低购买风险。

2. 节约购买成本

品牌充当了产品质量和价格的识别信号，客人不必花费很多时间搜寻，便可选择所需酒店，从而节约了购买时间、信息等多种成本。

3. 满足高层次需求

与普通商品相比，人们往往愿意付出更高的价格选择名牌，在酒店业更是如此。因为豪华和高档的酒店品牌对顾客来说是一种身份和地位的象征，不仅满足客人对酒店功能性的需求，更重要的是可以满足客人高层次的精神需求。

四、酒店品牌的管理步骤

（一）酒店品牌定位

从长期发展的战略角度，按照市场需求，树立酒店形象，设计有价值的产品，使顾客了解酒店的特色，使酒店明确自己的发展方向。酒店选择适当的品牌定位，确定了自己的位置，方能发挥酒店及产品的自身优势，根据定位策略进行延伸。建立起品牌的核心价值，才能使品牌长盛不衰。

（二）酒店品牌的设计

根据品牌的定位赋予品牌特殊的外显特征，即用酒店的名称、标记、图案来象征酒店的形象、价值观、信誉和文化等特征。酒店品牌的设计要富蕴内涵、暗示属性，简洁醒目、易读易记、别具一格、避免雷同，健康积极、合理合法。

（三）酒店品牌的推广

酒店品牌设计完成后，能否被广大的社会公众接受和认可，是品牌建设的关键。因此酒店必须通过广告、公关、营销和服务来进行酒店品牌的宣传推广，使消费者从识别品牌到认知品牌，达到品牌忠诚，最终形成酒店的品牌竞争优势。

▶ 知识延伸

酒店品牌推广过程

　　酒店品牌从推出市场到为消费者所普遍接受，一般要经过3个主要阶段，即品牌识别、品牌认知、品牌忠诚。针对各个不同的阶段也应采取相应的宣传策略（如图4-2-1）。

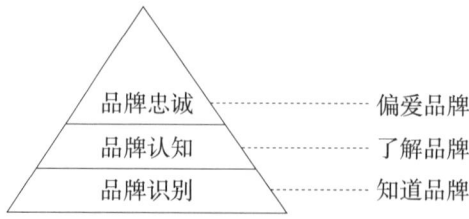

图4-2-1　酒店品牌推广过程

资料来源：马勇，《酒店管理概论》，重庆：重庆大学出版社，2021，经整理

（四）酒店品牌的维护和提升

　　在已有酒店品牌的基础上努力提升品牌价值，并随时匹配和跟进相应的产品和服务。在酒店没有完善的品牌管理模式、达到品牌承诺的标准之前，重心应放在品牌质量管理及维护方面，不急于推广传播，酒店需要在日常经营管理中重视品牌的维护，并建立和完善执行品牌管理系统。酒店品牌在维护的基础上还应注意提升，一般来说，酒店品牌的提升会经历从知名度到美誉度，再发展到忠诚度的阶段，这是品牌发展和成长的阶梯。提高品牌的忠诚度至少需要满足四个基本条件，即忠诚的员工、优质的产品、成熟的服务、忠实的宾客。与此同时，积极开展宾客关系营销，提升酒店品牌价值。

任务测评

案例解析

经济型酒店:"体验"赋予品牌"价值"

经济型酒店沉寂多年后再一次站在改革的十字路口上,7天酒店变革更为迅速。作为中国经济型酒店品牌的代表,国民品牌7天酒店近期强势推出3.0系列。从官网发布及新出的样板房来看,"7天3.0"并不是简单的"换装",而是一次品质和体验的焕新。

智慧大脑——锦江全球创新中心GIC为7天酒店的升级量身打造了一套体验设计。在市场定位上,"7天3.0"以"优质睡眠"为核心,为追求高性价比且具备年轻心态和较高文化层次的商务及休闲旅客,带来"绿色、健康、智能、共享、文化"的出行体验。围绕新的市场定位,"7天3.0"开始褪去固有印象,以新的姿态亮相。

在原来黄、蓝经典色彩元素的基础上,"7天3.0"融入橙色,在视觉效果上更加朝气活力。客人最为看中的"舒适度"是"7天3.0"升级的重中之重,7天的床品对标中高端品牌维也纳,跨越式的硬件升级让消费者进一步感受7天"自在7天,好睡天天"的对客理念。在其他的增值服务上,"7天3.0"新增共享健身房和智能洗衣房。从这些在中端酒店才可以感受到的功能上,可以看到"7天3.0"正努力贴合年轻一代消费者的审美,在保留7天品牌基调的同时,赋予其更加积极、朝气的形象和内涵。

7天的升级更多的是理念上的转变。"7天3.0"的一大亮点是多功能大堂,在酒店大堂公区新增自助办理入住的"无感入住"、独立办公区的"私密卡座"、组合式卡座等功能。采用智能化并增加餐饮配套的新零售模式,是"7天3.0"在增加非客收入的又一尝试。"在现阶段,我认为共享大堂对经济型酒店是必要的,这在投入上可能是一件'奢侈品',但又是消费升级下的必然产物。我们要做的是如何最大化的利用公区来创收,这可以在消费者体验、投资人收入、品牌效益上实现三赢。"蒲青山说道。

很多酒店科技被行业诟病是花式的服务"伪需求",但在科技的浪潮下又不得不引入科技的元素。"7天3.0"的前台自助办理入住、智能马桶带来的健康体验等,对于7天来说,科技更重要的是为酒店提高运营效率和创收赋能,让看得见的科技都成为有用的科技。从空间设计到理念上的巨大转变,也是7天酒店的一次自我革新。

案例诊断:上述案例主要体现了酒店品牌管理的哪些方面?

案例对管理者的启示:

▶ **实操训练**

表 4-2-3　学生任务单

组号		总分	
目标	以小组为单位，选择国际或者国内一家较大规模的酒店管理集团，对其旗下的品牌进行梳理，了解这些品牌的战略定位以及与品牌相关的管理策略。将成果做成PPT，在课堂上分享交流，时间控制在3分钟内。		

考核标准	分数占比	小组自评（20%）	小组互评（20%）	教师评分（60%）	总分
内容完整清晰，包括品牌的战略定位以及与品牌相关的管理策略（如设计、推广、维护和提升等）	60%				
数据准确，语言简洁流畅，叙述清楚明了、有逻辑，有自己的感受和体会	30%				
合理使用图片、表格等表现工具	10%				

▶ **随堂测练**

课程名称	酒店管理与数字化运营概论	专业	
学习任务	项目四　提升酒店整体经济效益	班级	
学习内容	任务二　酒店品牌管理	姓名	

码上刷题

1. 酒店品牌的主要功能有哪些？

2. 简述酒店品牌管理的步骤。

任务三 酒店文化管理

育才剧场

丽思卡尔顿的底蕴，叫我把所有温柔，留给你

懂得经典奢华酒店的底蕴，往往就如同读一本名著一样，需要时间。回想过去几年在丽思卡尔顿酒店的各种记忆，方知"蓝血人"的温柔，是真的留在了我的心里。

今年南京丽思卡尔顿开业，去住了几晚。虽然当时行政酒廊还没开放，但也有宾客关系专员引领到房间，并且细致地解说客房的设计。聊天中，了解到她叫CY，是南京人，很短的交谈中就感受到蓝血人对狮王品牌的认同感。

CY也换过几次工作，甚至在家人的劝阻下曾经离开过酒店业。但南京丽思一招人的时候，她就来了。我问她是什么让她如此坚定。

"在这里，南京丽思，是我的家。"她的回答里没有一丝犹豫。

南京丽思的夜床礼会送一枚书签，书签上会有南京的诗句，一共三十款，每首诗，CY都告诉我她会背。

晚上酒店开夜床的时候，CY手写的卡片也附于一侧，习惯于高科技加持的客房的今天，回归最传统的书写，便是丽思那一份独特的体贴。

资料来源：酒店高参，http://www.hoteln.cn/Html/HotelNewsSecond.html?NewsID=548，2021-01-20

分析

文化建设在以往的住宿行业发展中发挥了积极作用。当前，我国文化改革进入新阶段，经济发展带来消费结构的升级，激发了全社会对文化建设的创造活力，酒店应充分认识到满足舒心食住和方便的出行业已成为基本要求，仅限于物质层面的享受不足以令消费者成为忠诚客户，深厚的酒店文化底蕴才是长久留住客人的绝佳法宝。精神层次的需要和体验更被重视，酒店应能更多、更深地扎根当地，形成自身的文化特色，让更多的消费者被更深层次的内涵打动。

任务引导

表 4-3-1 学生任务单

组号		完成时间	5~10 分钟
工具	A4 纸、笔		
目标	接龙：说出你喜欢或者印象深刻的某个酒店的文化理念。		
要求	1. 每个人都在笔记本上写下关键语句，如名称、性质、文化理念；		
	2. 每个人至少写 1 个；		
	3. 在班上用接龙的形式，开展任务；		
	4. 获得大家对于酒店文化的认识。		

表 4-3-2 学生任务分配表

班级		组号		指导老师	
组长（学号）					
组员	姓名（学号）		任务分工		

任务学习

酒店文化常常被比喻为"酒店灵魂"，往往与酒店的核心竞争力、恒久生命力息息相关。

一、酒店文化的定义

酒店文化指酒店自成体系的思想观念、文化观念、价值标准、管理模式、经营理念和物质文化环境的总和。每一个成功的酒店，都有反映自己特色、个性和精神面貌的酒店文化。酒店的文化定位基于酒店本身的自然环境、民族历史渊源、人文环境、时代特征、政治和经济背景、艺术色彩、经营特色等。酒店文化是酒店员工共同拥有的价值观、酒店精神、经营哲学等，是渗透在企业一切活动之中的酒店灵魂所在。利用酒店文化参与员工管理，从整体上提高员工的素质，是提高酒店服务质量、增强酒店竞争力的重要手段。美国管理学家劳伦斯·米勒在《美国企业精神》一书中说道："未来将是全球竞争的时代，这种时代能成功的公司，将是采用新企业文化的公司。"

在线微课

> **知识延伸**

酒店如何打造有内涵的文化品牌

文化品牌建设包括三方面：

首先，酒店着手相关的品牌建设之时就应关注以下三方面内容：

一是文化品牌内涵。文化品牌是指通过与文化、艺术和创意紧密结合，建立起独特的文化形象和价值观。文化品牌具有独特性、故事性、传承性、创新性、社会责任性、情感共性等特点。通过建立包括非遗、民俗文化等元素的品牌形象，可以使酒店在目标市场中具备独特的文化差异性。文化品牌建设能够塑造酒店的个性化和差异化，吸引目标客户对酒店的兴趣和认可。

二是酒店品牌的文化基因。通过发掘企业的内在文化基因，结合当地的文化特性、文化属性，形成具有地区风情与特色的文化品牌，才能具有市场吸引力、竞争力。酒店创立、维护文化品牌值得重点考虑。首先，文化品牌可以帮助酒店企业与竞争对手区分开来，增加品牌的辨识度。其次，文化品牌可以为酒店赋予更高的文化价值。通过将文化元素融入品牌的理念、表达中，给客户提供独特的文化体验和情感共鸣，增加客户的满意度、美誉度和忠诚度，提升自身竞争力，吸引更多的目标客户。最后，建立文化品牌可以帮助酒店与当地社区建立更紧密的联系。酒店通过积极参与文化保护、艺术支持和社会责任活动，可以树立良好的企业形象。

三是酒店和非遗的结合点。酒店可以在品牌的内容中加入非遗属性。比如，在酒店内部设置非遗体验项目，与文化机构合作，为非遗传承人提供展示平台。酒店特色菜肴可以体现非遗特征。酒店可以提供具有非遗属性的旅游纪念品、旅游商品。酒店房间播放地方非遗节目，提供包括非遗体验项目的旅游线路导览图等。

资料来源：中国旅游新闻网，http://www.ctnews.com.cn/jdzs/content/2023-07/13/content_145547.html，2023-07-13

二、酒店文化的内容

酒店文化是酒店无形价值的体现，只有将这种宝贵的无形资产转化到具体实践的过程中，才能使酒店的凝聚力和向心力不断加强，成为酒店共同价值观的核心。通过合理配置人才不断提高员工素质，是酒店文化建设和管理的根本所在，需要努力造就一批高素质的员工队伍和富有个性化的经营风格，使企业文化真正落到实处。酒店文化是实实在在的，必须从基础做起，必须从管理人员做起。酒店文化体现在酒店环境的布置中，体现在客人的宣传中，更体现在酒店员工、特别是管理人员的日常管理行为中。酒店日常行为的持续创新就是企业文化的最有效载体，例如，酒店重视定期推出不同主题的创新文化活动等。

（一）酒店物质文化

酒店的物质文化是酒店的基础建设。它包含酒店的硬件定位，也就是酒店的硬件设施。主要有两个方面：首先是环境营造，包含酒店的地理位置、周边设施及道路交通情况、酒店内部布局环境等。其次是员工培养，包含员工福利待遇、奖惩制度及对员工的物质教育、如员工的物质观等，这是物质文化建设中最重要的一项，也是影响员工与酒店关系的最重要环节。

（二）酒店精神文化

酒店的精神文化核心是在充分汲取和借鉴中外传统文化和现代文化精神的基础上，结合先进的酒店经营管理理念，建立独具一格的酒店精神文化，营造宜人的特色文化氛围，并运用有效的经营管理策略，达到培养高素质员工，实现高质量服务的目的。随着我国酒店的不断进步发展，精神文化的发展逐步得到重视，酒店精神文化逐渐依托系统理论指导并与实际环境相结合。酒店精神文化的建设需要全体员工的共同努力，每个员工的文化素养折射酒店精神文化建设的水平。

管理人员是酒店文化环境的创造者、维护者和保养者，作为管理人员应花费时间和精力带动团队，激励和尊重员工成就，营造好的氛围，鼓励员工发挥创造力，创新技能服务，达到较好的酒店精神文化境界。酒店的精神文化建设应渗透工作过程，须在酒店管理过程中体现。

（三）酒店品牌文化

品牌文化是酒店企业文化的体现。文化一般指长期存在于社会之中，由社会成员共同分享和接受的价值、态度、规范和期望。酒店企业文化反映了酒店成员的理想信念、价值追求、意志品格和行为准则，从某种意义上说，品牌是酒店按照自身文化方式运作的结果，也是酒店经营理念的重要表现载体。良好的酒店品牌文化是酒店在经营管理活动中经过不断努力和总结形成的，是酒店重要的无形资产，也是酒店建立竞争优势和未来盈利的基础。

三、酒店文化的作用

（一）导向作用

酒店文化的导向需要酒店最高决策层对时代大背景或大环境的变化趋势做出准确判断和正确决策，方能发挥它应有的作用。在酒店的文化引导下，员工能够认识到酒店的价值观、历史、内涵、远景、使命及发展目标等。不仅如此，酒店文化也有引导企业在关键时刻做出恰当抉择的导向作用，适应内外环境，利于酒店长久发展。

（二）凝聚作用

凝聚力是酒店对员工的吸引力，员工对酒店的向心力。酒店文化通过理念、制度和行为等传播，通过"榜样人物"的示范作用对每个员工的贡献予以鼓励和认可，员工在拥有与酒店文化的共识后更有归属感。另外，酒店文化的凝聚作用会形成员工与酒店命运共同体的合力，有助于推动酒店发展。

（三）激励作用

员工的归属感和有高度价值的目标感，成为员工内在激励因素，员工的价值创造力直接影响酒店的价值创造力，决定酒店长远发展的核心竞争力，寻求员工利益和酒店利益这两种利益方向的并驾齐驱就是酒店做好管理的关键，要做到这一点，仅靠管理制度中的制约机制远远不够，还须靠酒店文化激励机制发挥作用。

（四）约束作用

酒店文化有全方位的约束作用。西方管理认为人需要鞭策和约束监督，任何人都有基本本性，人有一种机会主义行为倾向，即随机应变、投机取巧，为自己谋取更大利益。酒店的核心价值观指导、规范员工的行为，同时约束员工的行为。

（五）辐射作用

文化不只在酒店内部起作用，也能通过各种渠道对社会产生影响。文化辐射的渠道很多，主要包括传播媒体、公共关系活动等。酒店文化通过不同媒介传播，具有向外辐射功能，起到营销和传播品牌的效果。

四、酒店文化建设的步骤

（一）调研分析

第一对酒店的发展历程进行调查分析，主要对酒店的物质文化发展史和精神文化发展史进行调查分析，从发展历程中发掘有价值的文化财富，作为酒店文化建设的参考点；第二，明晰酒店的发展战略，酒店文化建设应该站在发展战略的基础上；第三，了解酒店所在的行业背景及所处地域特征；第四，了解酒店发展环境，主要指了解酒店发展所处的政治、经济和文化环境及社会环境。

（二）规划设计

1. 规划设计原则

酒店文化规划设计需要坚持以下几个原则：一是实事求是原则。酒店文化的规划设计要根据酒店的客观实际情况，否则无法实现酒店文化的落地。二是全面与重点结合原则。根据实际情况对酒店文化进行全面规划设计，但在建设过程中要有重点。三是计划性与灵活性原则。规划设计属于方案，在酒店文化建设过程中，大体的框架不能轻易改变，但根据实际情况可以有所变动。

2. 方案内容覆盖

完整的酒店文化建设方案需要包括多个方面，如精神文化、物质文化、制度文化、行为文化、管理文化、营销文化、品牌文化。规划设计的基本内容也要围绕这几个方面展开，但规划设计应有所侧重。

3. 研讨论证以及实践

规划设计的酒店文化需要进行论证，主要从两个方面进行论证：理论论证和实践论证。理论论证主要以座谈会的方式进行头脑风暴式交流。实践论证要结合酒店的具体情况开展，可以选部分部门试行，也可以全面试行；可对规划设计的部分内容试行，也可以进行全部内容试行。

4. 传播推广

酒店文化建设方案需要对内与对外宣传推广，对内宣传是重点。无论是对内还是对外都需利用一切可利用的方式进行宣传传播，如对内可采用讲座、知识竞赛、宣传栏、培训信息简报、户外郊游等方式，对外可利用各种媒体进行宣传，尤其是近些年发展迅速且成本较低、影响力较广的网络媒体。

5. 评估调整

在建设过程中，需要对酒店文化建设的方案进行不断的微调。评估调整也是阶段性的，可定期评估调整，也可不定期评估调整。再进行优化和固化，在酒店里形成统一的价值观和思考与行为方式，有步骤地实现酒店文化建设的阶段性目标。

任务测评

▶ 案例解析

奢华酒店里的艺术品：是锦上添花，还是舍本逐末？

在中国，近几年奢华酒店层出不穷，"酒店艺术品"更是逐渐成为必要配置，而非锦上添花。其中不乏让人反复回味、拍案叫绝的经典作品，比如北京华尔道夫酒店将形式、内容各异的艺术品分散于宫城格局的酒店平面空间中，纵横交错，互为补充，单看各有韵味，整体看也不妨碍它们讲述一个完整的故事。

奢华酒店为何如此钟情于艺术品呢？半岛酒店官网，援引艺术家理查德凯姆勒的一句话："艺术无分国界，是一门真正全球通用的语言。它跨越国界，跨越种族，跨越阶级。它超脱我们平凡的生活，让我们想象无限可能。" 2019 年 3 月，半岛酒店集团在旗舰店香港半岛酒店启动了"艺术回响"项目，并顺势推出了首次艺术品展览。这次展览邀请了全球知名的策展人、艺术家共同参与，为这次项目量身创作了一系列艺术品，并在展览期间分布于酒店的不同空间——酒店，本身就成了一种博物馆。

如果说有的酒店品牌自诞生以来就自带迷人的艺术气息，那么柏悦一定是其中的最佳代表。凯悦酒店集团背后的普利兹克家族（The Pritzker Family）对建筑与艺术有着深沉的迷恋，甚至为此赞助了近半个世纪以来最有影响力的艺术奖项——普利兹克奖，用于表彰每年对建筑行业带来深远影响的从业者。

而在每一间柏悦酒店，除了先锋的建筑与室内设计，独具慧眼的艺术品也成为无数旅客异乡羁留的无声陪伴。犹记得几年前，我第一次去北京柏悦酒店的时候是在凌晨，一出电梯间，便看见一尊吹笛人的雕塑，TA 模糊了性别和表情，只见翩飞的衣袖和端坐时低头的吹笛的姿态。那是夜幕下，酒店空间里的无声奏鸣，或是羌笛怨杨柳，或是春风满洛城，忽地，我便在这冰冷的建筑里，产生了一种真实的家园的思念。

案例诊断：上述案例酒店中的艺术品是如何成为打造酒店文化的一部分的？

案例对管理者的启示：

▶ 实操训练

表4-3-3 学生任务单

组号		总分	
目标	以小组为单位,收集丽兹卡尔顿酒店的酒店文化资料。假设聘请你做酒店文化顾问,你想提出什么有特色的酒店文化?小组制作PPT并阐述,时间控制在3分钟内。		

考核标准	分数占比	小组自评(20%)	小组互评(20%)	教师评分(60%)	总分
内容完整清晰,包括丽兹卡尔顿酒店的酒店文化资料、提出特色的酒店文化	60%				
数据准确,语言简洁流畅,叙述清楚明了、有逻辑,有自己的感受和体会	30%				
合理使用图片、表格等表现工具	10%				

▶ 随堂测练

课程名称	酒店管理与数字化运营概论	专业	
学习任务	项目四 提升酒店整体经济效益	班级	
学习内容	任务三 酒店文化管理	姓名	

码上刷题

1. 酒店文化的基本内容有哪些?

2. 如何进行酒店文化建设?

任务四　酒店诊断与创新管理

育才剧场

非凡十年｜产业升级服务创新 酒店行业结构重塑

酒店是人们旅行时的"家"。十年前，人们对"家"的需求是住得舒服，方便干净就行；十年后，人们把"家"当成了度假目的地，要"宅"得有趣。党的十八大以来，我国酒店业以满足人民美好生活需要作为发展目标，硬件设施逐步升级，服务品质稳步提升，新业态、新品牌、新产品不断涌现，成为旅游业高质量发展的重要方面。

集团化发展趋势明显

"如果用一句话来概括过去十年酒店行业的发展，您的答案是什么？"当记者将这个问题抛给酒店行业的研究者时，中国旅游研究院产业所所长杨宏浩认为，最大的变化是本土酒店集团由寂寂无名到多家集团位居世界前列。

十年来，我国酒店行业供给规模持续扩大，中端酒店供给数量大幅度增长。与此同时，酒店品牌也出现前所未有的增长。据不完全统计，十年间，我国酒店品牌数量从49个跃升至1043个，品牌的市场竞争力也在不断提升。

贴近大众消费需求

进入大众旅游时代，消费者开始对酒店品牌有了品鉴意识，希望享受更个性化、多元化的品质服务。酒店管理团队中多了不少艺术家、社会学家等跨界人士的身影。他们和传统酒店业者一起从不同的视角去设计让大众消费者感到惊喜的产品以及不同文化主题的酒店。一些企业尝试重新定义酒店功能，在住宿之外，融入更多与生活美学相关的功能。

转型发展正在加速

如今，在一些酒店的智能化前台，办理入住只需要30秒；进入房间后，机器人可以帮忙控制所有开关；离店时，还能在酒店官方App上实现自动扣款、预约开票。酒店在科技应用方面一直在追赶潮流，酒店智能化服务越来越人性化，许多烦琐的程序越来越简化。

"通过目标人群精准画像提升复购率、实现房量房价实时监控、解决整个供应链的业务流问题、显著降低管理成本……数字化让酒店与市场之间的连接方式发生改变，也让酒店的整体经营效率得到提升。"四川大学旅游学院教授李原说，酒店需要靠数字化手段将员工从重复性的工作中解放出来，让他们有时间去做更好的服务。

2021年,"推动文化和旅游市场主体数字化转型"被写入了《"十四五"文化和旅游市场发展规划》。不少业者判断,随着物联网、大数据、云计算等技术走向成熟,酒店行业的数字化变革将继续深化,也许元宇宙酒店会成为行业的下一个惊喜。

"潮起潮涌,未来可期。我们将迎来酒店市场的下一个黄金发展期,而机会将留给那些有备而来的弄潮儿。"正如一位业者所说,酒店人正摩拳擦掌,准备迎接精耕细作的下一个十年。

资料来源:《中国旅游报》,2022-10-14

分析

酒店数字化转型成为未来的发展方向,酒店将更注重科技与环保,更新符合时代审美的设计,创新运营模式,实现从内到外焕新,酒店业将持续创新高质量发展。

任务引导

表4-4-1 学生任务单

组号		完成时间	5~8分钟
工具	粉笔、黑板		
目标	讲小案例:说出你喜欢或者印象深刻的某个酒店的创新观点或案例。		
要求	1. 在班上选2~3个学生分别讲述; 2. 讲解的过程中,教师和学生写出关键词; 3. 使大家了解"创新"的重要性。		

表4-4-2 学生任务分配表

班级		组号		指导老师	
组长(学号)					
组员	姓名(学号)		任务分工		

任务学习

酒店诊断的作用就像某些鸟类给树木"捉虫",酒店发展过程中也需要多方面、深层次的"捉虫"。

一、酒店诊断的概念

诊断是医学上常用的术语,指以观察、把脉的方法判断病人的病情和病因,并开出治疗处方的过程。酒店诊断是借医疗用语衍生的一个管理学词汇,指由具有丰富经营理论知识和实践经验的专家,与酒店有关人员密切配合,应用科学的方法找出酒店经营战略和经营管理上存在的问题,并分析产生问题的原因,进而提出改进方案(建议),以使酒店获得持续竞争力的活动。

二、酒店诊断的类型

(一)根据诊断主体分类

1. 自我诊断

自我诊断又名内部诊断,主要是由酒店的专业人员对酒店或下属单位进行诊断。内部诊断的优势包括:诊断人员情况熟悉,容易进入角色,掌握第一手资料,便于及时地发现问题;成本较低,不需另付咨询费;秘密性好,确保酒店内部经营机密信息不外泄;容易组织,机动灵活,诊断时间酒店能自主安排、何时进行及周期长短可由酒店自己决定;培养了酒店自身的诊断人员,促使其正视问题,转变观念。内部诊断的劣势在于:容易受习惯性思维影响,对酒店生产经营上的问题往往习以为常,视而不见,不能深入挖掘问题根源,弄清现象之下的本质,使诊断流于形式;可能与诊断人员的个人利益有牵连,以至于不能客观、公正地进行工作;可能未受专业的"诊断"培训,缺乏诊断经验和艺术,从而影响诊断的质量,或者使酒店人际关系紧张。自我诊断可以说是一种自我反省检讨的方法,与外聘专家诊断相比,自我诊断可以经常实施,可以培养酒店内部人才,费用也比较低,但也会有不够客观、不够宏观、说服力低、无法吸收新知识技术等缺点,因此酒店应以自我诊断为主,同时借助外聘专家的协助,共同促进酒店经营的成长。

2. 外部诊断

外部诊断又名社会诊断或他人诊断。这种诊断是委托或聘请高等院校、科研单位、专业咨询机构、政府主管部门、主管机构或有实践经验的酒店业专家人员进行。外部诊断的优势包括:作为旁观者和第三方,站在中立和客观的立场上分析并解决问题,不会为局势所迷惑,能清醒地认识酒店存在的真正问题及本质原因并对症下药;专业化,针对性强,容易揭示一些"沉疴痼疾",有权威性;通过管理咨询,酒店能学到最新管理理论和先进管理经验,能提高管理人员素质。外部诊断的劣势在于:费用较高,一般要支付一定数额的咨询费;诊断时间需协商,介绍情况的时间长;部分咨询机构的诊断人员,缺乏实践经验,提出的改进方案缺乏可操作性和有效性,致使酒店花了人力、物力、财力、时间而得不到预期的效果。专业的管理咨询公司来酒店解决或消除经营管理问题实现业绩改善固然是第一方案，但因酒店要付出较多成本，且改善效果具有不确定性的风险，酒店往往有所顾虑，导致改善活动难以启动。

（二）根据诊断对象分类

根据诊断对象分类可分为个别诊断和集团诊断。个别诊断是对一个酒店（单位）开展的诊断，集团诊断是对某一地区、某一行业的酒店群进行的分析诊断。

（三）根据诊断内容分类

根据诊断内容分类可分为专题诊断和综合诊断。专题诊断又名项目诊断，是对酒店生产经营过程中存在的某一问题或某些薄弱环节进行诊断。综合诊断从受诊酒店的整体出发，通过全面调查，对酒店产前、产中、产后各环节进行综合分析，以发现酒店存在的要害问题，了解问题产生的原因，提出改进方案。

（四）根据诊断时间分类

可分为一次性（短期）诊断和长期诊断。根据诊断酒店的实际问题适配时间长短不同的酒店诊断。

三、酒店诊断的内容

（一）经营环境诊断

酒店成功的关键在于酒店能有效地利用内部条件，及时适应复杂多变的外部环境，为此酒店要通过经营环境诊断，对酒店的经营环境进行详细的调查研究，预测各种外部环境因素的变动趋势，分析各因素对酒店经营的影响程度。并根据诊断结果，制定适应环境变化的酒店经营方针、经营目标及经营战略。

（二）领导班子诊断

一个健康的领导班子是一个酒店取得成功的关键。领导班子诊断是以调查、分析和改善领导班子的结构和酒店经营者的思想品德、业务素质和领导能力为主要内容的诊断。通过领导班子状况的诊断，可以发现酒店中深层次的问题，以改进领导作风，提高办事效率，增强酒店内部的凝聚力。

（三）酒店组织机构诊断

酒店组织机构设置是一个较为复杂的问题。它必须与酒店经营管理体制相适应，并受到历史条件、酒店生产规模、酒店性质、专业化协作程度、酒店经营目标及地理环境和社会文化等因素的影响。一般而言，进行组织机构诊断，其内容有：机构设置是否合理，岗位设置、人员配备是否科学，机构内部职责权限是否规范，管理幅度与组织层次划分是否合理。

(四)酒店经营战略诊断

经营战略诊断是一种动态诊断,是以调查、分析和正确确定酒店目标、方针和战略为主要内容的诊断。

(五)酒店产品竞争能力诊断

产品的竞争能力是酒店竞争能力的综合表现。产品竞争能力诊断的主要内容有产品战略、产品品种及计划、产品质量定位、价格、产品寿命周期分析等。

(六)财务管理诊断

财务管理是酒店管理中极为重要的一项管理工作。有效地筹集资金,提高酒店资金使用效率,降低产品成本,增加酒店盈利,提高经济效益,是酒店财务管理工作中的重点内容。酒店财务管理诊断主要包括财务基础诊断、资金管理诊断、设备及基建投资诊断、成本管理诊断等。

(七)服务质量诊断

质量是酒店的生命,改善质量可以提高宾客满意率,增强宾客的忠诚度,提升营销绩效,为酒店赢得竞争力。根据酒店服务质量评价体系系统性原则,可以从需、供、社会三方的要求来综合反映酒店的服务质量评价体系,即酒店的服务质量评价体系应由宾客评价、酒店组织评价和第三方评价组成。

(八)人力资源诊断

人力资源诊断是通过对酒店人力资源管理诸环节运行的实际情况、制度建设和管理效果进行调查评估,分析人力资源管理工作的性质、特点及存在的问题,提出合理化的改革方案,使人力资源的整合与管理达到"人"和"事"的动态适应,从而促进员工成长、实现酒店战略目标。

(九)酒店发展潜力诊断

(1)资源开发潜力诊断,包括自然资源、人才资源、技术资源、资金资源、信息资源等。

(2)市场开发潜力诊断。其诊断要点是:其一,诊断并确定市场总潜力;其二,诊断并确定可供酒店开发的市场潜力;其三,确定现实市场中酒店尚未占有的市场潜力等。

(3)生产能力开发潜力诊断,分析酒店的人、财、物是否得到充分利用,寻求开发途径。

(4)酒店未来发展优势诊断,根据所处的环境条件变化趋势和现有内部条件,判断酒店今后在适应环境过程中的优劣势及潜力。

▶ 知识延伸

常用酒店诊断方法

序号	名称	功能及特点	应用举例
1	问卷法	向被调查者发放问卷收集信息，具有针对性强、信息易于整理的优点，但回收率低，可信度难控制	酒店服务质量统计调查、员工意见调查
2	访谈法	通过面对面交谈获取信息，直观深入但操作难度较大	了解管理人员、普通员工对于酒店企业文化、品牌发展的理解
3	现场观察法	通过对酒店服务现场的观察，了解酒店的基本情况和存在的问题，可获取一手资料，但选取样本的问题数据不能代表全部情况	员工对客服务态度的调查
4	次级资料分析法	利用对组织文件、报告、档案等资料的分析来收集信息，重复测量能显示出其间的变化，但数据涵盖的议题范围可能不足	酒店人力资源的诊断
5	研讨会与群级讨论	通过会议的方式来创新的方案，互动可以刺激大家思考但存在群体的偏差及领导者的影响	酒店营销方案的诊断
6	排列图、因果图	形象直观，通俗易懂，简单明了，不同的图表有不同功能	确定服务质量下降的主因，对人才流失原因分析
7	工作研究法	简化工作内容，改进工作方法，寻求最佳作业方法以求不断提高工作效率	对物品申购工作流程的改善
8	函询调查	匿名方式，轮番征询专家意见，最终得出诊断结果的一种经验判断方法	对酒店定位进行专家诊断
6	综合评分法	对项目进行分值的评定再进行综合评价	对设施设备的选择评价
10	量化诊断法	在数据完备情况下，通过数字模型进行定量分析	客房销售量的预测

资料来源：游上，《酒店管理概论》，北京：高等教育出版社，2017

四、酒店诊断的流程

诊断工作流程对保证诊断的效率和效果十分重要，诊断人员每次实施诊断时都要制定合理的诊断时序安排。从诊断的全过程来看，诊断程序可分为洽谈协商阶段、诊断准备阶段、正式诊断阶段和执行改善方案阶段。

（一）洽谈协商阶段

洽谈协商指酒店咨询机构或诊断单位在接到酒店提出的诊断需求后，与酒店就诊断目的、诊断内容、诊断范围、诊断时间、方法、条件和费用等方面进行协商。双方达成协议后签订合同，以明确双方的责任和义务。

（二）诊断准备阶段

诊断合同签订以后，受诊酒店和诊断人员双方均要做好准备工作。

（1）诊断人员的准备工作。搜集酒店有关资料、分析整理资料，如酒店经营概况、组织机构图、受诊重点部门的相关情况、酒店的事实资料、其他文件等；初步确定诊断重点，如编制初步工作计划、确定需要重点了解的问题；组织诊断专家团队。

（2）受诊酒店的准备工作。内容包括：资料准备，酒店主要负责人以及各职能部门负责人准备好向诊断人员提供各种有关资料；组织准备，受诊酒店确定酒店参加诊断活动的联络人员和工作人员；思想准备，要对酒店员工进行诊断目的和意义的教育，确保全员主动配合，协助诊断组织和诊断人员做好诊断工作，并能在诊断结束认真实施诊断方案；接待准备，这项工作主要是就外部诊断而言，包括为诊断人员提供诊断场地、必要的办公用具和交通工具等。

（三）正式诊断阶段

正式诊断是对酒店进行全面诊断的重要阶段，根据准备阶段确定的诊断目的、诊断计划开展工作。

（1）综合调查：对酒店经营过程现状进行广泛的调查和分析，找出主要问题，确定改进重点。

（2）专题调查：对综合调查确定的重点课题做更深入的研究和分析，找出产生问题的原因和关键因素，并从不同角度提出改进措施。专题调查分析的方式有四个。望，现场观察。酒店面临困境或出现危机时，不可避免地在酒店外在形态上有所体现，"通过现象看本质"是"望"字诀的精髓，酒店员工的精神面貌及工作态度是否健康积极，直接反映许多问题，到各部门走走，看看部门工作是否有序，部门之间的工作是否协调，参与酒店与外部实体共同进行的各项工作与活动，感受其过程是否顺畅，就能知道酒店与外界关系的好坏，了解酒店能获得外界支持的能力大小。闻，听取酒店各层次职工的意见和说明，听到的往往只是具体的困难，但不知道根源，即使知道根源，也不知道根治的办法，但却为诊断者制定方案提供了最好的思路与方向，如果听到酒店职工中已有对问题的明确提示和解决，应该鼓励或代为提出，并着手改善酒店的知识管理制度，酒店中声音太嘈杂、太混乱，则是一种人心涣散的反映，调整心态、完善组织动作将成为首要任务。问，有目的地询问。与被询问者建立亲切关系，否则会影响信息的准确性和全面性。选择询问对象，并采取相应的询问方法。询问对象为多数（普遍调查、抽样调查）时，宜用问卷或会议的形式；询问对象为少数或单个（重点调查、典型调查）时，可以面谈、通信或电话询问。切，给酒店"号脉"。这是深入了解、确定病症的阶段。给酒店"号脉"需要灵活使用多种方法，同时应用一些科学的统计工具，常用的有预测法、数学模型法、数理统计、经验判断等。

（四）制订整改方案

在专题诊断基础上，根据系统原理，经过反复协商，设计几个方案，并通过技术经济分析，选出优选方案，确定整体改善方案。第一步：制定方案，常用的方法有模拟法、实验法、模型法、德尔菲法、理论分析等。第二步：优化筛选。

五、酒店的创新管理

随着酒店行业竞争不断加剧，酒店要长期生存和发展，需要不断优化和创新以满足社会发展的需要。酒店创新指酒店及其成员根据不断变化的宏观和微观环境及主客观情况，运用新理念、新思想来对待随时出现的各种新事物，用新的方法和途径来解决不断出现的新问题，做好酒店创新管理，需要从以下几个方面进行。

（一）酒店服务创新

单一的标准化服务逐渐不适应当下市场的需求，个性化服务是酒店自我提升的重要方面。每个客人的心情、境遇、性格等各不相同，要求员工细心、耐心、反应速度快，能够及时发现客人的心理需求，提供个性化服务。酒店要时刻做好员工的培训工作，强调员工的服务意识，提升员工的服务技能，并在对客服务中给予员工一定的自主性，让员工在突发状况中能够帮助客人解决问题。也应为客人提供一些个性化的服务措施，从而推进服务创新。

（二）酒店产品创新

随着酒店业日益激烈的竞争，酒店要适应消费需求变化，全面满足客人需要，优化和开发符合需求的酒店产品，实现销售增长和利润增长。产品创新是饭店适应市场竞争、保持和开拓市场、增强竞争能力的重要推动力量。

（三）酒店经营创新

当下，酒店越来越重视经营模式的创新。我国饭店业在经营创新方面取得了长足的进展，如绿色饭店的兴起、青年旅舍的引入、产权酒店的出现等。绿色饭店指运用环保、健康、安全理念，倡导绿色消费，保护生态和合理使用资源的饭店，其核心是为客人提供舒适、安全、有利于人体健康要求的绿色客房和绿色餐饮，并且在生产经营过程中加强对环境的保护和资源的合理利用。绿色饭店作为饭店业的一个经营理念，更新饭店的经营体系更利于环保，同时可提升饭店的市场形象。

（四）酒店管理创新

管理是人类各种活动中最重要的活动之一，管理的实质在于创新。随着我国酒店业的不断发展，酒店创新成为饭店可持续发展的核心问题，而管理创新是饭店取得市场竞争优势的重要手段。酒店的管理创新包含下列几种情况：提出一种新的可行的经营思路并加以有效实施，这种新经营思路并非针对一个饭店而言，而是对所有酒店而言；创设一个新的组织机构并使之有效运转；提出一个新的管理方式；设计一种新的管理模式；进行一项制度的创新。管理创新的目的是提升酒店的效益，提高酒店的市场竞争能力。

任务测评

▶ 案例解析

"生活方式"酒店，是新消费时代的伪命题吗？

近年随着"生活方式"一词的流行，多行业纷纷推出自己的"生活方式"品牌，酒店业中，有主打"生活方式"的Caption、Centric、Even等酒店品牌进入中国，现代旅客们渐渐开始接纳并进入生活方式酒店的元年。

虽然每个酒店集团都在推出主打不同属性的主题，但从以上各酒店品牌介绍中提取的关键词来看，它们都在强调一个属性："生活方式"酒店。

《旅游行业词典》（Travel Industry Dictionary）对此这样解释：结合了精品酒店的现代且通常又有些怪异的设计，同时作为连锁酒店拥有品牌影响力和连续性的酒店是生活方式酒店，这些酒店通常有鼓励客人社交的便利设施，并因此被大型连锁酒店集团向千禧一代推广。

迄今为止，生活方式酒店还没有成为一个完全正式的分类，从行业到各大集团，都没有公开明确的标准定义。但是回看过去十年，无论是营销层面上还是实质上，新涌现的品牌都或多或少地与"生活方式"有关。酒店站在了服务、餐饮、艺术、时尚、设计、娱乐、奢侈品和科技等的交叉口，可以涌现无数可能性。

在我们把整个词语拆解出来时，"生活方式"的含义可以被很好地理解：它包括人们的衣、食、住、行、劳动工作、休息娱乐、社会交往、待人接物等物质生活和精神生活所体现的价值观、道德观、审美观。这些方式可以理解为在一定的历史时期与社会条件下，各个民族、阶级和社会群体的生活模式。

案例诊断："生活方式"酒店为何在新消费时代流行？体现了哪些创新性？

案例对管理者的启示：

▶ 实操训练

表4-4-3 学生任务单

组号			总分		
目标	通过查阅相关图书或网络资料，找出一家在形式或内容等方面创新的酒店，并进行创新点分析。小组制作PPT并阐述，时间控制在3分钟内。				
考核标准	分数占比	小组自评（20%）	小组互评（20%）	教师评分（60%）	总分
内容完整清晰，包括创新的形式或内容，并对其分析	60%				
数据准确，语言简洁流畅，叙述清楚明了、有逻辑，有自己的感受和体会	30%				
合理使用图片、表格等表现工具	10%				

▶ 随堂测练

课程名称	酒店管理与数字化运营概论	专业	
学习任务	项目四 提升酒店整体经济效益	班级	
学习内容	任务四 酒店诊断与创新管理	姓名	

码上刷题

1. 酒店诊断的主要内容是什么？

2. 可以从哪些方面进行酒店创新？

第三部分

相关接待服务业拓展篇

项目五

探索主要接待服务业

项目导读

接待服务业在现代经济中占据重要地位。因此,除了学习酒店业,还需要关注餐饮业、消遣娱乐业、会展及节事活动产业等相关服务产业。通过学习接待服务业的相关知识和技能,可以更好地掌握酒店业的运营规律和市场需求。本项目的内容是本书的拓展部分,对上述内容进行了简单介绍。

导图领航

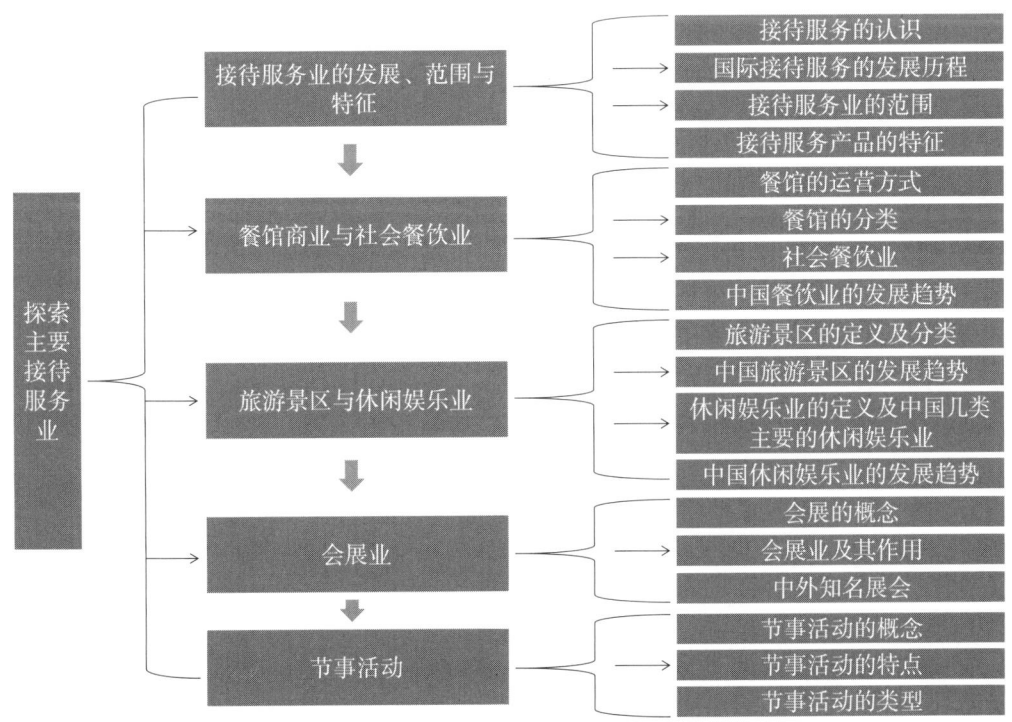

学习目标

▶ 知识教学目标

1. 了解接待服务业的发展及范围；
2. 了解餐馆的运营方式；
3. 熟悉餐馆的分类；
4. 了解常见的社会餐饮业；
5. 掌握中国餐饮业的发展趋势；
6. 了解旅游景区的类型及中国旅游景区的发展趋势；
7. 熟悉中国主要的休闲娱乐业；
8. 熟悉中外知名展会；
9. 熟悉节事活动的主要类型。

▶ 技能培训目标

1. 能分析指出接待服务业的主要特征；
2. 能分析目前社会餐饮业存在的问题并提出解决的办法；
3. 能分析预测社会餐饮业发展的趋势；
4. 能分析目前中国旅游景区及休闲娱乐业的发展情况；
5. 能分析中外知名会展的发展情况；
6. 能分析目前节事活动的发展情况。

▶ 综合素质目标

1. 培养学生具有国际化视野；
2. 培养学生市场意识和服务意识；
3. 培养学生探索学习和自主思考的能力；
4. 培养学生活动策划能力和组织协调能力；
5. 培养学生文化意识和创新意识。

任务一　接待服务业的发展、范围与特征

育才剧场

突出草原文化特质，以标准践行"蓝哈达"文化主题酒店品牌建设

内蒙古饭店有限责任公司（以下简称内蒙古饭店）始建于1984年，位于呼和浩特市市区中心，是集住宿、餐饮、娱乐、商务于一体的多功能五星级饭店，同时也是内蒙古自治区首家商务型五星级饭店。围绕"成为中国文化主题酒店领导品牌"的战略目标，成功将五星级饭店与艺术、文化和民俗进行嫁接融合，2005年加入中国主题酒店联盟，成为中国首家"草原文化"主题酒店。

一、标准化建设工作总体情况

在推进标准化工作中，内蒙古饭店组建了标准化管理小组，制定标准化体系建设实施方案，建立标准化管理机制，在对客服务中持续完善标准化服务体系。同时，加强标准化培训，保障服务质量。为强化酒店员工对《旅游饭店星级的划分与评定释义》的认知，保证酒店五星服务水准，内蒙古饭店将质量督导控制标准与星级评定复核紧密结合在一起，对全员开展理论培训和实操培训，特别是在培训激励方面，建立训导师和传帮带师傅奖励机制，设立优秀培训部门奖励基金，有效促进酒店标准化培训工作的开展。

2011年，内蒙古饭店正式启动"蓝哈达"服务品牌建设工作，将"时刻关心、无微不至、高效快捷、喜出望外"四个核心理念有效转化为相应的管理措施和服务措施。通过"蓝哈达"精细化情感服务标准化体系的建立，实现为宾客提供"满意＋惊喜"的亲情服务，从而有效提升宾客在酒店的体验。

二、创新做法及经验

（一）开展标准化的相关管理工作

开展标准化相关培训。内蒙古饭店根据《旅游饭店星级的划分与评定》（GB/T14308-2010）国家标准梳理编订《服务效率标准操作流程》及《服务标准操作流程》，为日常开展培训及质量检查提供标准依据；梳理编订《员工行为准则手册》《部门管理手册》并组织开展相关培训；结合月度优秀服务故事评选汇编月度《优秀服务故事手册》并开展服务故事分享培训并在酒店内部微信公众号进行宣传分享。

开展精细化亮点服务培训。组织梳理《企业文化手册》，将酒店概况、企业核心文化、产品知识、主题文化知识以及服务品牌内涵等内容进行分类整理，为酒店员工深入了解企业文化、向宾客宣传企业文化提供了标准模板，实现人人都是酒店的代言人，人人都是宣传员。梳理编订《"蓝哈达"服务手册》，系统全

面阐释"蓝哈达"服务品牌内涵、服务准则等内容,从而统一全员对企业服务品牌的意识认知和服务规范。

建立"定位定量"管理机制。要求各部门结合实际工作在工作区域建立定位定量点的梳理,各区域张贴定位定量标准图,即确定设施设备的摆放位置、数量,做到日清、日查、责任到人,为各级人员进行质量检查提供标准依据。

建立质量检查制度。建立四级质量检查体系,即店级检查、质检部检查、部门规范要求与考核,进一步提升内蒙古饭店标准化的水平和品质。

(二)依托草原文化助推主题文化标杆企业的建设

为建立适合内蒙古饭店发展要求的企业标准,全面引导内蒙古饭店管理运行向着标准化、专业化和品牌化的方向发展,酒店不断深化文化主题建设,将草原文化内涵深入到文化主题酒店标准化建设的各项工作中,凝练出代表草原文化的"蓝哈达"服务品牌。

内蒙古饭店在服务品牌建设过程中,依据《文化主题旅游饭店基本要求与评价》(LB/T 064-2017)行业标准,不断将文化主题酒店建设推向标准化和系统化。在具体实施过程中,从文化主题构建、文化主题氛围营造、文化主题活动创新、基本功能与服务设定、文化主题产品的定位等方面入手,依托草原文化助推主题文化标杆企业建设的发展目标化,努力为文化主题酒店建设树立标准模板。

在营造主题文化氛围方面,内蒙古饭店围绕"成为中国文化主题酒店领导品牌"的战略目标,成功将五星级饭店与艺术、文化和民俗进行嫁接融合,将草原文化元素融入酒店建筑风格、员工服饰,并增加草原特色的"赛努"(您好)问候礼、服务礼仪,如下马酒礼、迎宾茶礼、圣火舞、酒礼服务等。特别是在打造草原文化主题餐饮方面,主要进行了三个方面的创新尝试:一是在菜单工程建设中,建立"新蒙餐"研发中心,并提倡将食、饮、乐、礼、歌、辞、情、境、器这些要素进行充分整合,使蒙餐的传统性、参与性、观赏性、文化性都得到阐释与弘扬;二是结合客户需求研发了蒙式、西式、清真不同风格的主题宴会等;三是开辟内蒙古味道餐厅,融合内蒙古自治区十二盟市的经典菜式,为宾客提供足不出户品味内蒙古味道的特色服务。

在设定主题文化服务模式方面,内蒙古饭店积极发掘宾客需求及喜好,通过个性化服务,让宾客感受到家人和朋友般的关心。如为带孩子的家庭提供温馨亲子客房,为新婚宾客提供浪漫婚房,为睡眠差的宾客提供助眠服务等。

在梳理服务品牌建设标准流程方面,酒店编制了管理手册,以部门为单位,围绕部门描述、组织架构、岗位设置、岗位职责说明及操作规范等内容,为酒店各部门推行管理标准化建立了制度基础;在管理运行的实际工作中建立五位一体的内控机制,即预算管理机制、组织保障机制、培训奖励机制、质量控制机制、服务创新机制。

(三)精细化服务建设

"蓝哈达"服务承载了"创新、诚信、大气、友善"的企业核心价值观,蕴含着"温暖如家"的服务理念。为确保"蓝哈达"服务品质的稳定性,酒店成立了"蓝哈达"专属服务团队,包括"蓝哈达"管理团队、"蓝哈达"高级宴会师团队、"蓝哈达"万能工团队等，通过标准化管理，提倡全员以真心、真爱、真情来传递"蓝哈达"的服务精髓。"蓝哈达"以顾客的感受为服务质量的标准，以为顾客解决问题为服务的基本要求，打造特色服务体验的同时，将服务项目融入文化主题，为实现企业愿景注入强劲的后续动力。

三、工作成效

近年来内蒙古饭店"蓝哈达"服务品牌的建设取得了显著的成效。2010年、2012年和2015年均获得了由中国旅游饭店业协会颁发的行业最高荣誉奖——金星奖，2015年荣获内蒙古自治区主席质量奖，2016年获得质量之光年度魅力品牌奖，2016年荣获全国文化主题饭店标杆企业，2017年被评为中国诚信经营与服务示范单位，2018年获得第七届中国美食节金鼎奖，2019年获得呼和浩特市委颁发的先进基层党组织称号，2020年10月获得2020年饭店业优秀企业奖，2020年11月被评为呼和浩特工商联会员单位，2021年5月获得中国酒店联盟颁发中国最佳主题酒店酒店奖。

资料来源：中华人民共和国文化和旅游部，https://zhuanti.mct.gov.cn/qgwlbzhsfdxjy/anli/detail/6769.html，2024-04-18

分析

住宿接待业发展到今天，已经远远不能用仅仅满足旅客住宿的标准来要求自己了。以文化主题酒店标准化建设为目标，将酒店软硬件与艺术、文化和民俗融合，打造独具草原特色的"蓝哈达"服务品牌和"温暖如家"的精细化情感化服务模式，成立"蓝哈达"专属服务团队，确保"蓝哈达"服务品质的标准化和稳定性，为中国住宿业的标准化提供了新的参考。

任务引导

表 5-1-1　学生任务单

学号		完成时间	5～10分钟
工具	A4纸、笔		
目标	接龙：谈谈你对"接待服务业"的认识。		
要求	1. 每个人在笔记本上写下关键词；		
	2. 写得越多越好；		
	3. 在班上用接龙的形式开展任务；		
	4. 获得大家对于问题的认识。		

表 5-1-2　学生任务分配表

班级		组号		指导老师	
组长（学号）					
组员	姓名（学号）		任务分工		

任务学习

生产力发展促进接待服务业产生、进步、发展，接待服务业的每一次进步都与生产力的发展密切相关。

一、接待服务的认识

接待服务（Hospitality）和款待、招待服务的概念和世界文明本身一样古老。接待服务一词是由古老的法语单词演变而来，它源于教会及教济院（Hospice），意为"为旅行者提供照料或住所的服务"。古代，法国的教会、救济院为照顾信徒和无家可归的人，利用自己的场所为其提供的基本的、慈善形式的服务，这是接待服务的雏形。位于法国勃艮第地区的博纳济贫院（Hospices de Beaune）是其中的代表，1443 年由勃艮第公爵的宰相大臣尼古拉·洛兰（Nicolas Rolan）创立，作为专为穷人服务的慈善医疗机构。这类救济院尽管可以提供给客人一些基本的食宿服务，但是，由于其慈善与救济性质，维持其运作是非常困难的。

今天，我们如何认识接待服务？不同的人会有不同的答案，如"慷慨与热忱地接待客人""满足顾客的需求""创造一个使顾客愉快或维持一个可接受的环境""为客人创造一个友好和安全的氛围"等。我们认为，人类发展过程中对陌生人接待的风俗习惯，受社会经济发展、变革的影响，形成了现代风格的接待服务。

二、国际接待服务的发展历程

古代居住在两河流域的苏美尔人在公元前 4500 年的文物中记载了接待服务的要素。当经济活动从狩猎、采集开始向种植转移，带来的物资剩余进而促进了贸易活动的发展。社会分工的出现，让文化开始繁荣。在公元前 400 至公元前 200 年间，中国、埃及、印度以及欧洲的早期社会活动中，客栈、餐馆等接待场所开始出现。

在古希腊、古罗马时代，《汉谟拉比法典》对相关活动进行了约束。法典要求酒馆主人对客人的活动进行约束，犯罪的客人会被处以极刑。在这一时期，旅行与贸易的增长让过夜住宿的服务成为必需品。最开始，由于交通工具匮乏、路途遥远且难以到达，旅行社依靠私人提供的简单住宿接待服务解决这种需求。需求是社会发展的动力，在各个文明古国，客栈和酒馆开始在各个交通节点涌现。其中有代表性的是古罗马人经营的、设备完善的客栈。在这一时期，政府开始进行客栈的规划布局，比如，要求客栈之间的距离在 25 英里左右，要备有可供替换的马匹，并且需要有政府发给的执照才可经营。

到了中世纪时期的欧洲大陆，贵族和皇帝越来越重视旅行接待服务。在英国，驿站和马车是当时最受欢迎的交通方式。在这一时期，从伦敦到巴斯的旅程需要 3 天时间，政府在这段旅程当中进行了驿站的规划，供邮差使用，并提供给其他有需要的人，被称为邮政旅舍（Post House）。在这一时期，社会发展推动了人类旅行活动的开展，随着旅行者在中世纪的增长，大量提供基本住宿设施的路边接待服务开始出现。旅行者需求的变化，促使更多更好的客栈开始出现。

到了 16 世纪后期，英国开始出现为普通平民提供就餐服务的场所，被称为"客饭"（Ordinary）。它是以固定价格、固定菜单为客人提供服务的酒馆。在这里用餐的客人对食物和酒水并不挑剔，多数时候他们只需要能够充饥的普通食物。

16 到 17 世纪，欧洲进入了咖啡屋（Coffee Houses）时代。有两样"外来"的进口商品开始影响欧洲国家的饮食习惯：咖啡和茶。这些饮料进入欧洲人的生活曾经是一桩奇事，旅行者前往君士坦丁堡（现今的土耳其伊斯坦布尔）接触到咖啡并将其带回欧洲。在 17 世纪，咖啡馆在欧洲各处涌现。到了 16 世纪后期，意大利的威尼斯已有许多咖啡馆，包括圣马可广场（Piazza San Marco）著名的咖啡厅佛罗莱恩（Florian），数量众多的咖啡馆即便在今天也能满足客人的需求。1652 年，英国第一家咖啡馆开业，从此以后，咖啡厅成为英国社会的社交中心。

进入 20 世纪，美国成为世界发展的领头羊，并引领了世界各个行业的发展，接待业也不例外。从文史资料看，美国现代意义上的酒馆是从弗吉尼亚州（Virginia）的詹姆斯镇（Jamestown）发展而来的，并迅速在美国普及。随着美国经济发展，大量的旅行者产生了巨大的接待服务需求，住宿服务、餐厅服务、酒馆服务都随之出现。酒馆成为城镇的社交中心。这一时期，客栈的经营者成为社会的中坚力量。在美国独立战争时期，乔治·华盛顿（George Washington）在目前仍在经营的法业酒馆（Frauncis Tavern）成立了革命军指挥部，并发表了著名的告别演说。独立战争结束后，这里又成为社交的中心、竞选的中心。美国第二任总统约翰·亚当斯（John Adams）在 1783—1789 年拥有并经营自己的酒馆，当时它已经被定位为社交中心、政治集会地、报刊阅览室、酒吧和旅游者休息室。

与美国相近的是，法国的大革命也在相近的时间开始爆发，世界三大烹饪王国法国的烹饪历史开始改变。被认为是"现代餐馆之父"的布朗热（Boulanger）最早在其位于巴约勒街道（Rue Bailleul）的通宵酒馆里推出一种肉汤 restorantes（restoratives），意为它能恢复人的体力的食物。这也成为餐厅（restaurant）一词的来源。在法国大革命（1789—1799）发生之前，整个法国最优秀的厨师都是贵族的私有财产，他们都只能为贵族工作。在这一时期，大量优秀的法国厨师开始将优秀的烹饪文化传统带到欧洲、美国，进而与当地的饮食文化融合和发展。

到了19世纪，欧洲开始陆续出现了现代化的餐厅，并开始繁荣发展。1828年，安东尼（Atoine Careme）在其出版的《经典美食》（La Cuisine Classique）一书中对烹饪所用的食材、酱料等有了详细的描述。在这一时期，现代餐厅的雏形开始出现：餐厅提供菜单，客人根据菜单点餐。甚至客人可以根据自己的口味来订制菜品的口味。1898年，在伦敦开业的萨沃伊酒店开始全面革新餐厅的服务。总经理凯撒丽兹和厨师长艾斯科菲对餐厅的工作流程、菜肴体系、服务体系的建设全面革新了传统餐厅的服务流程，并出版了餐厅经典著作《烹饪指南》，让西方的餐厅开始向标准化迈进。

同一时期的美国，著名的德尔莫尼科餐厅（Delmonico's）在这一时期长期占据美国餐厅排行榜的榜首。德尔莫尼科家族从1827年开始拥有并运营该餐厅，直到1923年由于禁酒令而关闭。德尔莫尼科这个名字在那时就是优质食物、精致准备和零瑕疵服务的同义词。德尔莫尼科餐厅提供的瑞法菜肴（Swiss-French Cuisine）成为美国烹饪技术（良好的餐饮艺术）的焦点，德尔莫尼科餐馆也因其双语菜单（Bilingual Menu）、火焰冰激凌（Baked Alaska）、皇家鸡饭（Chicken a la King）和纽堡酱烩龙虾（Lobster New Burg）的发明而颇负盛名。同时，越来越多的美国餐馆都致力为城镇和城市居民服务而不仅是旅行者。外出用餐的风俗有了根本性的转变。

以餐厅接待业发展为代表，同一时期的住宿业也迎来了快速变革与发展的时代。大量的现代风格的酒店开始涌现，而交通事业的飞速发展更是将接待业的发展推入了快车道。进入20世纪，第二次世界大战后，随着经济的复苏，酒店、汽车旅馆、快餐和咖啡店得到了快速的发展。20世纪50—60年代空中运输出现惊人增长，跨越大陆的飞行不仅更加频繁，而且时间花费更少。在这一时期新型喷气机的问世推动了世界旅游的发展，接待服务业也进入了发展的黄金时代。

三、接待服务业的范围

21世纪初到现在，世界范围内规模最大且增长最为迅速的产业非旅游与接待服务业莫属。旅游和接待服务业不仅所辖职业工种广泛且从业人员众多。以美国为例，21世纪初从事旅游与接待服务行业的从业人员大约有1500万人。

旅游与接待服务行业由许多不同的职业构成，使该领域从业者的职业生涯具有无限的可能性，你可能会是厨师、总经理、营销总监或者是会展活动经理。该领域的行业也具有多样性，人们可能从事餐饮、度假区、航空公司、邮轮公司、主题公园、景区以及娱乐休闲服务方面的工作。由此可见，旅游与接待服务行业拥有最广泛的工作机会与职位。

接待服务业的影响因素通常包括服务、产品、顾客及顾客的印象和评价。在接待服务业里，最具挑战的任务就是如何加深顾客的印象从而提升顾客的体验，员工不论是客户的直接服务者还是从事后台的管理工作者，都应该学习思考如何通过创造"真实瞬间"来提升客户的体验。住宿服务与餐饮服务业是接待服务业的核心产业部门，酒店及住宿业的发展为在全世界各地不同规模的酒店与住宿业从业者提供了持续增长的职业发展机会。以家庭旅馆为例，在美国佛蒙特州北部一对夫妇经营着一家家庭旅馆，他们每年在严寒的 2 月为滑雪的游客提供周末休憩与住宿服务，他们的客人年年重返此地度假，为此，这家家庭旅馆每年都需要定期提供客房预订及客房服务。再来看看位于拉斯维加斯且拥有 5505 间客房的米高梅大酒店（MGM Grand），为了维持一年 365 天的全速运营，需要酒店提供从经理到客房服务员、工程人员、前台服务员、餐饮服务员等几百个工作职位。

餐馆商业也是接待服务业的重要组成部分之一，饮食是餐馆为满足人民基本生理需求而提供的产品，但是目前餐馆在提供餐食之外，还是重要的社交及休闲娱乐场所。纽约的格莱美西餐馆（Granmercy Tavern）在生日宴会方面就取得了杰出的成绩，因为它提供的服务与餐食品质都能给前来参会的人士带来超出预期的体验，从而让每一位客人都能终生铭记这个生日聚会，因此，格莱美西餐馆也成为举办生日宴会的首选之地。那么，该餐馆是如何给客人创造出这种难忘的印象呢？首先餐厅需要服务人员做大量的工作，支撑餐馆运营并了解客户的需求，这就要求前台的员工（包括服务员、酒保、经理等）和后台的员工（例如厨师、洗碗工、食物采购员等，统一协作，为顾客举办一个成功的生日宴会。在接待服务业中，社会饮食服务也是接待服务业最重要的组成部分。我们常见的需要社会饮食服务的有航空公司、机场、中小学、大学、健康服务中心及工商业界。社会餐饮服务者不仅要满足个人客户需求，也要满足企业客户需求。比如，社会餐饮服务者可以为航空公司提供优质的餐食来帮助航空公司吸引回头客。

有史以来，酒水饮料都是人们必不可少的产品，目前，酒水饮料服务业也已经成为发展迅速的新行业。酒水服务不仅能满足人民的基本生理需求，并且能在许多宴会上起增光添彩的作用。不论是里维埃拉度假区游泳池边配有柠檬与薄荷装饰的冰茶，还是在波士顿举办的一次结婚 50 周年庆典上的香槟酒会，都能见到酒水饮料的身影，酒水产品服务与食品产品服务一样都是接待服务业的重要组成部分。在酒水服务与运营中，我们却极少能看到许多居于幕后的身影，例如，帕谷（美国加州葡萄酒的主要产地）一年中每天都要去葡萄园的农夫、哥伦比亚咖啡豆收制者，或者是佛罗里达将橙子装箱的果园主人。他们也是接待服务业的一部分，因为他们使得顾客无论在世界哪里都能享受到高品质的产品。

▶ **知识延伸**

旅游与接待服务业的范围

旅行	住宿	会议与活动管理	餐饮与食品服务	消遣娱乐
航空旅行 游轮 铁路旅行 长途客车 汽车旅行 生活旅行	酒店 旅馆 民宿 度假村	会务 会议 展览	餐厅 社会餐饮	景区 公园 消遣活动 主题乐园

图 5-1-1 旅游与接待服务业的范围

资料来源：John R.Walker 著，李力、李智、魏玲丽译，《国际接待服务业概论》，广州：广东旅游出版社，2018

四、接待服务产品的特征

接待服务业最重要的特征是来自接待服务产品的特征。在《新韦伯世界词典》中，"服务"的定义是"为顾客提供产品或支持的行为或方式"。

一是产品的无形性。在接待服务业中，接待服务产品通常具有无形性（intangibility），这就意味在这一行业中，顾客除了看到诸如食品或客房这些有形的产品，无法"看到"依托这些产品的服务，而服务是这一行业最有价值的产品。特别是，与生产行业不同，接待服务业无法提前销售产品给顾客。例如，酒店里的顾客无法提前试验一晚的住宿服务或者在餐馆用餐前就可以品尝牛排。酒店服务产品只为顾客使用而非顾客可以拥有。甚至更加独特的是，接待服务产品的消费也必须获得顾客的投入或参与。想象一下通用电气公司的企业和顾客在工厂里一起建造一台冰箱，共同参与产品的实际生产，这似乎不可能的。但我们酒店服务业的接待服务产品，每天无数次，通过员工与顾客以不同的互动方式同时进行生产与消费的。这就是接待服务产品的生产与消费的不可分离性（inseparability），因为每个顾客可能都有自身对服务产品的要求，并且在我们的服务产品经营中，我们提供接待服务产品过程中的生产和消费是同时进行的。

二是产品的不可储存性。接待服务业产品的另一个特点是服务产品的不可贮存性或易逝性（perishability）。例如，一家酒店拥有1400间客房库存可以用于销售，但实际只售出1200间客房。对于未售出的200间客房，这意味着我们已经永久地失去了这200间客房售出的机会及其收益。作为酒店经营者，我们可以尝试以其他方式弥补未售出房间的收益，但用于销售的房间价值已不存在。与其相似的情景有：餐馆座位在销售时未坐满，飞机座位在航班出发时未售完，当航船驶向大海时游轮客人座位也有空余。

三是产品质量的主观评价性。与接待服务产品的生产和消费同时发生这特征相关，接待服务产品另一独特性是生产与消费的内在易变性（variability）。例如，在生产服务方面，接待服务产品受员工的生产服务技能水平不同，以及其知识、能力和对工作的热情各异等因素的影响。因此，我们经常会看到该行业工作质量的变化及不稳定性。在消费者方面，每个顾客也有着不同的经历，对所购买产品与服务的理解不同，其追求与期待也不同。因此，我们通常可以看到顾客在消费接待服务产品方面的能力和方式的变化。接待服务业员工和顾客的内在变化性带来的接待服务产品的易变性与接待服务产品高度易逝性，以及接待服务产品生产和消费的同一性相结合，催生出接待服务业比其他行业更加复杂的购买与销售关系。

任务测评

▶ 案例解析

万豪酒店集团：战后世界酒店发展的代表

万豪国际集团是世界上著名的酒店管理公司和入选财富全球500强名录的企业。万豪国际集团创建于1927年，总部位于美国华盛顿。万豪国际集团拥有21个著名酒店品牌，在全球经营的酒店超过4000家，年营业额近200亿美元，多次被世界著名商界杂志和媒体评为首选的酒店业内最杰出的公司。

万豪国际集团的发展起源于1927年。威拉德·玛里奥特在美国华盛顿创办了公司初期的一个小规模的啤酒店，起名为"热卖店"，以后很快发展成为服务迅速、周到、价格公平、产品质量持之以恒的知名连锁餐厅。其成功经验的关键是自公司成立之日起就以员工和顾客为企业的经营之重。

首家万豪（Marriott）酒店于1957年在美国华盛顿市开业，在公司的核心经营思想指导下，加之早期成功经营的经验为基础，万豪酒店很快得以迅速成长，并取得了长足的发展。新加盟的酒店从一开始就能以其设施豪华而闻名，并以其稳定的产品质量和出色的服务在酒店业享有盛誉。到1981年，万豪酒店的数量已超过100家，并拥有40000多间高标准的客房，创下了当年高达20亿美元的年销售额。

1984年，以公司创办者的名字命名的J. W. 万豪（J. W. Marriott）酒店在美国华盛顿开业。J. W. 万豪酒店品牌是在万豪酒店标准的基础上升级后的超豪华酒店品牌，向客人提供更为华贵舒适的设施和极有特色的高水准的服务。此后，在1987年万豪公司收购了"旅居"连锁酒店（Residence Inn.），其特点是：酒店房间全部为套房设施，主要为长住客人提供方便实用的套房及相应服务。同年，万豪又推出了经济型（Fairfield Inn）和万豪套房酒店（Marriott Suites）两个新品牌酒店。至1989年末，万豪已发展到拥有539家酒店和134000间客房的大型酒店集团。

案例诊断：战后以酒店业为代表的现代接待服务业发展的原因有哪些？

案例对管理者的启示：

▶ 实操训练

表 5-1-3　学生任务单

组号			总分		
目标	团队访问某一接待服务业企业，并通过对管理人员的访谈，结合学习的知识，提出改进该企业服务的方法，将结果做成 Word 文档形式。				
考核标准		分数占比	小组自评（20%）	小组互评（20%）	教师评分（60%）	总分
内容完整清晰，包括企业的基本情况、发展现状、改进服务的方法等		60%				
材料典型，数据准确，语言简洁流畅，叙述清楚明了、有逻辑		20%				
合理使用图片、表格等表现工具		20%				

▶ 随堂测练

课程名称	酒店管理与数字化运营概论	专业	
学习任务	项目五　探索主要接待服务业	班级	
学习内容	任务一　接待服务业的发展、范围与特征	姓名	

码上刷题

1. 讨论接待服务业的发展历史以及发展趋势。

2. 接待服务业的范围包括哪些？

任务二　餐馆商业与社会餐饮业

育才剧场

传烹饪技艺　扬工匠精神

　　传烹饪技艺，扬工匠精神。2020年8月15日，重庆新东方烹饪学院大师传承典礼在该院渝北校区举行。

　　重庆新东方烹饪学院院长曹文照在致辞中提出，餐饮行业的兴旺正是因为代代传承，才发展得越来越好。学院为了让学子们更好地学习烹饪技术和传承"工匠精神"，定期邀请烹饪大师到校开展讲座，演示菜品制作，让学子们感受烹饪的魅力，教导他们尊师、爱岗、敬业是一名厨师必须拥有的品德。同时，希望大师们能继续关注、关爱学子们的成长及未来的职业发展。

　　烹饪是艺术，也是文化，更是一门科学。"从事烹饪的人，先要学会手艺。在学校要珍惜学习时光，要向身边优秀的人学习，打好基础。身在社会，要向行业前辈学习，要脚踏实地一步步去完成。只要坚持、勤恳、认真，相信每一位学子都能成为行业精英。"中国烹饪大师、味澜烹饪创始人吴强在典礼上赠言。

　　资料来源：上游新闻，https://www.cqcb.com/dyh/live/dyh103/2020-08-17/2847975.html，2020-08-17

分析

　　在人类发展的漫漫历史长河中，多少烹饪能工巧匠执着于人们每天的膳食，不断探索新的食材、新的烹饪工艺、新的烹调方法，为人们创造新的佳肴美馔。可以说他们是人类发展史上工匠精神的最早铸就者、传播者。相比于其他行业，中国烹饪有着悠久的发展历程、中国烹饪深厚的文化为依靠，行业的工匠精神更具传承性。

　　传承行业大师们的"工匠精神"，无疑是新一代厨师在新时代、新征程路上需要时刻铭记的精神指引。

任务引导

表 5-2-1　学生任务单

学号		完成时间	5~8 分钟内
工具	粉笔、黑板		
目标	讲小案例：说出你喜欢或者印象深刻的某个特色餐馆。		
要求	1. 在班上选 2~3 个学生分别讲述；		
	2. 讲解的过程中，教师和学生写出关键词；		
	3. 使大家了解"特色与创新"的重要性。		

表 5-2-2　学生任务分配表

班级		组号		指导老师	
组长（学号）					
组员	姓名（学号）		任务分工		

任务学习

餐饮业是更新换代迅速的一个行业，随着行业的竞争不断深入，要想在市场中占有优势地位首先就需要根据自身实际情况选择恰当的经营方式。

在线微课

一、餐馆的运营方式

（一）特许经营餐馆

很多主要的餐馆品牌都利用了特许经营这种商业模式。特许经营是一种了不起的商业模式，包括产品与服务，它能够实现在多个地理位置的餐馆业务的增长，并提供相同或相似的产品或服务，这种模式对于想要做生意但又不愿意从思考经营理念开始做起的人尤为适用。

特许经营指通过合同协议，特许方授予受许方使用其设计、品牌标志、宣传材料及运营服务系统的权力。特许方通常会提供生产与服务操作系统、菜单与配方设计及专业的管理知识。受许方必须同意维持由特许方制订的标准，同时需要满足以下条件：

（1）共享他们的愿景、使命、价值观和商业操守；
（2）已经在其他业务或生活领域取得成功；
（3）有成功的动力；
（4）有足够的资金；
（5）准备好接受培训；
（6）有时间专注于经营。

受许人（加盟商）可以通过使用已运营成功的餐馆的经营理念而获益，比采用一个未经受过检验的经营理念取得成功的可能性要高很多。但是，更高的可能性也意味着更高的成本。特许经营成本包括特许经营费（加盟费）、特许权使用费和市场推广及广告基金等，这要求大量的个人净资产。例如，加盟某品牌，要求一次性付清五年的加盟费，另需投资的费用包括店面装修费用、房屋租赁费用、设备设施、流动资金等项目。

但成为加盟商也有一个缺点，因为加盟商必须遵守特许人的政策、程序和标准，加盟商可能会感觉到失去了独立运作的自由。他们可能无法独立做出某些商业决定，即使他们认为这其实是更好的选择。有时，这种对自己企业失去控制权的局限性似乎过大，尤其是如果加盟商们具有创业精神。

（二）连锁餐馆

连锁餐饮是餐饮的一种发展模式，指餐饮企业通过连锁经营和特许经营的方式进行扩张。对餐饮业发展情况的跟踪调查显示，排名靠前的餐饮企业大多都是连锁经营。近年来，我国餐饮企业开始重视品牌优势的塑造，注重企业规模的扩大，注重利用连锁经营和特许经营的方式进行扩张，市场的需求中体现出科学饮食的需求，中国大型餐饮连锁经营尤其是直营连锁业务发展势头强劲，快餐、送餐外卖、火锅连锁店、团体供餐发展迅速，连锁经营已经成为许多地区餐饮业的主导经营模式。

连锁餐馆产生于成功的独立运营餐馆，首先组成小团队，然后，通过特许经营的方式，开始跨省直至在全国范围内运营。连锁餐饮在提供快餐服务或休闲快餐方面已被证明更为成功。连锁餐馆可以由母公司、特许经营公司或者独立运营企业（有时被称作运管合伙人）拥有。当连锁餐馆建成的时候，企业已经制定出运营的最佳操作方法，并能在设计、布局、操作方法、人员配置、菜单、采购、库存周转、营销和促销等方面实现整个系统范围的经济性。连锁餐馆大多数重要的管理决策都是在公司总部，建议和想法通常来自餐馆和客人。这种模式最大的挑战之一就是保持食品的高质量和一致性。

连锁经营也有很多优势：首先，如果管理得当，连锁店可以在不同的地理位置开设门店。与独立经营的餐馆相比，这种全球性存在的形式使连锁经营者拥有更广阔的市场：一个更大的市场范围赋予了连锁经营者对潜在客户进行全国化甚至国际化营销的能力。其次，连锁经营使母公司能够多渠道获取收入。这种获得现金的能力意味着，与非连锁餐馆（独立拥有和经营的餐馆）相比，连锁可以更快速地增长。连锁餐馆创造的这种多渠道收益流模式是接待业的餐饮服务部门在过去几十年迅速增长的主要原因之一。

连锁餐馆的一个重要营销策略就是消除餐饮体验的不确定性。无论什么地方，任何一家餐馆都能见到相同的菜单，体验到相同的食品质量、服务水平和氛围。很多大公司或企业家都可能是连锁餐馆的老板。

（三）独立经营餐馆

独立经营餐厅指独立核算，有经营自主权、有自己的注册资本、具有法人资格的餐厅。我国绝大多数餐厅属于独立经营餐厅。独立经营餐馆通常拥有一个或多个所有者，他们通常参与餐馆的日常运营。即便一个所有者拥有一个以上的餐馆，通常也能相互独立运作。这些餐馆不隶属于任何品牌或名称。独立经营餐厅具有以下的特点：

（1）投资金额可大可小，富有弹性，即使是小本经营，也可完成当老板的愿望；

（2）拥有独立管理权，想怎么经营，就怎么经营；

（3）菜单的内容也可随地域和时令的不同而改变，较富弹性，可迅速迎合客人饮食习惯的转变；

（4）餐饮的促销和宣传可依需要来配合，经费和效果较易达成平衡；

（5）最重要的一点是辛苦赚的利润全归自己所有。

但同时，独立经营餐馆通常伴随着更多的风险。例如，餐馆可能不像老板希望的那样受欢迎，餐馆老板缺乏经营所必需的专业知识，或者老板没有足够的现金流来维持餐馆的经营以实现盈利。

二、餐馆的分类

餐馆指在一定场所，公开地对一般大众提供食品、饮料等餐饮的设施或公共餐饮屋。对于餐馆的分类并没有一个统一的定义。按照不同的分类标准，可以分成不同的类别。根据消费者的特定需求，按照一定的目标进行业态分类，可分为正餐餐馆、简餐餐馆、快餐餐馆、休闲餐馆、西餐餐馆、早餐餐馆。根据经营菜系分类，一般可分为中餐餐馆、西餐餐馆、东南亚菜餐馆等。根据档次分类，可分为高档餐馆、大众餐馆等。以下挑选部分餐馆种类进行阐述。

（一）休闲餐馆

广义上的休闲餐馆，其菜品不在多而在精，配搭小食、蛋糕、奶茶、咖啡等产品，兼顾消费者正餐和下午茶的需求。休闲餐馆应具备以下几个特点。

第一是产品数量。一般情况下，快餐的单品在30种产品以内，正餐一般有100多种，而休闲餐馆一般有60~100种左右的单品，比快餐丰富，比正餐要少一些。

第二是出餐速度。休闲快餐出餐速度介于正餐与快餐之间，比正餐快一些，比快餐慢一些。快餐从下单到出品一般都是在2分钟以内，而正餐从下单到出品通常是在10分钟以上，休闲餐馆一般是在3~6分钟之间。

第三是产品价格。快餐基本上人均消费在20~30元以内，正餐人均消费在100元左右，而休闲餐馆人均消费多数介于30~80元。

第四是就餐环境。快餐讲究快捷便利，环境要求干净卫生明亮，正餐讲究的是一种餐饮文化、特色以及主题，所以其装修比较个性化，强调就餐环境的独特性、差异性。休闲餐馆既要做到比快餐更有个性、更休闲，但又符合快餐的标准化，可以大规模复制。

（二）高档餐馆与大众餐馆

高档餐馆指提供特色菜肴、传统菜肴，出售美味精致的餐饮产品，具有雅致的空间、豪华的装饰、温柔的色调和照明、古典和传统的音乐等宁静优雅的用餐环境及提供周到和细致的餐饮服务的场所。

大众餐馆常常是向顾客提供大众化菜肴，具有实用的空间、典雅的装饰、明快的色调和照明、传统音乐或现代音乐等良好的用餐环境，提供比较周到的餐饮服务的场所。大众餐馆也讲究餐具和摆台，但是，很少使用银器和水晶杯。有时，也有比较简单的现场音乐或文艺表演，如琵琶演奏、小提琴演奏、钢琴演奏等。用餐费用适合大众。例如大众化的中餐厅和西餐厅、咖啡厅等。

高档餐馆讲究餐具和摆台，通常使用银器和水晶杯。餐厅经常有高雅的现场音乐或文艺表演，用餐费用较高。例如中餐与西餐风味餐厅、扒房等属于高档餐馆。

（三）家庭餐馆

家庭餐馆基本由个人或家庭经营。家庭餐馆通常位于市郊附近。餐馆装修布局较为随意，菜单和服务简单，旨在满足所有的家庭。通常，有一个迎宾员或收银员站在门口迎接客人，待客入座，服务员负责点单，并从厨房将装好盘的食物呈送给客人。家庭餐馆主要经营家常菜，口味特色明显。饭菜价格适中，可以做到合理膳食。由于顾客相对固定，经营者可以准确把握每天所需原材料的数量，用多少，购多少，当天用完，保证食材新鲜，从而完全排除了食物腐败变质的可能性。但家庭餐馆对周边邻居的影响较大，如噪声、油烟等。

（四）主题餐馆

主题餐馆是以一个或多个历史或文化等主题为吸引标志，向顾客提供饮食所需的基本场所。它的最大特点是赋予一般餐馆某种主题，围绕既定的主题来营造餐馆的经营氛围：餐馆内所有的产品、服务、色彩、造型以及活动都为主题服务，使主题成为顾客容易识别餐馆的特征和产生消费行为的刺激物。

主题餐馆是通过一个或多个主题为吸引标志的饮食场所，人们身临其中的时候，经过观察和联想，进入期望的主题情境，譬如"亲临"世界的另一端、重温某段历史、了解一种陌生的文化等。在主题文化的开放上，借助特色的建筑设计和内部装饰来强化主题是非常必要的，例如上海老站餐厅就通过老式家居布置和火车的改装，营造了老上海怀旧和名人专列两个主题；而巴厘岛印尼餐厅则是通过民俗文化的展示和当地物体的陈列，来表现巴厘岛的主题；又比如橄榄树餐厅大量应用特别的装饰材料，以突出地中海风情主题。可以看出，作为主题餐馆，应该运用各种手段来凸显所表现的主题，建筑设计与内部装饰这方面是其中的重要组成部分，因为客人就是通过对餐馆的环境装饰这方面来认识其倡导的主题文化的，而进入主题餐馆所得到的特别享受，更多的来自餐馆的美妙环境。因此挖掘主题文化的底蕴，主要就是做好主题餐馆环境设计，这样才会带来效果。

较之于特色餐馆，主题餐馆更强调从菜式到环境的全范围的特色化和鲜明化。主题的关键在于如何充分调动各种"因素"来深化特色，营造出一种无所不在的特色氛围。特色餐馆充其量只能称为"准主题餐馆"。但凡在菜式上有新意的餐馆就可称为特色餐馆。而对于主题餐馆而言，追求的则是从菜式、环境、服务、文化等方面的整体创新和特色。

（五）快餐餐厅

快餐餐厅又称快餐店、速食店，指这样一类餐厅：提供的食物较为简单、易制作，或者食物已经制作好，在点餐之后，食物很快就能提供，供食客食用。

这类餐厅执行的是一种快速、简单的餐饮服务理念，在中西方都有，而且历史悠久。我们所熟知的这类餐厅有中式快餐厅——乡村基、兰州拉面、沙县小吃等，西式快餐厅肯德基、麦当劳、汉堡王、必胜客等。

三、社会餐饮业

除了以餐馆商业为代表的商业饮食企业与组织，社会其他的一些公共饮食服务运营会由相关饮食服务企业及机构组成的托管式服务进行。这些服务主要运用于以下公共和私人机构：航空公司与机场、各级学校、工商企业、休闲闲暇组织等。区分社会公共饮食服务的托管式服务与诸如餐馆之类的商业饮食服务主要体现在以下方面。

（1）餐馆面临的挑战是取悦顾客，而托管式饮食服务要求既满足顾客需要又能满足客户的需求。

（2）在某些情况下，托管式饮食服务的顾客可能有或者没有其他的就餐选择。有些顾客可能只在这里就餐一次或者每日均在此就餐。

（3）许多托管式饮食服务的运作通常位于那些没有将饮食服务作为主要业务的主体机构中。

（4）大多数托管式饮食服务在固定的时间内生产大量的食物供顾客消费，如分批生产意味着在上午11：30制作一批食物，在12：15再制作生产一批，在12：45制作第三批，而不是在11：30制作整个午餐时间段供应的食物。这样可以使用餐时间较晚的顾客享受到与较早就餐顾客同样质量的餐食。

（5）托管式饮食服务的业务量变化不大，因此更容易迎合顾客的需要，更易于预测餐食的数量以及分量，更易于计划、组织、生产食物并提供服务。因此，整个生产氛围比起餐馆显得不那么匆忙。托管式服务在周末较工作日更为轻松，总的来说，工作时间和福利可能比商业餐馆更好。

一家企业或组织可能外包餐饮或其他服务的原因：经济、餐饮产品制作的质量、资源的合理配置、劳动关系和其他方面的原因。

（一）航空餐饮服务

航空餐饮服务提供的餐点与餐饮服务可能来自其公司自身的业务，也可能由承包商提供服务。例如飞机上提供的食物可能是在一家机场外靠近机场的工厂准备的。在这种情况下,工厂将食物准备和包装好以后,运至相应的航班的登机口。一旦食物被装上飞机,就由乘务员接手将这些食物与饮料提供给乘客。

飞机上的餐饮服务是一项复杂的后勤工作:食物必须能够承受运输条件并承受从制作完成到提供给客人期间的温度变化。如果一款食物属于热菜,则必须能够在飞机上加热。餐点还应看起来让人有食欲、味道不错。所有食物与饮料必须及时、准确地交付给各起飞航班。

我国的航空食品经历了从无到有、从有到多、从多到优的发展历程。20世纪五六十年代,飞机上提供扇子、水果糖。20世纪70年代中后期,乘务员开始给乘客配送冷饮、餐食。但当时的热食并不像现在的餐食有独立包装,而是装在一个大的容器里,由乘务员用勺子分给乘客,饮料则是兑了水的浓缩橘子汁。1978年,开通了美国旧金山直飞北京的航班。香港美心集团成立了中港合资的北京航空食品有限公司。

目前我国航空餐饮主要来源于航空公司旗下的配餐公司、机场旗下的配餐公司、不依托航空公司和机场而独立存在的配餐公司。

(二)各级学校餐饮服务

幼儿园、中小学及高校的餐饮经营复杂且多样化,餐饮服务管理涉及学生食堂、自助餐厅、职工食堂、校园超市及便利店。

校园餐饮对餐饮服务经理而言是一件具有挑战性的事情,因为客户就住在校园里并且每顿都在学校餐厅用餐。若经理或承包商没有创造性,学生与教职员工将迅速厌倦相同的就餐环境与菜品。除幼儿园和小学,大多数校园餐饮是自助式的,提供的菜品每7~14天循环一次。

但是,与社会餐馆经理相比,校园餐饮服务经理也确实具有一些优势。由于校内的学生已经为他们的餐点付款,因此用餐人数易于预测,预算编制更加容易。当付款有保证,且顾客数量可预测时,计划和组织员工数量与食物数量就相对容易,可以保证合理的利润率。

近年来,各级教育行政部门和学校把学校食品安全作为基础性工作,把确保学生吃得安全、吃得营养健康作为头等大事,强化担当作为,健全体制机制,守住源头,管好过程,控住风险,全力保障学校食品安全。同时,为了满足学生多样化的饮食需求,减少校外餐饮品牌及外卖餐饮的冲击,部分中学及大部分的高校校园餐厅引进热门和知名的快餐品牌,以满足学生和教职员工的需求。

(三)休闲景区餐饮服务

休闲景区餐饮服务可能是餐饮服务行业中最独特的。休闲景区餐饮服务通常在体育场、主题公园、动物园、游乐场、景区景点以及其他休闲场所为大量游客提供餐饮服务。客人在游乐期间通常比较匆忙,因此这类餐饮服务最大的挑战是快速为顾客提供服务。

1. 休闲景区内的餐饮类型

（1）大排档。

食摊大排档以供应地方小吃为主，由于花样繁多而且价格低廉，因此特别受到游客的喜爱。例如，南京的夫子庙是秦淮小吃的发源地，历史悠久、品种繁多，形成了独具秦淮传统特色的饮食集中地，是我国四大小吃群之一。这里的小食摊满目皆是，供应的小吃品种多达百余种，很多中外游客到南京旅游都慕名前来品尝美食。

（2）快餐服务点。

快餐服务点，以方便、卫生、快捷为特点。游客到景区的主要目的是参观游览，因此在游览过程中会选择简便易携带的快餐来节约用餐的时间，同时，快餐服务点的设置还可以省出大量的就餐空间，减少投入，增加销售额。由于快餐服务符合休闲旅游餐饮的特点，因此在国外许多著名景区的餐饮服务大都以快餐服务为主。

（3）特色餐馆。

特色餐馆主要指经营菜品有特色的餐馆。在一些著名景区有一些著名的传统老字号餐饮店，例如座落在西湖边上素以"佳肴与美景共餐"而驰名的楼外楼餐馆。

（4）宴会餐厅。

由于宴会是以餐饮聚会为形式的一种高品位社交活动方式，因此大型宴会餐厅非常讲究环境的设计，同时对于宴会菜单的设计以及餐具的配置都有严格的规定。

（5）主题餐厅。

这是近两年新兴起的一种餐厅形式，它往往围绕一个特定的主题对餐厅进行装饰，甚至食品也与主题相配合，为顾客营造一种或温馨或神秘，或怀旧或热烈的气氛，千姿百态，主题纷呈。例如在三亚景区，有着各种各样的民族风情餐厅，比较有代表性的黎寨餐厅以"黎寨风情"为主题，餐厅装饰多以茅草盖顶，有木制墙裙，服务风格引入黎族待客风俗，清秀的黎家少女身着民族服装侍立两旁。

（6）农家乐和户外烧烤。

农家乐旅游是近几年兴起的旅游产品。农家乐餐饮为游客提供地道的农家饭，使游客在农家品尝五谷杂粮和天然野味的同时，身心得到一种回归自然的享受。户外烧烤也是景区常见的用餐类型，但考虑到烧烤时油烟对景区环境的破坏，因此这种餐饮类型不值得提倡。

2. 休闲景区餐饮形式

随着游客餐饮的多元化需求，景区的餐饮形式开始与各种娱乐活动相结合，呈现多样化的特点，常见的有以下几类。

（1）餐饮与歌舞表演相结合。

采取饮食文化与歌舞艺术相结合的形式，使游客在品尝美味佳肴的同时，还能欣赏一台优美的歌舞表演。比较著名的有西安唐乐宫唐代歌舞盛宴、昆明世博园的"吉鑫宴舞"等。

（2）餐饮与康体活动相结合。

这主要指餐饮与垂钓、桑拿、洗浴等康体活动相结合。例如在一些景区，游客可以在鱼塘垂钓后，将自己亲手钓的鱼虾交给景区内厨师烹制，更可亲自下厨，做出适合自己和家人口味的美味佳肴。

（3）餐饮与郊野娱乐相结合。

这种餐饮形式常见的有篝火晚餐、滨海大排档、野外烧烤。例如在草原上推出的"烤全羊"项目，同时附赠篝火晚会项目。

（四）公共健康机构餐饮服务

公共健康机构包括医院、养老院、疗养院等，因为要满足特殊客户群体的多样化需求，所以其餐饮服务非常复杂。公共健康机构餐饮服务主要面向医院的患者、养老院或疗养院居住者、探视者以及医护人员。公共健康机构餐饮服务的重点在于向具有特定饮食要求的患者提供含有特殊膳食成分的饮食。同时，除患者的要求之外，医护人员由于工作繁忙，需要在有限时间内，在愉悦的环境中享受一顿营养丰富的膳食。

公共健康机构餐饮服务的发展趋势是大型连锁品牌餐饮企业的引入。这些企业与承包托管服务运营商进行合作，对于承包托管服务运营商和连锁餐饮企业来说均是双赢的局面。

四、中国餐饮业的发展趋势

（一）休闲餐饮发展空间逐渐增大

近几年由于受宏观经济环境和相关政策的影响，国内餐饮行业整体的发展正在告别快速增长时代，部分高端餐饮的生意更是出现"断崖式"下跌的现象。与高端餐饮相对应的是，主打大众消费市场的快速休闲餐饮却是整个餐饮行业的一枝独秀，行业的发展十分惊人。相关机构的调查显示，中国快速休闲餐饮市场复合年增长率达20%以上，相信未来的趋势仍将保持此等增速。随着大众生活水平的提升，人们对餐厅周围的环境氛围有了更多的要求，一批以营造浪漫、突出品牌文化氛围的休闲餐厅开始受到白领一族的追求。悠闲的店铺环境、轻松的就餐氛围、精致的餐品、人性化且周到的服务满足顾客的深层心理需求。

（二）品牌战略越来越重要

随着餐饮业总体规模的不断扩大，按照之前的经营模式，传统的小店靠着熟人关系只能勉强维持生意，相应也会有更多的小型餐馆会倒闭，而品牌化会顺应市场的发展需要，变得更为流行，毕竟品牌餐饮有更加完备的服务体系，给人们的就餐体验更好。对于入行想要加盟的人来说，品牌餐饮加盟可以更好地规避风险。

（三）更多的餐饮品牌将加入电商营销

随着当前城市节奏不断加快，忙于工作没空做饭，更多人选择在外就餐或者外卖的方式解决吃饭问题，越来越多的人转向互联网获取有关餐饮的信息，"美团""饿了么"等平台将会吸引更多的餐饮品牌。

（四）私人订制抢占消费市场

高端餐饮企业遇见困难并不意味着高端消费人群的消失，高档餐厅的菜品、周到的服务和环境依然有一定的餐饮市场需求。但是这些高端消费的食客们不再追求"高大上"的土豪式消费，而是希望享受到更有品位、更具独特个性、更符合消费者需求的餐饮服务。消费者对个人体验的渴望不断上升，攀比的心态变成希望的心态。有些餐饮品牌已经抓住了高端顾客的心理变化，结合情况就已经推出"私人订制"的服务，即依据消费者要求的主题、目的、档次等因素打造有个性的宴会。私人订制宴会对有品质的消费者并不一定很奢侈，但这一定是最能迎合宴会主人需求的方式。

▶ 知识延伸

世界餐馆业的发展趋势

1. 社交媒体的影响

社交媒体对餐饮营销产生了很大的影响。越来越多的人转向互联网获取有关餐饮的信息。餐馆继续将拼趣（Pinterest）、脸书（Facebook）和推特（Twitter）等社交媒体作为营销策略的关键组成部分。除了餐馆名称、地址、电话号码、地图和菜单等基本注册信息，餐馆未来将开发在线资料并参与如猫途鹰（TripAdvisor）、雅普（Yelp）和旅行餐厅（Urbanspoon）等在线评论网站和博客。

2. 可持续发展和本地食品

消费者越来越重视食物的来源，在菜单上体现这一点不仅满足消费者的心理，也是帮助农民的好方法。一些餐馆老板参与了"从农场到餐桌"的运动，厨师与当地或者外地的农民建立直接关系以确保获得高质量、可持续种植的产品，也有一些老板经营自己的农场和菜园。例如，在本地采购趋势持续的同时，店内种植这种超本地化趋势也在不断发展。除了餐馆的菜园，超本地化更是扩展到餐馆自制、农场品牌和手工制品。从冰淇淋到奶酪，从泡菜到培根，从柠檬水到啤酒，餐馆正在开始制作自己的招牌食品。

在过去几十年的发展中，民族美食一直占据主流菜单，随着人们的口味变得更加复杂和乐于尝鲜，餐馆也开始顺应潮流。其中一个小趋势体现为烹饪融合、分子美食，以及本地的、区域的和全球的食品的融合、香料和烹饪风格的融合，这些都反映了新技术和风味在广度和深度上的探索。此外，民族特色食品，包括奶酪、面粉和佐料也越来越多地进入非民族菜肴。特定的菜肴，例如拉面、民族街头食品和儿童主食等都蓄势待发。

3. 对公共卫生与儿童健康的关注

现在的餐馆比以往任何时候都更加注重创造更健康的膳食。它们选择使用天然的原料、减少分量，并提供有机食品的选择。因为现在许多消费者体重超标，或者受到慢性疾病例如糖尿病的困扰，还有一些消费者对食物中的某些成分例如花生、麸质或乳制品成分过敏。为了响应公众的需求，更多的餐馆在常规菜单和儿童菜单以外，还提供分量更小和更健康的食物选择。一些餐馆甚至转变为仅销售有机、无谷物以及非转基因食品的餐馆。

餐馆正在制作专门针对儿童的膳食，追求的不仅是健康，而且是色香味俱全。抛弃传统的炸鸡、薯条、汉堡和热狗，今天的菜单品种更包括精蛋白、色彩丰富的水果和蔬菜、全谷物、口味清淡的腌制食物和酱汁。

4. 环境责任

食品浪费的减少和管理是餐馆运营的最前沿，这与消费者态度的变化和供应商对可持续性和环境敏感性的需求是相符的。堆肥、回收和捐赠都是体现可持续性和社会责任在应对食品浪费方面的策略。此外，食品成本的持续上升使得餐馆更仔细地思考将食品浪费和剩余最小化作为成本控制的工具。

从肉类、海鲜到生产，餐馆更频繁地从当地农民和渔民那儿采购，这有助于促进当地的可持续性发展。许多独立的餐馆通过种植自己的菜园子来实践超本地化采购。

资料来源：John R. Walker著，李力、李智、魏玲丽译，《国际接待服务业概论》，广州：广东旅游出版社，2018

任务测评

▶ 案例解析

西湖楼外楼：品味历史与美味

西湖楼外楼餐厅，作为杭州乃至全国知名的老字号餐馆，以其独特的地理位置、丰富的菜品和优质的服务吸引了无数食客。

餐厅位于西湖风景名胜区，紧邻西湖，地理位置优越。楼外楼始建于1848年，拥有超过170年的历史，是杭州乃至中国餐饮业的历史见证。菜品以杭帮菜为主打，提供西湖醋鱼、东坡焖肉、宋嫂鱼羹、龙井虾仁等经典菜品。菜品味道正宗，制作精细，深受食客喜爱。餐厅位于风景秀丽的西湖边，店内装修古朴典雅，木质桌椅、屏风隔断，处处透露着中国传统文化的韵味。窗外便是西湖美景，食客在品尝美食的同时还能欣赏到湖光山色。

以下菜品为楼外楼餐厅的招牌菜。

西湖醋鱼：楼外楼的招牌菜之一，选用专门养殖的草鱼制作而成，鱼肉细嫩，鲜味满满，搭配酸甜的酱汁，回甘无穷。

东坡焖肉：五花肉肥而不腻，炖得酥烂入味，是肉食爱好者的首选。

龙井虾仁：虾仁与龙井茶叶的完美结合，清香可口，口感细腻。

宋嫂鱼羹：以蛋花、鱼肉丝、竹笋、火腿、香菇等材料熬制而成，汤羹鲜美细腻，适合各类人群食用。

西湖楼外楼餐厅以其悠久的历史、丰富的菜品、优雅的环境和优质的服务赢得了广大食客的喜爱。无论是本地居民还是外地游客，都纷纷慕名而来，品尝这里的经典杭帮菜，感受浓厚的文化氛围。如果你来到杭州西湖游玩，不妨到楼外楼餐厅一试，相信你会有不一样的美食体验。

案例诊断：西湖楼外楼餐厅吸引五湖四海的游客是依靠其哪些特点？

案例对管理者的启示：

▶ 实操训练

表 5-2-3 学生任务单

组号			总分		
目标	团队通过调研：1.分析所在学校的校园食堂呈现怎样的特点，并针对其服务内容、方式等提出意见和建议；2.选择某个主题，全面设计校园主题餐厅。将结果做成PPT，在课堂上分享交流，时间控制在3分钟内。				
考核标准	分数占比	小组自评（20%）	小组互评（20%）	教师评分（60%）	总分
内容完整清晰，包括食堂特点、服务内容、方式等；主题餐厅设计理念等	60%				
呈现效果美观，合理使用文本、图片、图形、动画等表现工具	20%				
汇报展示技巧：能较好地运用姿态、动作、手势、表情，表达对主题的理解	10%				
综合印象：语言表达得体、流利，基本能脱稿	10%				

▶ 随堂测练

课程名称	酒店管理概论	专业	
学习任务	项目五 探索主要接待服务业	班级	
学习内容	任务二 餐馆商业与社会餐饮业	姓名	

码上刷题

1. 如何划分餐馆的种类？

2. 简述主要的社会餐饮业。

3. 简述中国餐馆业未来的发展趋势。

任务三　旅游景区与休闲娱乐业

育才剧场

湖南宜章建成无障碍景区

坐着轮椅到1500米以上的高山游览，在山间移步易景，这样的场景在湖南宜章莽山五指峰景区已经成为现实。

为满足游客，特别是老人、儿童、残障人士等群体的需求，莽山五指峰景区自2017年底开始建设改造景区，最终实现旅游全程无障碍。莽山五指峰景区一期投入12亿元，在海拔1400米以上的山体悬崖上，架设了总长8千米的云端悬空栈道，分上中下3条线路。同时，景区还建了单线3700米、高差1000米的拖挂式客运索道，铺设3条悬空栈道无缝对接的垂直电梯和斜梯，设置无障碍通道，在景区公厕设置第三卫生间和残疾人专用厕位。游客步道设有轮椅专用道，还设置了边坡挡板、无障碍休息站和观景台。

资料来源：《人民日报》，2020-11-06

分析

践行以人为本的精神，在景区的整个服务环节中，于细微处考虑游客的种种需要，针对特殊人群提供特殊服务。将无障碍景区树立成为新时代景区的典范，将无障碍的范围扩大到景区的全部服务当中，让所有的人体验到同样的景区游玩观感。

任务引导

表 5-3-1　学生任务单

组号		完成时间	5~8分钟
工具	便利贴、大白纸、马克笔		
目标	分小组，团队用头脑风暴的方法，写出对于"旅游景区"和"休闲娱乐业"的了解。		
要求	1. 团队中每个人都在便利贴上写下对"旅游景区"和"休闲娱乐业"的了解；		
	2. 用关键词来描述，每张便利贴写1个关键词；		
	3. 写得越多越好；		
	4. 把团队所有人的便利贴粘贴在大白纸上；		
	5. 把相同的内容粘贴在一起，将不同的内容进行分类；		
	6. 请每个团队的代表上台分享；		
	7. 获得大家对于"旅游景区"和"休闲娱乐业"的认识。		

表 5-3-2　学生任务分配表

班级		组号		指导老师	
组长（学号）					
组员	姓名（学号）		任务分工		

任务学习

人类社会的发展过程中，休闲活动始终存在并在很大程度上影响着人们的生活和社会的发展。从西方发达国家社会经济发展历程看，体闲在其中扮演的角色，已经从一种生活方式过渡成为推动社会经济发展的重要力量。

就景区而言，单一的观光模式会逐渐向综合开发的景区发展，逐渐充实变成旅游目的地模式，从简单的观光变成可以全年利用时间趋势的沉浸式体验。

在线微课

一、旅游景区的定义及分类

旅游景区是一个国家和地区的人文资源、自然景观的精华，是展示民族文化和民族历史的窗口。作为一种旅游产品，正日益成长为旅游业的支柱，我们所讨论的旅游景区是以旅游体验对象、游戏服务设施、管理和服务人员为主要构成，为开展参观游览、娱乐休闲、康体健身、科学考察、文化教育等各种非惯常环境下的体验和此环境下的一种短暂的生活方式。

▶ 知识延伸

国家级旅游度假区管理办法

第一条　为了规范国家级旅游度假区的认定和管理，促进旅游度假区高质量发展，满足人民日益增长的旅游度假休闲需求，制定本办法。

第二条　本办法所称旅游度假区，是指为旅游者提供度假休闲服务、有明确的空间边界和独立管理机构的区域。

本办法所称国家级旅游度假区，是指符合国家标准《旅游度假区等级划分》（GB/T 26358）相关要求，经文化和旅游部认定的旅游度假区。

第三条　国家级旅游度假区的认定和管理坚持以习近平新时代中国特色社会主义思想为指导，以人民为中心，弘扬社会主义核心价值观，提升度假休闲旅游发展水平，推动旅游业转型升级。

第四条　国家级旅游度假区的认定和管理坚持公开、公平、公正，遵循自愿申报、规范认定、动态管理和示范引领的原则。

第五条　国家级旅游度假区的认定和管理由文化和旅游部按照本办法和国家标准《旅游度假区等级划分》（GB/T 26358）及相关细则组织实施，具体工作由文化和旅游部资源开发司承担。

省级文化和旅游行政部门负责本辖区内国家级旅游度假区的初审推荐和日常管理，以及省级旅游度假区的认定和管理。

第六条　鼓励旅游度假区按照本办法和国家标准《旅游度假区等级划分》（GB/T 26358）及相关细则要求，积极开展国家级旅游度假区的建设和申报工作。

第七条　申报国家级旅游度假区，应当具备下列条件：

（一）符合国家标准《旅游度假区等级划分》（GB/T 26358）及相关细则要求；

（二）符合社会主义核心价值观要求；

（三）度假设施相对集聚，经营状况良好；

（四）旅游公共信息服务体系健全；

（五）游客综合满意度较高；

（六）在全国具有较高的知名度和品牌影响力；

（七）土地使用符合法律法规有关规定；

（八）主要经营主体近3年无严重违法违规等行为记录；

（九）近3年未发生重大旅游安全责任事故；

（十）被认定为省级旅游度假区1年以上。

第八条　申报国家级旅游度假区，应当经省级文化和旅游行政部门向文化和旅游部提交下列材料：

（一）省级文化和旅游行政部门推荐文件；

（二）国家级旅游度假区认定申请报告书，包括旅游度假区基本信息（含名称、管理机构、空间范围、面积、总览图等）、度假设施分布和经营状况、旅游公共信息服务体系、游客综合满意度、知名度和品牌影响力等内容；

（三）旅游度假区总体规划、自评报告及相关说明材料（含文字、图片和视频）；

（四）县级以上自然资源部门关于土地使用符合法律法规有关规定的相关材料；

（五）近3年无严重违法违规等行为记录和未发生重大旅游安全责任事故的承诺书；

（六）文化和旅游部要求的其他材料。

第九条　文化和旅游部按照下列程序组织认定国家级旅游度假区：

（一）对申报材料进行审核；

（二）组织专家评审组按照旅游度假区等级基础评价评分细则，对通过材料审核的旅游度假区进行基础评价；

（三）组织专家或者第三方机构按照旅游度假区等级综合评分细则，对通过基础评价的旅游度假区以暗访的形式进行现场检查；

（四）对通过现场检查的旅游度假区进行审议，根据需要可以安排答辩环节，确定公示名单；

（五）对确定的公示名单，在文化和旅游部政府门户网站公示5个工作日；

（六）对公示无异议或者异议不成立的，发布认定公告。

第十条　国家级旅游度假区等级标识、标牌样式由文化和旅游部统一设计。

国家级旅游度假区可以根据文化和旅游部统一设计的等级标识、标牌样式，自行制作简洁醒目、庄重大方、具有自身特点的等级标牌。

国家级旅游度假区应当将等级标牌置于度假区内醒目位置，并在宣传推广中正确使用其等级标识、标牌。

未被认定或者被取消国家级旅游度假区等级的，不得使用相关称谓和等级标识、标牌。

第十一条　国家级旅游度假区变更名称、管理机构或者调整空间边界的，应当自变更或者调整之日起2个月内，经省级文化和旅游行政部门报文化和旅游部备案。

第十二条　文化和旅游部建立有进有出的动态管理机制，采取重点复核与随机抽查相结合、明查与暗访相结合，或者委托第三方机构开展社会调查、游客意见反馈等方式，对国家级旅游度假区进行管理和复核。原则上每3年进行1次全面复核。

第十三条　国家级旅游度假区有下列情形之一的，文化和旅游部给予通报批评处理，并要求限期整改：

（一）经检查或者复核，部分达不到国家标准《旅游度假区等级划分》（GB/T 26358）及相关细则要求的；

（二）旅游公共信息服务体系不健全的；

（三）游客投诉较多或者旅游市场秩序混乱，且未及时有效处理的；

（四）因管理失当，造成严重不良社会影响的；

（五）发生较大旅游安全责任事故的；

（六）变更名称、管理机构或者调整空间边界未及时备案的；

（七）文化和旅游部认定的其他情形。

第十四条　国家级旅游度假区有下列情形之一的，文化和旅游部给予取消等级处理：

（一）经检查或者复核，与国家标准《旅游度假区等级划分》（GB/T 26358）及相关细则要求差距较大的；

（二）存在严重违背社会主义核心价值观行为的；

（三）资源环境遭到严重破坏的；

（四）发生重大旅游安全责任事故的；

（五）发生重大违法违规行为的；

（六）申报过程中弄虚作假的；

（七）文化和旅游部认定的其他情形。

第十五条　国家级旅游度假区受到通报批评处理的，应当及时认真进行整改，整改期限原则上不超过1年。整改期限届满后，经省级文化和旅游行政部门报文化和旅游部检查验收。通过检查验收的，下达整改合格通知；未通过检查验收的，文化和旅游部给予取消等级处理。

第十六条　国家级旅游度假区受到取消等级处理的，自取消等级之日起3年内不得申报国家级旅游度假区。

第十七条　文化和旅游部通过多种渠道和方式，对国家级旅游度假区加强旅游基础设施建设、旅游公共服务、品牌建设和形象推广等予以支持。

第十八条　鼓励地方各级文化和旅游行政部门协调相关部门，在土地使用、金融支持、人才引进、宣传推广等方面，对国家级旅游度假区提供支持与服务，为旅游度假区建设和发展营造良好环境。

第十九条　省级文化和旅游行政部门可以结合本地区实际，参照本办法，制定省级旅游度假区管理办法。

第二十条　本办法由文化和旅游部负责解释。

第二十一条　本办法自发布之日起施行。《国家旅游局办公室关于下发〈旅游度假区等级管理办法〉的通知》（旅办发〔2015〕81号）同时废止。

资料来源：文旅资源发〔2019〕143号，2019-12-20，经整理

根据国家颁布的《旅游资源分类、调查与评价》国家标准（GB/T 18972—2017）中提出和规定的旅游资源类型体系。将旅游资源分为8个大类（地文景观、水域景观、生物景观、天象与气候景观、建筑与设施、历史遗迹、旅游购物、人文活动），23个亚类，110个基本类型。依照旅游景区所拥有的旅游资源不同，旅游景区可以划分为以下几类（如表5-3-3）。

表5-3-3　旅游景区划分类型

旅游景区大类	具体旅游景区类型
自然景观	森林公园、地质公园、自然保护区、野生动物园等
人文景观	文博院馆、寺庙观堂、宗教圣地、古文化遗址、古生物化石、军事遗址、古建筑、名人故居、历史村镇、民俗园等
人造景区	主题公园、游乐园、微缩景区、海洋馆等

根据国家《旅游景区质量等级评定与划分》（GB/T17775—2003），从三个方向对景区进行评分：细则一，服务质量与环境质量评分；细则二，景观质量评分；细则三，游客意见评分。各级景区需要达到如表5-3-4所示分值。

表 5-3-4　不同级别旅游景区分值一览

景区级别	细则一	细则二	细则三
5A 级景区	950 分	90 分	90 分
4A 级景区	850 分	85 分	80 分
3A 级景区	750 分	75 分	70 分
2A 级景区	600 分	60 分	60 分
1A 级景区	500 分	50 分	50 分

根据景区是否收取费用，将其分为免费旅游景区和收费旅游景区。

根据景区等级，旅游景区可以划分为世界级旅游景区、国家级旅游景区、省级旅游景区和地市级旅游景区。

旅游景区的分类不是绝对的，还有许多其他的分类方法，现有的这些分类随着旅游业的发展和旅游景区产品的不断改造和创新，其属性和类别也将会发生一些变化。

二、中国旅游景区的发展趋势

（一）竞争全球化

在全球经济一体化的大环境下，我国旅游景区的发展面临着国内国际两大市场阵营的竞争压力。网络资讯的发达使旅游者有了更多的选择权，交通工具的便利使得旅游者的出行范围更加扩大，国内景区希望能够占有更多的市场份额，而其他国家的景区则希望通过各种营销手段，吸引中国游客，将客源从中国分流出去。

（二）管理市场化

旅游景区的产品和项目开发要遵循满足市场需求的准则。政府、企业、社会三方共同投入景区的规划建设中，尝试市场化运作，尝试经营权和所有权分离的经营模式，接受专业的管理人员进行管理，实现管理的专业化。这样有利于旅游景区资源的优化配置和永续利用，使景区的社会效益、经济效益、生态效益协调发展。

（三）界限模糊化

从单一观光到综合开发是旅游景区未来的总体趋势。文化旅游、商务旅游等各种不同的旅游类型有着不同的诉求，景区需要复合型的产品、多元化的发展，持续创造吸引消费者和鼓励回头客的令人叹服的体验。有的旅游景区开发商寻找将主题公园、购物中心和娱乐的元素集合到一个组合，更有的景区将儿童、青少年、年轻成年人和家庭作为目标。

（四）接待定制化

随着越来越多的客户寻求私人定制的旅游体验，他们需求越来越多元化，服务要求越来越细致化，旅游景区就要提供相应的更细致的服务项目。

（五）体验深度化

体验设计就是从人的需求出发，包括视觉、听觉、味觉、触觉等，努力让游客达到最好的感觉、最丰富的体验，不需要游客走的路一步也不要多走，需要游客走的路一步也不能少走。重视游客体验是旅游景区规划设计深度发展的关键。

三、休闲娱乐业的定义及中国几类主要的休闲娱乐业

休闲娱乐业既是一门古老行业，也是一门新兴行业。一般指不包括电影戏剧行业在内的娱乐行业，即粤港澳所称的康乐行业，包括邮轮业、俱乐部业、乡村旅游业、旅游购物业等。

（一）邮轮业

邮轮旅游也叫航游，是游客乘坐邮轮的假期旅行。邮轮旅游不包括纯商务目的的水路旅行（如货船）、乘坐个人用的小型游乐船以及纯为运输目的而乘坐船只的旅行。邮轮业指以邮轮为核心，以海上观光旅游为具体内容，由交通运输、船舶制造、港口服务、旅游观光、餐饮、购物、银行保险等行业组合而成的复合型产业。

（二）俱乐部业

俱乐部最通行的两种类型是乡村俱乐部和城市俱乐部。乡村俱乐部在欧美特别是欧洲非常普及，大多数乡村俱乐部都有一个或者多个休息室和餐厅，绝大多数还有宴会设施。会员和他的客人们都能享受这些服务，并可以按月支付各项费用。

城市俱乐部主要面向商业，规模、位置、设施类型和提供的服务都不尽相同。通常分为以下几类：职业俱乐部，顾名思义俱乐部的会员都是同一行业的；体育俱乐部，给城市的职工和居民健身、游泳、打高尔夫球、打乒乓球等运动的机会，通常会设置在市中心的运动中心。体育俱乐部里面也会有休息室，酒吧和餐厅，会员可以休息并进行一些简单的社交。

（三）乡村旅游业

世界旅游组织在《地方旅游规划指南》中界定，乡村旅游指"旅游者在乡村（通常是偏远地区的传统乡村）及其附近逗留、学习、体验乡村生活模式的活动"。该村庄也可以作为旅游者探索附近地区的基地。其基本特征是休闲与生产相结合，乡村性和城镇性呈反差，类型多种多样，经营风险较低。

（四）旅游购物业

旅游购物指旅游者在旅游目的地进行的一种购买商品的行为，是旅游者在旅游过程中的重要体验和消费活动。在旅游业比较发达的国家和地区，旅游购物收入占旅游总收入的40%~60%。改进旅游购物的消费体验，有助于提升旅游总体经济效益。

四、中国休闲娱乐业的发展趋势

（一）市场化与规范化

休闲娱乐产业化是基本的运作前提和方式。根据休闲娱乐市场的需求不同，不断引导和创造市场需要来发展休闲娱乐业。在休闲娱乐需求集中化、细分化的基础上，形成休闲娱乐的市场化、专业化；同时按照市场规律和规则进行休闲娱乐的产业与企业运作，除了部分公益性质的项目，主要运用政策法规、经济等手段进行引导监督和调控，通过完善休闲娱乐产业的政策法律法规、技术标准与服务标准依据自觉建立起有效的运营机制。

（二）规模化与集约化

针对市场创造项目、建设环境，依靠标准、品牌和资本运营，组建跨行业、跨地区、跨所有制的休闲娱乐企业集团，中小休闲娱乐企业则应瞄准细分市场走专业化道路，从而形成国际连锁企业。同时也要在空间地域上积聚形成一定的产业格局。休闲娱乐需要在产品项目上形成有专业分工的上下旅游产业链和横向的旅游体系，共同为休闲旅游者服务。比如高尔夫休闲产业就需要与保健、住宿、餐饮、购物、娱乐等组合形成横向产业链与高尔夫"行头"，装备工业如高尔夫球、球杆、球包、球鞋、球衣等形成上下游产业链组合。

（三）创造旅游吸引物

在自然与人文资源环境开发日渐枯竭、生态环境保护日益紧迫的情形下，休闲娱乐业的产业化缓解了旅游资源及其生态环境的压力，创造出新兴的旅游吸引物，从而大大地丰富了休闲内容，扩宽了休闲空间。

（四）蓬勃发展的休闲农业

休闲农业指的是以农业为主题，利用自然环境、农事活动、农村生活等农业、自然与文化资源，满足休闲者对农业体验相关的需求，其主要模式是以旅游农业观光和农家乐形式为主的度假产品。这种以旅游为载体的农业观光和度假构成了我国当前休闲农业的主体。

任务测评

案例解析

人民文旅携手蜗牛景区管理集团打造景区服务新业态

2020年9月28日，人民文旅与蜗牛景区管理集团在人民日报社新媒体大厦举行战略签约仪式，双方围绕景区规划、建设、运营建立战略合作，整合优质资源，组建专业团队，依托多元化智慧手段，打造景区服务新业态。针对当下文旅行业转型提质的迫切需求，为全国旅游景区、旅游度假区及旅游目的地提供咨询、规划、建设、运营、培训等全方位智慧服务。当前，文旅产业已经成为国民经济发展的重要引擎，国家高度重视文旅产业高质量、融合发展。2019年8月份，《国务院办公厅关于进一步激发文化和旅游消费潜力的意见》强调，要推动旅游景区提质扩容，打造一批高品质旅游景区、重点线路和特色旅游目的地，为人民群众提供更多出游选择。由此可见，加强供给侧改革，推动景区景点转型、提质、升级成为当前及未来文旅融合发展的主要趋势。人民文旅携手蜗牛景区管理集团开展战略合作的核心目的就是为景区景点开展供给侧改革，推动转型提质升级提供技术、资源等全方位的支持。

人民文旅作为人民日报社旗下专业的文旅融合平台，依托人民日报社党报平台和政治优势，整合社会优质资源，聚焦文旅融合发展和智慧"三农"建设，是国内权威的文旅、"三农"行业全领域解决方案提供商。2020年被文化和旅游部指定为"国家文化公园建设保护规划设计单位"。

蜗牛景区管理集团是专注于为旅游空间提供服务的文旅综合服务商，致力于创造旅游产品、运营旅游景区。在蜗牛首创的"景区工程师体系"的技术支撑下，凭借"方案＋执行"服务模式，通过旅游运营、旅游标准化、规划设计、定制生产、城市更新，为国内超过220家旅游景区/度假区提供服务，覆盖全国19个省市。近年来服务了诸如良渚古城遗址公园、福建鼓岭旅游度假区、延安革命纪念地、莫干山国际旅游度假区、缙云仙都景区、同里古镇等重点旅游项目，形成了全国性的行业品牌影响和竞争优势。人民文旅和蜗牛景区管理集团将携手打造"规划设计、运营服务最强团队"，依托先进的技术手段，为旅游景区、旅游度假区及旅游目的地等提供综合性智慧服务和支持。

案例诊断：如何理解景区服务的新业态？

案例对管理者的启示：

实操训练

表 5-3-5　学生任务单

组号			总分			
目标	来自同一个地区（市/州）的同学组为一个团队，选择 1 个家乡著名的旅游景区进行网络调研，将所查结果做成 PPT，在课堂上分享交流，时间控制在 3 分钟内。					
考核标准		分数占比	小组自评（20%）	小组互评（20%）	教师评分（60%）	总分
内容完整清晰，包括景区基本情况、发展现状、规划建议等		60%				
是否美观，合理使用文本、图片、图形、动画等表现工具		20%				
汇报展示技巧：能较好地运用姿态、动作、手势、表情，表达对主题的理解		10%				
综合印象：语言表达得体、流利，基本能脱稿		10%				

随堂测练

课程名称	酒店管理与数字化运营概论	专业	
学习任务	项目五　探索主要接待服务业	班级	
学习内容	任务三　旅游景区与休闲娱乐业	姓名	

码上刷题

1. 旅游景区有哪些分类？

2. 谈谈中国旅游景区的发展趋势。

3. 中国主要的休闲娱乐业有哪些？

任务四　会展业

育才剧场

进博观察：大国的样子

走进第六届中国国际进口博览会食品及农产品展区，展台面积达 440 平方米的美国食品与农业馆映入眼帘。该馆由美国农业部和上海美国商会共同设立，是美国政府首次以官方名义参加进博会并设展馆。

六年来，美国企业参展热情持续高涨。今年有超过 200 家美国企业参展，数量创历届进博会之最，其中大部分企业是与进博会共同成长的"回头客"。当被问到为何年年相约"四叶草"，他们与美国农业部官员一样，不约而同提到一个字——"大"。

"潜力巨大、非常重要！"美国农业部代理副部长帮办哈费迈斯特在开馆仪式上如此形容中国市场。

从企业自发行动到官方积极组织，进博会再次印证了中国市场的巨大吸引力。背靠中国大市场，进博会是一个充满机遇的大平台。

在首届进博会，从事精油产销的美国多特瑞公司抱着试一试的态度用 9 平方米的小展台收获 3.8 亿元人民币的订单。今年是这家公司第六次参展，多特瑞中国区总裁欧文·梅西克表示，期待中国市场到 2030 年超过美国成为多特瑞全球第一大市场。

进博"全勤生"美国化工巨头陶氏公司在本届进博会开幕当天就签下 3 亿美元的合作备忘录。陶氏公司亚太区总裁谢佩君说，庞大且富有活力的中国市场是公司发展战略的关键所在。

作为全球共享的国际公共产品，进博会越来越受到包括美国企业在内的各方欢迎，这其中还有着深刻的内在原因——经济全球化的历史大势。

本届进博会上，特斯拉展区主题定为"入华十年 智造标杆"。特斯拉公司副总裁陶琳说，入华十年，特斯拉不仅投身中国潜力巨大的内需市场，同时也成为中国新能源产业中的重要一环，与中国本土企业一起助力中国汽车产业和经济全球化发展。

美国福特汽车集团深耕中国市场，立足中国、着眼世界。今年上半年，福特中国创纪录地向海外出口超过 5 万辆汽车。福特汽车集团副总裁莱尔·沃特斯在进博会展台自豪地告诉记者，在中国，我们不仅为中国市场造车，还向全球出口。

进博会正是中国顺应经济全球化历史大势作出的开放之举。从实行对外开放到加入世界贸易组织，从共建"一带一路"到举办进博会，中国对外开放的脚步从未停顿，对外开放的大门越开越大。

中国以海纳百川的开放胸襟，与世界共享发展机遇，致力于把全球经济的蛋糕做大。在经济全球化的大合唱中，大国应该当好"领唱"，在共同做大全球经济蛋糕的过程中成就自己、造福世界。

资料来源：新华社百家号，https://baijiahao.baidu.com/s?id=1781911412090232202，2023-11-07

分析

在经济全球化背景下，第六届中国国际进口博览会展示了改革开放45周年以来中国经济社会发展取得的巨大成就，体现了共建"一带一路"为世界各国发展带来的新机遇，为共建开放型世界经济、推动构建人类命运共同体注入更多"中国动力"，彰显了大国责任与担当。

任务引导

表 5-4-1 学生任务表

	组号		完成时间	5~8分钟
	工具	便利贴、大白纸、马克笔		
目标	分小组讨论，团队用头脑风暴的方法，写出对于"会展业"的了解。			
要求	1.团队中每个人都在便利贴上写下对"会展业"的了解；			
	2.用关键词来描述，每张便利贴写1个关键词；			
	3.写得越多越好；			
	4.把团队所有人的便利贴粘贴在大白纸上；			
	5.把相同的内容粘贴在一起，将不同的内容进行分类；			
	6.请每个团队的代表上台分享；			
	7.获得大家对于问题的认识。			

表 5-4-2 学生任务分配表

班级		组号		指导老师	
组长（学号）					
组员	姓名（学号）		任务分工		

任务学习

会展,顾名思义,由会议和展览组成。会展活动构成了会展业。

一、会展的概念

在线微课

会展,从字面理解,会即聚合,多人聚合交流;展即陈列与展示。欧洲对会展的定义即 Convention(会议)和 Exposition(展览),简写为 C&E。国际上通常将会展定义为 Meetings(公司业务会议)、Incentive(奖励旅游)、Conference(协会或社团组织会议)、Exhibition and Event(展览与节事活动),简写为 MICE。其中,Event 包含节日庆典、赛事、文艺演出等活动,扩大了会展的范围。

会议是人以讨论和交流为目的的聚会。展览是在特定空间、时间内多人聚集,围绕特定主题和展品展示进行的信息交流和贸易活动。节事活动是经过精心策划,吸引人们参与的各类庆典和活动的总称。

综上所述,会展活动具备以下共性:在一定地域空间内的人群聚集;从事物质和文化交流活动。

因此,会展是会议、展览、节事活动等集体性活动的简称,指在一定地域空间,围绕特定主题,许多人聚集在一起形成的定期或不定期的传递和交流信息的群众性社会活动。

▶ 知识延伸

VR、AR、MR 分别是什么?

如图 5-4-1 所示,关系图的左侧是现实世界(Reality),右侧是虚拟世界(Virtual World)。

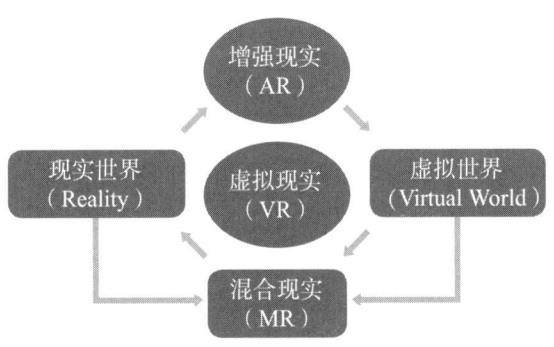

图 5-4-1 "R"家族关系图

现实世界叠加部分虚拟内容,丰富现实世界,就是增强现实(AR),最终达到虚拟世界。虚拟世界营造部分现实感觉,让人身临其境,就是虚拟现实(VR),最终达到现实世界。而混合现实(MR)是现实世界和虚拟世界的融合,并且强调现实和虚拟的互动。

一、现实世界（Reality）

现实世界，即我们普通人生活的真实的三维空间，每天看到、听到、闻到、接触到的这个真实世界。

二、增强现实（AR）

增强现实，顾名思义，是对现实进行增强。用什么来增强呢？用虚拟世界的部分内容。

常见的应用，是利用手机摄像头，扫描现实世界的具体实物，通过图像识别技术，在手机终端上呈现相对应的图片、音视频、3D模型等，这样来赋予实物更多的信息，起到增强的作用。

三、虚拟现实（VR）

虚拟现实集合了仿真技术、计算机图形学、人机接口技术、多媒体技术、传感技术、网络技术等多种技术，借助特定的VR设备，营造出多源信息融合的、交互式的三维动态视景的模拟环境，通过视觉、听觉等感官，让人有身临其境的感觉，强调进入感、沉浸感。现在世界上还有公司在研究嗅觉的VR技术。

试想一下，你正在公司处理一堆让人焦头烂额的事务，心里一个声音响起：我需要去度假放松一下。穿戴上特定的VR设备，你就到了普吉岛的海边，坐在沙滩椅上，看到蓝天、白云、碧海，听见海浪拍打的声音，还闻到空气中湿湿的海风气息……

四、混合现实（MR）

混合现实是从现实世界到虚拟世界的完全融合，并且能够充分互动。

以前面虚拟世界的说明为例，当我们把虚拟世界和现实世界之间的这层玻璃换成一道门，这就是MR。有了这道门，我们就不再只是窥视虚拟世界，而是可以通过这道门，自由出入现实和虚拟这两个世界。这道门就是特定的MR设备。

我们以前面的VR海边度假这个例子继续往下说。MR将给你一个真正的海边度假。通过MR技术，你不仅能看到、听到、闻到等，还能和虚拟世界进行充分互动。

比如，你可以从沙滩椅站起来，走过细腻的沙滩（现实和虚拟的融合），走到海边的水中，你的双腿感觉到亚热带温暖的海水（触觉），你用双手玩水，激起阵阵水花，溅起的水花打在你的嘴上（现实和虚拟的互动），感觉到咸咸的海水味道（味觉）……

这就是MR的伟大之处，不仅如VR那样让你身临其境，更让你真正地身处其境，就如同你实实在在地处于真实世界中。

资料来源：张翀，《AR、VR、MR：一张关系图，弄清三个"R"》，http://media.people.com.cn/n1/2017/0428/c404465-29244061.html，2017-04-28，经整理

二、会展业及其作用

（一）会展业的含义

会展业是以会议、展览为媒介，以在一定时期内聚集大量的人流、物流、资金流和

信息流为手段，达到经济、社会等方面发展的行业。会展业通过会展公司或主办单位把参展商、购买商、观光者汇集起来，达到商品交易、产品宣传等目的。会展业属于商务服务业，涉及交通、物流、通讯、旅游、广告、金融、保险等诸多行业。

（二）会展业的作用

1. 推动技术进步

展会的举办地往往是产业发展处于领先地位的城市，通过会展活动的举办，最新的科研成果和最新开发的产品在展会上展示和交流，业内专家学者齐聚一堂，围绕产业前沿科技与最新成果进行广泛和深入交流，为产业发展出谋划策。北京通过举办第七届世界草莓大会，引进草莓新品种，研究草莓苗高效繁育技术，推动了当地草莓产业的快速发展。

2. 促进经济发展

会展业是一个影响面广，关联度高的产业。展会创造了巨大的服务需求，比如金融、保险、通信、安全、海关、交通、餐饮、住宿、娱乐、购物等诸多内容，而这些需求带来的是无限的发展机会，国内会展业的产业带动系数为1∶9，即展览场馆的收入如果是1，相关社会收入为9。一位国外专家曾说："在一个城市举办一次会展，就好比有一架飞机在城市上空撒钱。"2010年上海世博会，门票收入超过70亿元，园区餐饮收入超过24亿元，同时带动航空业、旅游业、酒店业收入大幅增长，经济效益可观。

3. 提升城市形象

会展业是联系城市与世界的桥梁。会展活动可以展示城市形象，扩大城市影响，提高城市的知名度。大连国际服装节、青岛啤酒节等品牌会展活动，成为最好的城市宣传广告。

会展活动的举办推动城市基础设施建设，交通、场馆建设等配套设施加速完善，城市环境整体提升。北京举办2008年奥运会，环境和交通得以大大改善，古老的北京城更具现代气息。

4. 增强企业实力

对于参展企业来说，一方面，通过参加展会，企业可以达到开拓市场、扩大产品销量的目的；另一方面，企业可以向同行学习先进的技术，获取行业信息。对于专业买家来说，可以短时间内接触大量供应商，获取商业利益。

5. 加强合作交流

会展活动促进国内外政府与企业、企业与企业、企业与消费者之间的沟通与交流。一些国际品牌展被誉为"不出国的国外考察，不花钱的技术引进"。中国国际进口博览会是推动开放合作，实现共同发展的国际平台，增加了国内企业与世界的交流合作。

三、中外知名展会

（一）世界博览会

世界博览会简称世博会，是一项由主办国政府组织或政府委托有关部门举办的有较大影响和悠久历史的国际性博览活动，是世界各国展示其社会、经济、科技成就和发展前景的盛会，展览规模宏大，主题领域广泛，展品只展不卖，目标是推广新概念。世界博览会可分为两种：一种是综合类，展期通常为 6 个月，每 5 年举办一次；另一种是专业类，展期通常为 3 个月。其特点是举办时间长、展出规模大、参展国家多、影响深远，享有"经济、科技、文化领域内的奥林匹克盛会"的美誉。首届世博会于 1851 年在英国伦敦举办，迄今为止已经举办了 40 多届。

（二）奥林匹克运动会

奥林匹克运动会简称奥运会，包括夏季奥林匹克运动会、冬季奥林匹克运动会、青少年奥林匹克运动会、残疾人奥林匹克运动会，是国际奥林匹克委员会主办的包含多种体育运动项目的国际性运动会，每 4 年举行一次。奥林匹克运动会最早起源于古希腊，因举办地在奥林匹亚而得名。19 世纪末由法国的顾拜旦男爵创立了真正意义上的现代奥林匹克运动会。从 1896 年开始奥林匹克运动会每四年举办一次，会期不超过 16 天。奥林匹克运动会是人类文明史上迄今为止延续时间最长、影响范围最广、规模最为宏大的盛会，现在已经成为和平与友谊的象征。

（三）中国进出口商品交易会

中国进出口商品交易会，又称广交会，创办于 1957 年春季，每年春秋季在广州举办，其中春交会从 4 月 15 日至 30 日，秋交会从 10 月 15 日至 11 月 4 日。广交会是我国出口商品展示的平台和对外贸易的盛会，是我国目前历史最长、商品种类最全、到会客商最多、成交效果最好的综合性国际贸易盛会，享有"中国第一展"之称。

（四）博鳌亚洲论坛

在经济全球化进程加快和区域经济合作迅速发展的背景下，博鳌亚洲论坛于 2002 年 2 月 27 日正式宣告成立，是一个非政府、非营利性、定期、定址的国际组织。中国海南博鳌为论坛总部的永久地所在，从 2002 年开始，每年定期在博鳌召开年会。博鳌论坛的宗旨是，立足亚洲，促进和深化本地区内和本地区与世界其他地区间的经济交流、协调与合作，已成为亚洲以及其他大洲有关国家政府、工商界和学术界领袖就亚洲及全球重要事务进行对话的高层次平台。

任务测评

案例解析

乌镇，互联网名片

乌镇是世界互联网大会的永久会址，互联网让这个江南小镇成为一张联通世界的名片。

乌镇，这座有着悠久历史、深厚文化的千年古镇，地处浙江北部桐乡县北端，与江苏吴江县接壤，西邻湖州市。镇内河网密布，民居临河而建，傍桥而市，是一个有1300年建镇史的江南古镇，名列江南六大古镇之一。

历经四届乌镇峰会的洗礼，被冠以各种炫目的新称谓：乌镇互联网创新发展综合试验区、大数据高新技术产业区、互联网特色小镇……而今，乌镇已站在全新的起点、拥有国际的视野、享受智慧的体验、创造云上的未来，会展经济亮点突出，互联网经济已成为乌镇经济发展中不可或缺的重要一环。

进入乌镇景区，互联网元素随处可见："刷脸技术"代替了人工验票；支付宝、微信支付成了每个商铺的"标配"；5G网络实现全覆盖；游览车和摇橹船上安装了GPS和北斗双模定位系统，游客可用手机扫码一键呼叫；智慧停车场内，如有剩余车位，进门时车牌可自动识别，通过移动扫码支付进行停车，车辆通行时间比原来节省80%……

金融咖啡、互联网茶馆、普众创客、凤岐茶社，一条子夜路上，处处是互联网创业者碰撞火花、寻找灵感的公共领域。

案例诊断：如何理解会展业是"城市的名片"和"城市的面包"？

案例对管理者的启示：

▶ 实操训练

表 5-4-3　学生任务单

组号			总分	
目标	来自同一个地区（市/州）的学生组为一个团队，分析所在城市的会展业的发展情况及变化，将所查结果做成 PPT，在课堂上分享交流，时间控制在 3 分钟内。			

考核标准	分数占比	小组自评（20%）	小组互评（20%）	教师评分（60%）	总分
内容完整清晰，包括会展业的发展情况及变化，案例分析等	60%				
呈现效果美观，合理使用文本、图片、图形、动画等表现工具	20%				
汇报展示技巧：能较好地运用姿态、动作、手势、表情，表达对主题的理解	10%				
综合印象：语言表达得体、流利，基本能脱稿	10%				

▶ 随堂测练

课程名称	酒店管理与数字化运营概论	专业	
学习任务	项目五　探索主要接待服务业	班级	
学习内容	任务四　会展业	姓名	

码上刷题

1. 谈谈你对会展业的认识。

2. 列举中外知名展会。

任务五　节事活动

育才剧场

浙江象山举办"冬渔节"活动

近日，首届宁波西沪港"冬渔节"在浙江宁波市象山县墙头镇下沙村举行。"冬渔节"向游客展现了一场古老而又传统的渔家庆典。

活动当天，在墙头镇下沙村琴湾旅游度假区3000亩的广袤海涂上，只见塘内渔民协同作业，你推我拉；岸上锣鼓齐鸣，人群攒动，驻足观望。

"放冬塘"是下沙村的传统捕鱼作业方式，具体作业方式有搓笆捕鱼、撩滏捕鱼、掛笙捕鱼、干塘捕鱼等，今天进行的正是搓笆捕鱼。在每年入冬后，下沙村组织有经验的渔民提前把小船泊在冬塘中，然后用稻草做成一捆长长的"搓笆"。到了"放冬塘"这一天，渔民合力抬起"搓笆"，从滩涂远处开始齐心推拉，一边推一边将大大小小的野生鱼"赶"到"搓笆"内，最后来个"瓮中捉鳖"。

放塘现场，老成的渔民指挥着，其余的人合力推着"搓笆"，围起来的塘水池子越来越小，一条条鱼不时蹦出水面，溅起哗啦啦的泥点子。

百鱼宴也是本次活动的"重头戏"。122桌组成的百鱼宴场面壮观，渔嫂们依次端着"西沪十八碗"陆续上菜。临海听风，赏美景、享渔获，一桌子的透骨新鲜、鲜香四溢，足以驱逐冬日的寒冷。

宴会现场还举行了墙头文旅授牌、古韵墙头微商城上线仪式、鱼塘认购及签约、鱼王拍卖等一系列活动。

"放冬塘"，原是象山小渔村在农耕文化背景下的生活状貌，而今，它成了拉动全域旅游的文化介质，把人们带进了追寻历史、寄托乡愁的精神故里。

资料来源：学习强国，https://www.xuexi.cn/lgpage/detail/index.html?id=12808380606670587944，2020-12-16

分析

浙江宁波市象山县墙头镇下沙村举行"冬渔节"，能够提升当地知名度和美誉度、扩大信息交流、增强对外合作、推动旅游发展、促进地方经济发展，能够会聚更大的客源流、信息流、技术流、商品流和人才流，还能丰富人民精神生活、弘扬地方传统文化、扩大旅游市场、提升旅游形象、降低当地的旅游季节性，实现乡村振兴。

任务引导

表 5-5-1　学生任务表

组号		完成时间	5~8 分钟
工具	便利贴、大白纸、马克笔		
目标	分小组，团队用头脑风暴的方法，写出对于"节事活动"的了解。		
要求	1. 团队中每个人都在便利贴上写下对"节事活动"的了解；		
	2. 用关键词来描述，每张便利贴写 1 个关键词；		
	3. 写得越多越好；		
	4. 把团队所有人的便利贴粘贴在大白纸上；		
	5. 把相同的内容粘贴在一起，不同的内容进行分类；		
	6. 请每个团队的代表上台分享；		
	7. 获得大家对于问题的认识。		

表 5-5-2　学生任务分配表

班级		组号		指导老师	
组长（学号）					
组员	姓名（学号）		任务分工		

任务学习

节事活动和旅游的发展存在着紧密联系，一个有影响力的节事活动必定会带来一定规模的人口流动，这些人口会产生相应的旅游需求，涉及吃、住、行、游、购、娱各个行业，从而带动城市的发展。

在线微课

一、节事活动的概念

节庆是"节日庆典"的简称，是一种典型或特殊事件。西方研究者往往把节日（Festival）和特殊事件（Special Event）作为一个整体而加以研究，故又称节事。

节事包括各类旅游节日、庆典、盛事、国际体育比赛活动等。通过节事活动可以扩大举办国的影响，提高举办城市的知名度，促进举办城市的市政建设，吸引成千上万的旅游者，给举办城市的旅游业、餐饮业、商业服务业等带来无限商机。节事活动彰显的特色文化和艺术魅力，是举办地精神文明的重要体现。人们通过参加节事活动了解相关知识，感受多样文化，融入欢乐氛围，无形中形成了节事活动特有的教化功能。

节事并不总是以营利为目的，还包括大量私人领域的节庆和志愿者参与的慈善活动。节庆对于地方的人文建设，提升地方的文化品位，促进城乡的和谐元素和情感交融，都有极大的作用。它具有独特的创造力和凝聚力，对于拉动地方经济起着巨大的杠杆作用。节事活动也是一种特殊的旅游形式，是以各种节日、盛事的庆祝和举办为内容的专项旅游产品。

二、节事活动的特点

（一）文化性

节事活动可将当地的文化与旅游促销一体化，突出展示地方文化的博大精深。以文化特别是民族文化、地域文化、节日文化等为主导的旅游节事活动，具有文化气息、文化色彩和文化氛围。随着旅游业的发展，文化旅游节开始逐步演化为以文化节事活动为载体，以旅游和经贸洽谈为内容的全方位的文化经济活动。比如河南洛阳的牡丹花会就是通过文化搭台，达到经济唱戏的目的。

（二）地方性

节事活动带有明显的地方气息。随着旅游的发展，有些节事活动已经成为凸显旅游目的地形象的标志性活动。比如德国慕尼黑啤酒节、巴西里约热内卢狂欢节、苏格兰爱丁堡艺术节、西班牙斗牛节、伦敦泰晤士河艺术节，这些节事活动使得这些举办地都被"节事活动品牌代言城市"的形象来定义。一些节事活动历史悠久，长久以来，既满足了地方居民的需要，也丰富了游客的旅游体验。起源于1810年的慕尼黑啤酒节，最初是为了让所有市民庆祝皇族的婚礼，此后逐渐演变成融赛马、攀岩、保龄球、秋千等多种活动于一体的节事活动，到19世纪末逐渐发展成为一个世界知名民俗节日，每年9月都要吸引约700万游客前往慕尼黑。

节事活动地方色彩浓厚，而民族节日更具独特的地方性。例如，火把节总让人们想到彝族，泼水节总是与傣族的形象联系在一起，那达慕大会也总是代表着内蒙古的形象。此外，宗教传统节日与庙会活动融合，又成为该宗教圣地或该寺庙的代表。如福建、台湾等地的"妈祖诞辰"，几乎成为当地最隆重的旅游节事活动。

（三）短期性

特殊节事活动的本质特征便是短期性。每一项节事活动都是在某一事先计划好的时段内进行的，有季节和时间的限制。但节事活动的时间不是随意决定的，往往要根据当地的气候、旅游淡旺季、交通情况、接待能力、主题确定、经费落实、策划组织需要的时间等条件，从实际情况出发来确定。频繁地举办节事活动，很难引起和保持第一次举办时的氛围。在短时间内要具有充足的旅游接待设施和便利的交通等基础设施，来接纳来自五湖四海的旅游者，给举办节事活动的地区和城市既带来了机遇，也带来了挑战。

（四）参与性

旅游者越来越注重活动的参与性、体验性，节事活动恰好就是一种参与性很强的旅游活动，可以通过策划各类新奇互动的活动项目，拉近与旅游者的距离，增强旅游者的参与性。

节事活动的参与者往往对节事活动的举办地怀有较强的好奇心，希望通过参与节事活动了解旅游目的地的生活方式。根植于特殊地区的节事活动能够为来宾提供欣赏当地风景和探究当地精神的机会。参加者喜欢收集当地物品作为纪念，可以通过获得新知识、技术来提高自己，同时可以通过服装、食品的享用等方式留下深刻的印象。

（五）多样性

节事活动是一个内涵非常广泛的集合概念，任何能够对旅游者产生吸引力的因素经过开发都可成为节事活动。此外，节事活动在表现形式上也具有多样性。节事活动可以是展（博）览会及体育赛事，可以是会议庆典、花车游行及各种形式的文化娱乐活动；节事活动的主题可以是某种果实，如草莓节，也可以是纪念某个名人，如纪念毛泽东诞辰127周年；可以是某个历史事件，也可以是当代的庆典。活动的内容可以有宴会、戏剧、音乐舞蹈、服装展示、画展、土特产品展销、体育竞技、杂技表演、狂欢游行等各种形式，涉及政治、经济、文化、体育、商业等多方面。

（六）交融性

节事活动的多样性决定了节事活动必然有强烈的交融性。许多大型节事活动，如奥运会、世博会、旅游节、服装节、食品节等都包含许多会议、展示活动、宴会、晚会等活动。而在许多会议、展览、奖励旅游中也包含着许多节事活动。节事活动和会展业的其他细分市场都有一个共同的特点，那就是你中有我、我中有你，互相交融，共添光彩，使节事活动更具吸引力。

▶ 知识延伸

节事活动策划要点

1. 确定目标

明确活动的目的和主题，是为了庆祝特定节日还是为了推广某个品牌或产品。

2. 确定预算

制定合理的预算，包括活动的费用，例如场地租赁、装饰品、食物和饮料、娱乐节目等。

3. 选择合适的场地

根据活动规模和预算选择合适的场地，要考虑容纳人数、设施设备、交通便利等因素。

4. 策划活动内容

安排各种节目和活动内容，比如表演、互动游戏、抽奖、美食摊位等，确保参与者有足够的娱乐和参与度。

5. 确定宣传方式

使用多种宣传渠道，包括社交媒体、传统媒体、印刷品和口碑传播等，提高活动知名度和吸引力。

6. 安全保障

保障参与者的安全，合理安排活动场地和设施，确保遵守安全标准和法律规定。

7. 团队协作

组建一个有经验和专业素质的团队，分工合作，确保活动的顺利进行。

8. 反馈和评估

活动结束后，收集参与者的反馈意见，评估活动的成功度和改进的空间，为以后的活动提供参考。

资料来源：搜狐网，https://www.sohu.com/a/762758888_130465，2024-03-08

三、节事活动的类型

按节事活动的主题来划分，节事活动可分为商贸、文化、宗教、民俗、体育、自然景观和综合七大类。

（一）以商贸为主题的节事活动

商贸节事活动是以地区的工业产品、地方特色商品和著名物产特产为主题，辅以其他相关的表演参观等活动而开展，如青岛啤酒节、洛阳牡丹节、景德镇国际陶瓷节和内蒙古那达慕大会等。

商贸节事活动除了可以起到商品交流、经贸洽谈等经济功效，还可以为举办城市带来很多社会效益。

（二）以文化为主题的节事活动

文化节事活动指依托举办地著名的文化渊源或现存的典型的、具有当地特色的文化类型而开展的节事活动。例如，山东淄博的国际聊斋文化旅游节就以耳熟能详的聊斋文化为主题举办各种与聊斋有关的活动，以此来活化人们心中的聊斋故事。

（三）以宗教为主题的节事活动

宗教节事活动一般是以举办地著名的宗教资源为依托而开展的各种吸引游客的宗教活动。

（四）以民俗为主题的节事活动

民俗节事活动一般是以本民族独特的民俗风情为主题，涉及书法、风情、杂技等内容而展开的节事活动，如傣族的泼水节、潍坊的风筝节等。

（五）以体育为主题的节事活动

体育节事活动主要以举办地举行各种体育赛事为主题，如北京国际马拉松赛、香港赛马会等。

（六）以自然景观为主题的节事活动

自然景观节事活动主要围绕举办地著名的自然景观开展相关活动。例如，北京香山红叶节、中国吉林雾凇冰雪节等。

（七）以综合为主题的节事活动

综合节事活动主要依托一个以上的主题进行综合展示。目前，许多城市举办的节庆活动都是多个会或展的组合，形成节会并举的节事文化现象，即"文化搭台，经贸唱戏"。

任务测评

案例解析

"冰城"缘何成"热点"

2024年开年,哈尔滨迎来了属于自己的高光时刻。仅元旦3天假期,累计接待游客超304万人次,旅游总收入59.14亿元,游客接待量和旅游总收入达到历史峰值。

哈尔滨旅游何以爆火?从公开的报道中可以看到多种说法。比如,哈尔滨有天然的冰雪资源优势。再比如,北京冬奥会后带来的冰雪热度持续不退,扩大了冰雪消费市场的规模。问题在于,哈尔滨的冰雪年年有,北京冬奥会的"长尾效应"也不为哈尔滨独家所有。哈尔滨为啥这个冬天格外受欢迎,笔者觉得可以从网上的一句广为流传的俏皮话中感悟一二——"尔滨,你还有多少惊喜是我不知道的?"这里的"惊喜"有两层含义,一层是丰富的冰雪旅游产品,另一层是热情暖心的服务。

哈尔滨的爆火,离不开多样化、个性化、品质化的旅游产品。进入冬季后,哈尔滨持续推出丰富多彩的旅游产品,除哈尔滨冰雪大世界外,太阳岛雪博会、哈尔滨极地馆、松花江冰雪嘉年华等景区景点全线升级,全力提升游客体验感和参与度。此外,哈尔滨还在创新求变上下功夫,在传统项目中添加新元素,项目创新、业态翻新前所未有。哈尔滨拥有深厚的地域文化底蕴,但在社交媒体的世界里,传统景点好看、好玩,但并不足以抓人眼球,有趣、有梗才是"流量密码"。比如,商场、机场奏起交响乐,展示了"音乐之城"的艺术特质;索菲亚教堂被"幻视"为"适合中国宝宝的欧洲建筑",展示了国际化都市的独特风格;在中央大街上,牵着驯鹿巡游的鄂伦春人,展现了独特的民族风情。

如果说好的产品供给满足了游客的基本需求,那么优质的服务则将体验感、满意度进一步拉满。

诚信践诺、和谐有序的旅游经营消费环境,是优质服务的应有之义。此前,哈尔滨甚至黑龙江旅游不时被曝出高价房、宰客等现象,旅游形象难说很好。而在此轮旅游热中,当地政府严格要求宾馆酒店珍惜机遇,不过度浮动价格、不盲目调整价格、不虚高标注价格;市场监管、文旅、公安等部门加大对客房价格、食品安全、消防安全、社会治安、服务质量等方面的监管力度,坚决打击侵害旅游者合法权益的不法行为,维护广大游客的合法权益和哈尔滨的良好形象。

在政府的大力推动下,"以客为先、以客为尊、以客为友、以客为亲"的服务意识成为当地经营主体的行动自觉,一系列优化服务不断推出。比如,为防止游客滑倒,管理方在中央大街地下通道铺上地毯;担心游客受冻,多个网红景点增设暖气休息室;考虑到南方游客的习惯,当地商家推出冻梨摆盘、萝卜切片、甜豆腐脑等美食;出租车司机也一改豪放粗犷的嗓音,说起"夹子音""公主请下车"。正是感受到了十足的热情,游客们才将哈尔滨亲切地称作"尔滨"。这种亲切,更是对当地旅游服务质量的认同。

面对哈尔滨眼下的爆火，有些人认为其持续性有待观察。但笔者认为，无论这个问题的答案如何，哈尔滨的爆火已经带来了诸多正效应。首先，哈尔滨对自身独具的比较优势、资源禀赋、文化特征、风土人情的深入挖掘，配合高效、人性化的管理和服务，催生了冰城旅游爆火现象，再次印证了市场竞争中"人无我有、人有我优"才能胜出的基本逻辑。其次，旅游带动了餐饮、住宿、交通、消费等行业的发展，"冰天雪地"变成了"金山银山"，再次证明了旅游业可以成为推动高质量发展的重要着力点。目前，发展冰雪旅游已经在黑龙江省上下形成共识，许多地方已将其作为新的经济增长点。此外，此轮冰雪旅游中哈尔滨展现出的良好消费环境，也拉高了公众对旅游服务的期待。比如，对于此前消费者在某市夜市吃麻辣烫被收取106元"天价"的报道，有网友表示，看人家哈尔滨，拼了命地待且（客），差距咋这么大呢。

显而易见，当下文旅行业正在发生显著变化，老办法是行不通了。喊了多年的旅游供给侧结构性改革，这次是真来了。在文旅方面有雄心的城市，必须要找准自己的定位、打造独特的内容、营造良好的旅游环境，这样才能在竞争中占得先机。

资料来源：中国质量新闻网，https://www.cqn.com.cn/qt/content/2024-01/09/content_9017896.htm，2024-01-09

案例诊断：节事活动的功能在上述案例中是如何体现的？

案例对管理者的启示：

实操训练

表 5-5-3　学生任务单

组号		总分			
目标	通过查阅相关资料，收集 1~2 个国内外节事活动资讯，可以包括自己家乡的各类节事活动，以小组的形式将整理结果做成 PPT，在课堂上分享交流，时间控制在 3 分钟内。				
考核标准		分数占比	小组自评（20%）	小组互评（20%）	教师评分（60%）	总分
内容完整清晰，包括节事活动的发展情况及变化，案例分析等		60%				
呈现效果美观，合理使用了文本、图片、图形、动画等表现工具		20%				
汇报展示技巧：能较好地运用姿态、动作、手势、表情，表达对主题的理解		10%				
综合印象：语言表达得体、流利，基本能脱稿		10%				

随堂测练

课程名称	酒店管理与数字化运营概论	专业	
学习任务	项目五　探索主要接待服务业	班级	
学习内容	任务五　节事活动	姓名	

码上刷题

1. 谈谈你对节事活动的认识。

2. 列举国内外著名的节事活动。

附 录

酒店相关案例素材

1. 晨练易筋经

2. 中国饭店协会首届全国文化主题饭店高峰论坛

3. 禅驿半山院子——逃离城市计划，住在森林里拥抱自然

4. 成都周边又一处适合遛娃的宝藏酒店

5. 嘉定院子——五叶级评定

6. 成都锦城院子——五叶级复评审核现场

7. 客户访谈

8. 欢喜抄经比赛

9. 杨建华——我在禅驿快乐工作着

10. 禅驿百家访谈——华客如何对酒店进行赋能

11. 禅驿百家访谈——旅划算创始合伙人

12. 文化主题酒店的运营与发展

13. 禅驿龙兴院子——筹开培训

14. 临水插花比赛

15. 杨嘉俊——在禅驿快乐地工作着

16. 国际素食日

17. 阿尼玛老师带你玩禅驿

18. 汉阳湖畔，东坡故里；赏清风明月之景，品珍馐美馔之食

19. 什么是禅驿？

20. 一花一世界，一叶一菩提——自贡·禅驿度假酒店

参考文献

蔡万坤，2019.饭店管理概论[M].2版.北京：高等教育出版社.

陈静，谢红勇，2011.餐饮服务与管理[M].上海：上海交通大学出版社.

陈明，2017.酒店管理概论[M].北京：旅游教育出版社.

陈雪钧，马勇，李莉，2015.酒店品牌建设与管理[M].重庆：重庆大学出版社.

邓爱民，王子超，2015.世界遗产旅游概论[M].北京：北京大学出版社.

邓俊枫，2022.酒店数字化运营[M].北京：清华大学出版社.

丁萍萍，2015.会展实务[M].北京：高等教育出版社.

都大明，2014.现代酒店管理[M].2版.上海：复旦大学出版社.

杜建华，2020.饭店概论[M].2版.北京：高等教育出版社.

傅生生，李文芳，2018.酒店管理[M].上海：上海交通大学出版社.

高秀娟，2020.人员招聘与配置[M].3版.北京：中国人民大学出版社.

郭丽，黎泽潮，2011.网络公共关系[M].合肥：合肥工业大学出版社.

韩军，翟运涛，2017.客房服务与管理[M].2版.上海：上海交通大学出版社.

吉根宝，2019.酒店管理实务[M].南京：南京大学出版社.

雷明化，郭建华，2019.客房服务与管理[M].2版.北京：中国人民大学出版社.

李辉作，于涛，2009.酒店经营与管理[M].北京：中国发展出版社.

李力，李智，魏玲丽，2018.国际接待服务业概论[M].广州：广东旅游出版社.

李伟清，2018.酒店运营管理[M].重庆：重庆大学出版社.

李卫东，2019.乡村休闲旅游与景观农业[M].北京：中国农业大学出版社.

李勇，钱晔，2021.数字化酒店[M].北京：人民邮电出版社.

李志飞，汪绘琴，2013.旅游景区管理——案例、理论与方法[M].武汉：武汉大学出版社.

栗书河，李东杭，2021.酒店电子商务运营管理[M].北京：中国轻工业出版社.

刘敏，2018.企业人力资源开发与管理[M].5版.大连：大连理工大学出版社.

刘诗妍，2018.前厅客房服务与管理[M].镇江：江苏大学出版社.

刘伟，2019.旅游概论[M].4版.北京：高等教育出版社.

刘伟，2021.酒店管理概论[M].北京：高等教育出版社.

陆均良，沈华玉，杨铭魁，等，2022.酒店管理信息系统[M].2版.北京：清华大学出版社.

罗达丽，谢强，2019.酒店人力资源管理[M].桂林：广西师范大学出版社.

沈刚，吴雪飞，2008.旅游策划实务[M].北京：清华大学出版社.

苏枫，2015.酒店管理概论[M].2版.重庆：重庆大学出版社.

苏文才，2009.会展概论[M].北京：高等教育出版社.

陶艳红，王慧元，2014. 会展旅游实务 [M]. 镇江：江苏大学出版社．

汪东亮，2019. 饭店管理概论 [M]. 桂林：广西师范大学出版社．

王飒，刘艳，2015. 会展实务 [M]. 上海：上海交通大学出版社．

王书翠，余杨，2013. 酒店服务质量管理 [M]. 北京：中国旅游出版社．

吴玲，2014. 前厅运行与管理 [M]. 上海：上海交通大学出版社．

吴颖群，姜英来，2019. 人力资源培训与开发 [M]. 北京：中国人民大学出版社．

希特，爱尔兰，霍斯基森，2017. 战略管理：概念与案例 [M]. 12 版．刘刚，梁晗，耿天成，译．北京：中国人民大学出版社．

携程大住宿团队，2020. 酒店 OTA 平台运营增长指南 [M]. 北京：人民邮电出版社．

谢永建，2010. 酒店前厅与客房管理 [M]. 上海：复旦大学出版社．

邢夫敏，2012. 现代酒店管理与服务案例 [M]. 北京：北京大学出版社．

徐萍，2016. 饭店文化 [M]. 2 版．北京：中国铁道出版社．

闫河，2020. 微信公众号后台操作与运营全攻略 [M]. 北京：人民邮电出版社．

闫宏毅，2009. 酒店管理实务 [M]. 北京：电子工业出版社．

杨春兰，韩芳，2006. 会展概论 [M]. 上海：上海财经大学出版社．

姚建明，2019. 战略管理——新思维、新架构、新方法 [M]. 北京：清华大学出版社．

姚余梁，2020. 管理学通识课 [M]. 杭州：浙江大学出版社．

游上，2017. 酒店管理概论 [M]. 北京：高等教育出版社．

张川，郭庆，2020. 收益管理实战版 [M]. 北京：人民邮电出版社．

张红，2015. 会展概论 [M]. 北京：高等教育出版社．

张健康，2013. 会展学概论 [M]. 杭州：浙江大学出版社．

张诗哲，1999. 现代酒店经营管理 [M]. 广州：广东高等教育出版社．

赵黎明，2009. 旅游景区管理学 [M]. 2 版．天津：南开大学出版社．

赵伟丽，魏新民，2020. 酒店市场营销 [M]. 3 版．北京：北京大学出版社．

郑向敏，2019. 酒店管理 [M]. 北京：清华大学出版社．

朱承强，杨瑜，2020. 酒店管理概论 [M]. 北京：中国人民大学出版社．

祖长生，2016. 饭店收益管理 [M]. 北京：中国旅游出版社．